LA CULTURE FRANCOPHONE

le monde à l'écoute

LA CULTURE FRANCOPHONE

le monde à l'écoute

Astrid A. Billat

Bénédicte M. Boisseron

focus an imprint of
Hackett Publishing Company, Inc.
Indianapolis/Cambridge

A Focus book

Focus an imprint of
     Hackett Publishing Company

19 18 17 16   1 2 3 4 5 6 7

For further information, please address
     Hackett Publishing Company, Inc.
     P.O. Box 44937
     Indianapolis, Indiana 46244-0937

www.hackettpublishing.com

Interior design by Laura Clark
Composition by Graphic Composition, Inc., Bogart, GA

Library of Congress Cataloging-in-Publication Data

Names: Billat, Astrid A. (Astrid Antoinette), 1970– author. | Boisseron, Benedicte, author.
Title: La culture Francophone : le monde a l'ecoute / Astrid A. Billat, Benedicte M.
   Boisseron.
Description: Indianapolis : Focus, [2016] | Includes bibliographical references and index.
Identifiers: LCCN 2015039011 | ISBN 9781585103928 (pbk.)
Subjects: LCSH: French-speaking countries—Civilization. | Popular culture—French-
   speaking countries. | Civilization, Modern—French influences.
Classification: LCC DC33.9 .B55 2016 | DDC 909/.097541—dc23
LC record available at http://lccn.loc.gov/2015039011

CONTENTS

PREFACE

To the Instructor

La culture francophone: Le monde à l'écoute was created for the student of French who has had at least two years—four semesters—of French at college level. This textbook can also be used in high school AP classes.

La culture francophone: Le monde à l'écoute has several pedagogical goals and unique features that other textbooks currently on the market do not offer. First, it is designed to familiarize students of French with numerous cultural aspects of the Francophone world: its histories, geographies, films, music, literatures and gastronomies. Although this textbook cannot possibly cover in depth all the topics mentioned, it serves as an introduction to the many aspects of the Francophone world.

Unlike other textbooks about the Francophone world currently available on the market, *La culture francophone: Le monde à l'écoute* is written entirely in French and its objective is to build the students' language skills in French.

Pedagogical approach

To fulfill the needs of students today, instructors need to find multi-teaching solutions that can stimulate all the senses of their learners: visuals (photos, films, videos), sounds (music), taste (culinary arts), imagination (literature), modern cultures (public personalities and modern issues), and history (facts, maps, historical figures). *La culture francophone: Le monde à l'écoute* allows students to travel through different historical times and regions (Belgium, the Antilles, sub-Sahara and North Africa, Québec), but also transnational France with its immigrant population of first, second, and third generations. It also seeks to make students more active in the learning process by offering topics for reflection that are relevant to their global world and for which they will be naturally inclined to invest creative, intellectual, and imaginative energy (racism, social injustice, hybrid cultures, the impact of history on new generations, national, religious, ethnic, cultural identities, etc.). The key focus of *La culture francophone: Le monde à l'écoute* is variety: variety in materials, media components, and pedagogical activities (discussion topics, compositions, vocabulary, suggestions for creative projects and presentations, etc.).

Material selection

The literary pieces, readings, films, cuisines, songs, and public figures included in *La culture francophone: Le monde à l'écoute* have been carefully selected to introduce students to the rich variety of the Francophone world. Although there are numerous sources from which to choose, the selections included in this textbook aim to expose students to authors, artists, and public figures who are recognized as being representative of their culture.

Organization

La culture francophone: Le monde à l'écoute is divided into three main sections:

I.   Africa: Cameroon, Senegal, Algeria, and Morocco

II. The Americas: Guadeloupe, Martinique, Haiti, and Québec

III. Europe: France and Belgium

Components of a chapter and its pedagogy

- **Section title:** (country/region)

A. **Une peu de géographie et d'histoire (*Quick data and facts on country*)**

- A small paragraph about the historical and geographical context of the country is included along with its spoken languages, demographic information, name of the President and other relevant facts. We provide a small map highlighting where the country is located, as well as its flag. This gives students a better understanding of the country's historical heritage and cultural identity.

B. **Littérature (*Literature*)**

- **Biographie et bibliographie**—(*Biography and bibliography of the author*)—The title of the excerpt, poem, or abbreviated short story is followed by a brief biography of the author.

The literature section is organized as follows:

Avant de lire—activités de pré-lecture (Pre-reading activities)

- **A la maison**—(*At home*)—Students are asked to research certain topics before the class.
- **Parlons un peu**—(*Let's talk*)—These are questions to stimulate the students' existing knowledge about the topic of the text. They are to be completed in small groups.
- **Mots difficiles**—(*Difficult words*)—A list of difficult words and expressions with their English translation is provided. It prepares students for the reading.
- **Activités de vocabulaire**—(*Vocabulary activities*)—Vocabulary exercises help students become more familiar with difficult words and expressions. These exercises are to be completed either in class or may be assigned as homework.

Lecture (Reading)

The text is placed here. A glossary for difficult words and expressions is also included.

Après la lecture (Post-reading activities)

- **Questions de compréhension**—(*Comprehension questions*)—These questions are to be assigned in class in small groups. Students should answer them both orally and in writing to practice their speaking and writing skills.
- **Questions d'interprétation/de discussion**—(*Text interpretation / discussion questions*)—The same pedagogy as for the comprehension questions is used.
- **Expression écrite**—(*Creative writing*)—These activities are to be carried out in class in small groups or can be assigned as homework. Once students have finished their work, they should present it to the rest of the class. They can write their text and use a visualizer or a projector and read it at the same time. If there is not enough time, students can post their text on WebCT or on Blackboard where other students can view it. The instructor should edit the texts before they are posted.

C. **Film (*Movie*)**

- **Biographie et filmographie**—(*Biography and filmography*)—The title of the movie and the name of the director is followed by his or her short biography.

The film section is organized as follows:

Avant de visionner (Before watching)

- **Activités de vocabulaire**—(*Vocabulary activities*)—Vocabulary exercises will help students become more familiar with difficult words and expressions. These exercises will either be completed in class or may be assigned as homework.
- **A la maison**—(*At home*)—Students are asked to research certain topics before the class.
- **Parlons un peu**—(*Let's talk*)—These are questions to help students anticipate what to look out for in the movie, including questions about a picture from the movie. They should be completed in small groups.

Après le visionnement (Post-watching activities)

- **Les personnages**—(*Characters*)—Identification exercises are provided in this section.
- **Questions de compréhension**—(*Comprehension questions*)—These questions should be assigned in class in small groups. Students answer them both orally and in writing to practice their speaking and writing skills.
- **Questions de discussion**—(*Movie discussion*)—These use the same pedagogy as the comprehension questions.
- **Présentations orales**—(*Oral presentations*)—These activities should be done in class in small groups, or may be assigned as homework. Once students have finished their work, they should present it to the rest of the class.

D. **Arts culinaires (*Culinary arts*)**

- Name and picture of a traditional dish or drink.
- **Text:** Short description of the cultural/historical significance of the dish or drink.
- **Questions de compréhension**—(*Comprehension questions*)—These questions should be assigned in class in small groups. Students answer them both orally and in writing to practice their speaking and writing skills. These questions test the students' comprehension of the cultural texts about specific cuisines.
- Recipe to prepare the particular dish or drink.

E. **Personnalité phare (*Public Figure*)**

- **Biographie**—(*Biography*)—The name of the figure is followed by a short text about his or her life and accomplishments.

The post-reading section will be organized as follows:

- **Questions de compréhension**—(*Comprehension questions*)—Brief questions are assigned in class in small groups. Students answer them both orally and in writing to practice their speaking and writing skills.

- **Et vous?**—(*And you?*)—Follow-up questions for discussion on the text. How do students relate to this public figure? How do they feel about the topic around this public figure? For example: soccer for Guadeloupian soccer player Thuram, the independence movement for the Senegalese Senghor, the oppression of women for Fadela Amara, the head of the feminist group of French women of North African descent, etc.

F. **Musique (*Music*)**

- **Biographie**—(*Short biography*)—A link to the performer's own website and a link to the song and video are included on http://www.hackettpublishing.com/la-culture-francophone-title-support-page.

- **Questions de compréhension**—(*Comprehension questions*)—Brief questions are assigned in class in small groups. Students answer them both orally and in writing to practice their speaking and writing skills.

G. **La vie de tous les jours (*Everyday life*)** *In some chapters, this section replaces Music.*

- Name and picture of an aspect of everyday life in a Francophone country

- **Text:** Short description of this aspect of everyday life in a Francophone country

- **Questions de compréhension**—(*Comprehension questions*)—These questions should be assigned in class in small groups. Students answer them both orally and in writing to practice their speaking and writing skills.

H. **Au café (*At the coffee shop*)** *Only for some chapters.*

- **Le thème**—(*The theme title*)—Possible themes are the controversy over the Islamic dress in France, the question of autonomy in Martinique and Guadeloupe, the earthquake in Haiti, Sarkozy's question of national identity, etc.

- **Dialogue**—(*Staged dialogue on the topic*)—In this section, you will find a dialogue in which we discuss the topic. We will record ourselves talking about the issue; this dialogue will be posted on http://www.hackettpublishing.com/la-culture-francophone-title-support

-page as a podcast. This way, students can hear us talk at the coffee shop. This dialogue will be beneficial to auditory learners.

- **Exercices de compréhension orale**—(*Oral comprehension exercises*)—These structured exercises will guide students through their comprehension of the oral dialogue.
- **Questions de compréhension**—(*Comprehension questions*)—These questions are assigned in class in small groups. Students answer them both orally and in writing to practice their speaking and writing skills.

Timeline

As there is so much material from which to choose, the instructor has the freedom to focus on what he or she wants from a particular geographical location. A country that is not covered in class can be assigned as a research project, which could lead to a final presentation and paper.

If an instructor teaching at the college or high school level wishes to divide this course into two semesters, he or she can easily do so, as there is enough material.

To the Student

Welcome to *La culture francophone: Le monde à l'écoute*! This textbook has been designed for a student like you: a student of French who wishes to learn more about the diversity of the Francophone world and who also wants to strengthen his or her skills in French.

Use of French in the classroom

La culture francophone: Le monde à l'écoute is a textbook designed for **you** to learn about the diversity of the Francophone world: its histories, geographies, music, arts, literatures, cinematography and gastronomy. In addition to discovering various aspects of the rich cultures of the Francophone world, you will have the opportunity to build your language skills in French by speaking, reading, listening and writing in French. It is therefore **essential that you speak French at all times**. If you do not know a word, you may ask your instructor for assistance, but remember, use French! Most activities included in *La culture francophone: Le monde à l'écoute* should be completed in small group; this allows you to express your thoughts in French in a comfortable environment.

For each reading, film, and song included in this textbook, there are pre-reading/pre-viewing and post-reading/post-viewing activities designed to help you better understand the material and build up your language skills.

Organization of each chapter

In each chapter, you will find a similar structure:

- **Introduction**: A small paragraph about the historical and geographical context of the country is included, as well as spoken languages, demographic information, the President's name and other relevant facts. We also provide a small map highlighting where the country is located. We are hoping that by including an introduction to each country, you will get a better understanding of the country's historical heritage and cultural identity.

The following activities are included in the sections on literature and film.

Avant de lire—activités de pre-lecture / Avant de visionner
- **A la maison**—You will be asked to research certain topics before the class.
- **Parlons un peu**—These questions, to be completed in small groups and entirely in French, invite you to draw a parallel between the reading or film and your personal experience. They help you get a better understanding of the reading or film.
- **Mots difficiles**—A list of difficult words and expressions is provided with their English translation. It prepares you for the reading or film viewing and the class discussion.
- **Activités de vocabulaire**—These vocabulary exercises help you become more familiar with difficult words and expressions. Your instructor may assign them as homework.

Après la lecture / Après le visionnement
- **Questions de compréhension** are about the literary piece you read at home or about the film you watched before the class. They are to be completed with your classmates (in a small group) during class time. These questions will help you better understand the plot.
- **Questions d'interprétation** invite you to think about the meaning of a text or a film, its symbolism and its messages. Along with your classmates, you are invited to think carefully and express your opinions in French about a number of issues.
- **Expression écrite** is an activity that you should complete once the class has finished analyzing a text or a film. Here, you are encouraged to use your creativity and imagination. You should write something original, creative, and fun that you can share with your instructor and classmates.

For most countries, a section on a typical dish or drink is included. In this section, you will read a text about the cultural significance of the dish or drink, followed by comprehension questions. Finally, we include the recipe for the dish so that you can try to make it at home.

Personnalité phare

We want you to learn about an important figure for each country covered in *La culture francophone: Le monde à l'écoute*. Therefore, you will read a short text about an important figure in a specific country. In order to make sure you understand the content, your instructor will assign comprehension questions that you can complete with your group. In the *Et vous?* section, you will discuss follow-up questions with your peers. How do you relate to this issue? How do you personally feel about this topic?

Musique

For most countries, you will find a very important cultural component: its music. **This section is organized as follows:**

- **Biographie du chanteur/groupe**—A link to the performer's own website and a link to the song and its video are included on http://www.hackettpublishing.com/la-culture-francophone-title-support-page.
- **Questions de compréhension**—Your instructor will assign brief questions to be completed either in class in small groups or at home. You can answer them both orally and in writing to practice your speaking and writing skills.

La vie de tous les jours

For some countries, you will find this section, which introduces you to an everyday aspect of life in that country. A small text followed by vocabulary exercises and comprehension questions will test your comprehension and enrich your cultural knowledge.

Au café

In this section, which is only included in some sections of the textbook, you will discuss controversial topics. A podcast is available on http://www.hackettpublishing.com/la-culture-francophone-title-support-page in which you will hear native French speakers discuss specific topics. Further details are provided below:

- **Titre du thème**—For example, the Islamic veil in France, the question of autonomy in Martinique and Guadeloupe, the earthquake in Haiti, Sarkozy's question of national identity etc.
- **Un dialogue sur le thème**—In this section, you will listen to a dialogue about a specific issue. This dialogue is posted on http://www.hackettpublishing.com/la-culture-francophone-title-support-page.

- **Exercices de compréhension orale**— These very structured exercises are designed to help you better understand the dialogue you will hear.
- **Questions de compréhension**—With these questions, your instructor will make sure you understand the content of the text you previously read.

Glossaire français-anglais

At the end of the textbook, you will find a list of all the difficult words highlighted in the textbook with their English translation.

Glossaire de films français-anglais

At the end of *La culture francophone: Le monde à l'écoute*, you will also find a list of the various terms you can use when you analyze a movie. An English translation is provided for each word.

We hope that you will enjoy the readings, films, songs, and recipes in *La culture francophone: Le monde à l'écoute*! Furthermore, it is our hope that this textbook will inspire you to travel to these fascinating countries, where you can not only discover new cultures, but also strengthen your language skills. *Bonne découverte!*

ACKNOWLEDGMENTS

We would like to express our sincere gratitude to Ron Pullins and all staff members at Focus Publishing for their help and support. Many thanks to Brian Rak, Editorial Director at Hackett Publishing, for his invaluable assistance!

We are very grateful to the Office of Research and Creative Scholarship at the University of Montana for their financial support with this project.

We appreciate the generosity of authors Maryse Condé, Tony Delsham, Dany Laferrière, and Ernest Pépin for allowing us to include their work in our textbook at no cost. Furthermore, we thank the International Organization of la Francophonie (www.francophonie.org) as well as www.cosmetique.org for letting us use one of their publications at no cost.

Lastly, we are ever grateful to Ulli, Jermaine, as well as to Andrew, Armand, Pierre, and William for their love and support during the creation of our textbook.

Pour nos parents

INTRODUCTION

Qu'est-ce que la f/Francophonie ?

Comment adresser la francophonie ? Telle est la question initiale à se poser. En premier lieu, le terme « francophonie » soulève une question d'orthographe: quand doit-on l'orthographier avec une majuscule et quand est-il requis d'utiliser une minuscule ? Orthographiée avec une minuscule, le mot fait référence à l'ensemble des peuples, des états et des régions qui emploient le français comme mode de communication dans leur quotidien, même si son emploi est partiel et épisodique. Avec une majuscule, la Francophonie revêt une dimension officielle et désigne l'ensemble des pays et des gouvernements, en d'autres termes, des instances officielles, qui se servent du français comme langue de communication. Etant donné que, dans le deuxième cas, la Francophonie comporte un caractère institutionnel, le terme est affilié à l'Organisation Internationale de la Francophonie, une organisation de solidarité internationale regroupant tous les états ayant en commun le français en tant que langue d'usage.

L'Organisation Internationale de la Francophonie comporte 56 membres (états et gouvernements) et 19 observateurs. En somme, 75 états partagent la langue française et les valeurs universelles promues par l'organisation, soit plus de 890 millions de personnes à travers le monde qui emploient le français. Il faut bien comprendre que la Francophonie représente la voix de la diversité d'expression française dans le monde. Les membres de l'Organisation Internationale de la Francophonie ont leurs identités propres, mais dans un partage commun de l'usage du français. Le français se conjugue aux couleurs de la diversité et, si l'on peut dire, de la singularité multiple. A l'origine, nous avons bien sûr la France hexagonale, la base de départ de l'aventure francophone. Dans le voisinage de la France hexagonale, nous avons entre autres, la Belgique, le Luxembourg, le Val d'Aoste, et la Suisse Romande. En Amérique du nord, nous avons le Québec et la Louisiane. Et enfin, dans le monde, nous pouvons suivre les traces francophones de la colonisation de l'Empire français au Maghreb, en Afrique sub-saharienne, dans l'Océan indien, en Asie, dans les Caraïbes, et dans le Pacifique (voir carte ci-dessous). Ceci dit, nous aurions tort de limiter la francophonie à son identité géographique. La francophonie est surtout une volonté, la volonté d'offrir la langue française en partage. Pensons par exemple à l'écrivain irlandais Samuel Beckett, le tchèque Milan Kundera, ou l'Afghan Atiq Rahimi, tous ont en commun l'expérience d'avoir choisi d'écrire, à un moment donné dans leur vie, en français. Il est donc important de rappeler ce que Léopold Sédar Senghor, l'un des fondateurs du mouvement de la Négritude, l'ancien président du Sénégal, mais aussi, en quelque sorte, le parrain de la francophonie, a déclaré à propos de la langue française. Le français est certes une langue nationale, officielle, de communication, de culture mais c'est aussi, Senghor nous dit, « une communauté d'esprit qui résulte de ces différents emplois. » L'esprit, cette communauté d'esprit, n'a pas de carte géographique, dans son élan exponentiel, elle se partage, se propage, et se diversifie là où bon lui semble.

Léopold Sédar Senghor disait que «dans les décombres du colonialisme, nous avons trouvé cet outil merveilleux, la langue française». Outil merveilleux pour certains, signe d'aliénation pour d'autres qui la rejetteront, on ne peut cependant nier que la langue française dans le monde est le résultat d'une histoire expansionniste d'impérialisme et de colonialisme. Le français est dans certains pays du monde, particulièrement sur le continent africain, un vestige de l'histoire coloniale, il est dans d'autres parties du monde, pensons aux Antilles, un rappel de la traite négrière, et il est dans d'autres parties du monde encore, le résultat d'exiles et d'immigration (les Acadiens du Québec et de Louisiane). Parce que la francophonie est mouvement, elle est en perpétuelle redéfinition, c'est une langue en devenir. Le français est aujourd'hui une langue décentrée, où le mouvement centrifuge de l'époque impérialiste a succédé à un mouvement centripète, l'hexagone étant lui-même redéfini par sa diversité francophone au sein même de son berceau.

C'est en 1880 que sont introduits les termes « francophone » et « francophonie », dans une œuvre du géographe Onésime Reclus, *France, Algérie et colonies*. « Nous acceptons comme francophones tous ceux qui sont ou semblent destinés à rester ou à devenir participants de notre langue », écrit-il. Loin d'être reclus, comme l'aurait suggéré son nom, le géographe aspire à un usage du français multiple, divers et mondial. Reclus est un visionnaire qui annonce le futur esprit communautaire de la francophonie. La Négritude des années 30 poursuit le chemin annoncé par Reclus, bien que ce chemin reste dans la trajectoire de l'histoire coloniale. Nous y trouvons le Sénégalais Léopold Sédar Senghor, le Martiniquais Aimé Césaire, et le Guyanais Léon-Gontran Damas, tous réunis à Paris et formant un esprit communautaire panafricain avec comme langue d'usage, le français. Quand en 2007, le manifeste *Pour une littérature-monde en français* sous la direction de Michel Le Bris paraît, il devient clair que l'expansion de l'esprit communautaire d'expression française est prête à rejeter toutes limites historiques, géographiques, et culturelles. Dans *Pour une littérature-monde en français*, quarante-quatre écrivains du monde entier se réunissent afin de témoigner de leur partage de l'usage du français et surtout témoigner de la diversité de cet usage.

Bien que *Pour une littérature-monde en français* rejette le terme francophonie, ce nouveau mouvement n'en est pas moins une continuation du devenir de la francophonie, cet esprit communautaire en perpétuelle redéfinition. La francophonie, expressions multiples du monde et multiples mondes d'expression française, n'a pas fini de faire parler d'elle.

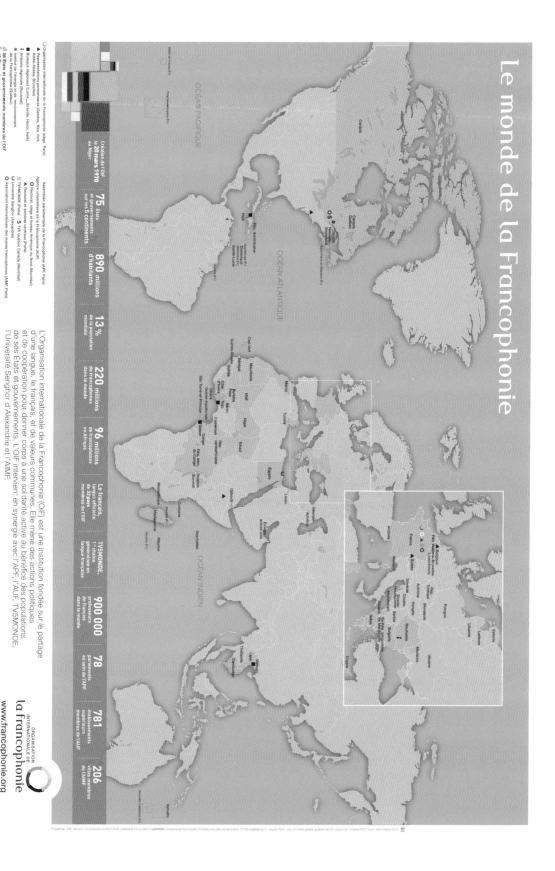

Le monde de la Francophonie

L'Organisation internationale de la Francophonie (OIF) est une institution fondée sur le partage d'une langue, le français, et de valeurs communes. Elle mène des actions politiques et de coopération pour donner corps à une solidarité active au bénéfice des populations de ses États et gouvernements. L'OIF intervient, en synergie avec l'APF, l'AUF, TV5MONDE, l'Université Senghor d'Alexandrie et l'AIMF.

Création de l'OIF le 20 mars 1970 au Niger	
75 États et gouvernements sur les **5** continents	
890 millions d'habitants	
13 % de la population mondiale	
220 millions de francophones dans le monde	
96 millions de francophones en Afrique	
Le français, langue officielle de **32** pays membres de l'OIF	
TV5MONDE, 1re chaîne généraliste en langue française	
900 000 professeurs de français dans le monde	
78 parlements au sein de l'APF	
781 établissements supérieurs membres de l'AUF	
206 villes membres de l'AIMF	

Organisation internationale de la Francophonie (siège, Paris)

Représentations permanentes (Genève, New York, Addis-Abeba, Bruxelles)

Bureaux régionaux (Lomé, Libreville, Hanoï, Haïti)

Institut de l'énergie et de l'environnement de la Francophonie (Québec)

Antenne régionale (Bucarest)

56 États et gouvernements membres de l'OIF
19 États observateurs

Assemblée parlementaire de la Francophonie (APF, Paris)

Agence universitaire de la Francophonie (AUF)
- Rectorat, siège et bureau Amérique du Nord (Montréal)
- Rectorat et services continus (Paris)

TV5MONDE (Paris) TV5 Québec Canada (Montréal)

Université Senghor (Alexandrie)

Association internationale des maires francophones (AIMF, Paris)

www.francophonie.org

L'AFRIQUE

L'AFRIQUE SUBSAHARIENNE

Le Cameroun

Sa géographie

La République du Cameroun, d'une superficie de 475 440 km², est située entre le Nigéria, le Tchad, la République Centrafricaine, le Congo, la République du Gabon et la Guinée Equatoriale. Ce pays d'Afrique centrale et occidentale a une population de 19 406 100.

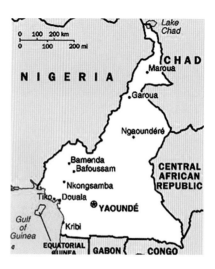

La République du Cameroun est surnommée « l'Afrique en miniature » à cause de sa diversité géographique. Ce pays a 590 kilomètres de côtes très découpées sur le Golfe de Guinée, des hauts plateaux à l'ouest du pays dont la montagne la plus haute de l'Afrique de l'ouest: le mont Cameroun à 4095 mètres. A l'est du pays, on trouve des forêts épaisses équatoriales.

La capitale politique du Cameroun est Yaoundé ; sa capitale économique est Douala. Bien que 200 langues soient parlées au Cameroun, les langues officielles sont le français et l'anglais.

Origine de son nom

En 1472, l'explorateur portugais Fernando Poó et ses marins pénètrent dans l'estuaire du fleuve camerounais le Wouri. Ils s'émerveillent face à l'abondance de crevettes. Ils nomment ce fleuve *Río dos Camarões*—la rivière des crevettes—ce qui donnera le nom actuel *Cameroun*. Le fait que ce pays africain acquiert son nom par des européens annonce de nombreuses années de relations ambigües avec l'Europe.

La colonisation

En 1532, la traite des esclaves commence avec les Européens. Les Portugais, les Hollandais et les Allemands établissent de nombreux échanges commerciaux avec le Cameroun. Pour protéger ses intérêts avec le Cameroun, l'Allemagne crée un protectorat en 1884. Les Allemands font construire de nombreuses routes, des chemins de fer, des écoles—malheureusement au détriment des Camerounais qui sont abusés et maltraités. En 1918, l'Allemagne, ayant perdu la première guerre mondiale, doit céder le Cameroun à la France et à l'Angleterre. La France s'approprie la région ouest du pays tandis que le Royaume-Uni s'empare de la région orientale.

Bien que le mouvement de l'Union des populations du Cameroun (UPC) dirigé par Ruben Um Nyobe essaie de revendiquer l'indépendance du Cameroun dès 1918, cela ne sera pas possible avant le 1er janvier 1960.

Depuis son indépendance

Ahmadou Ahidjo est élu président du Cameroun en 1960, et John Ngu Foncha devient vice-président. Le Cameroun Français et le Cameroun Britannique s'unissent pour devenir la *République Fédérale du Cameroun*. Le 20 mai 1972, un referendum organisé par le président Ahidjo transforme la nation en *République Unie du Cameroun*. En 1975, le poste de premier ministre est créé ; Paul Biya y est nommé. En novembre 1982, le président Ahmadou Ahidjo démissionne et est remplacé par son premier ministre, Paul Biya. En 1983, l'ex-président Ahidjo est exilé du Cameroun par le gouvernement de Paul Biya.

Paul Biya est président du Cameroun depuis 1982. La réélection répétitive de ce président est très controversée. Etant à la tête de son pays depuis plusieurs décennies, Biya est le chef d'état d'Afrique subsaharienne qui détient le record du nombre d'années au pouvoir.

LITTÉRATURE

Ferdinand Oyono (1929, Ebolowa– 2010, Yaoundé, Cameroun)

Œuvres Littéraires

Une vie de boy (1956)

Le vieux nègre et la médaille (1956)

Chemin d'Europe (1960)

Ferdinand Léopold Oyono, écrivain et homme d'etat camerounais, est né en 1929 dans le petit village de N'Goulémakong, près d'Ebolowa. Sa mère catholique s'est séparée très tôt du père de Ferdinand, celui-ci ayant choisi de vivre dans la tradition polygame. A un très jeune âge, Ferdinand Oyono accepte une position de boy à la Mission Catholique afin d'apporter un soutien financier à sa mère célibataire. Cette expérience lui servira d'inspiration pour son célèbre roman *Une vie de boy* (1956), une histoire qui dresse un portrait satirique des prêtres missionnaires et de la religion catholique pendant la période coloniale au Cameroun.

A l'adolescence, Oyono entreprend des études secondaires en région parisienne. Il ira ensuite à Paris poursuivre des études de droit à la Sorbonne et de diplomatie à la prestigieuse école de l'ENA (l'Ecole Nationale d'Administration). Pendant ces années universitaires à Paris, Oyono publie deux romans, *Une vie de boy* (1956) et *Le vieux nègre et la médaille* (1956). *Une vie de boy* relate l'histoire tragique de Toundi Ondoua, baptisé Joseph, un jeune serviteur (un boy) au service de missionnaires blancs. L'histoire est racontée à la première personne, sous forme de journal intime. Le roman offre une critique subtile du système colonial mais l'auteur a choisi un style naïf et enfantin (la voix du jeune Joseph) pour s'engager dans cette lutte anticolonialiste.

Dans *Le vieux nègre et la médaille*, Oyono change de registre et choisit de poursuivre sa critique du pouvoir colonial dans le personnage d'un père de famille nommé Meka. Ce père est sur le point de recevoir une médaille de la main des représentants de la France en l'honneur de ses sacrifices pour la France. Deux des fils de Meka sont morts pendant la deuxième guerre mondiale et le père a aussi fait don de terres pour servir la France. Pourtant, pendant la douloureuse cérémonie, le père prendra conscience de ce que représente cette médaille de la France et la fierté de recevoir cet honneur se transformera en rage lucide. En 1960, Oyono publie un dernier roman, *Chemin d'Europe*, l'histoire d'un homme, Aki Barnabas, en contact avec le monde blanc.

Oyono a publié ses trois romans anticolonialistes à la veille de l'indépendance du Cameroun. Une fois l'indépendance acquise (en 1960), l'écrivain s'investira dans la diplomatie et la politique. De 1965 à 1974, puis de 1982 à 1985, il sera nommé ambassadeur du Cameroun dans de nombreux pays. A partir de 1974 et jusqu'en 1982, Oyono est le représentant du Cameroun aux Nations Unies. En 1985, le président du Cameroun, Paul Biya, le nomme Secrétaire Général de la Présidence. Quelques années plus tard, en 1992, Oyono est nommé Ministre des Affaires Etrangères, puis Ministre de la Culture en 1997. Le 10 juin 2010, le Cameroun est en deuil lorsque Ferdinand Oyono décède à l'âge de 81 ans.

Avant de lire

A la maison (recherche à l'aide de l'internet, de l'encyclopédie, etc.)

1. Qu'est-ce qu'un missionnaire catholique? Faites des recherches succinctes sur la Mission Catholique, principalement en Afrique pendant la période coloniale.

2. Cherchez dans le dictionnaire la définition du mot « boy » en français.

Parlons un peu

1. Avez-vous déjà été sévèrement réprimandé(e) par un parent ou une autorité? A quelle occasion? Comment vous êtes-vous senti(e)?

2. Y a-t-il une personne adulte, autre que vos parents, qui vous a beaucoup influencé(e) dans votre jeunesse? Si oui, pourquoi est-ce que cette personne est ou a été si importante dans votre vie?

Mots difficiles

ameuter   *to bring someone out, to stir up*
avarié   *rotten*
le bienfaiteur   *benefactor*
la case   *hut*
ça va barder   *it is going to be painful*
la chicotte   *a chicotte; a whip made of leather strips*
dégénérer   *to get out of hand*
écorché   *grazed*
esquiver   *to duck*
la gale   *scabies*
le grenier   *attic*
la lézarde   *a wall crack*
les mangeurs d'hommes   *man eaters, cannibals*

marcher à reculons   *to walk backwards*
la masure   *hovel*
le païen   *pagan*
le pilon   *pestle*
quémander   *to beg*
le rotin   *rattan (thin, jointed stems of a palm)*
la sacristie   *sacristy*
la sagaie   *assegai (a kind of iron spear)*
le Saint-Esprit   *Holy Spirit*
singer   *to mock, to imitate*
transpercer   *to pierce, to go through*
tuméfié   *swollen*

Activités de vocabulaire

1. Reliez chaque mot avec son synonyme.

    ____ ameuter   a. solliciter
    ____ avarié   b. éviter adroitement
    ____ quémander   c. gonflé
    ____ esquiver   d. parodier
    ____ tuméfié   e. percer de part en part
    ____ singer   f. pourri
    ____ transpercer   g. alerter

2. Vrai ou faux?

    1. C'est très agréable de manger du poisson pourri._____

    2. Si Toundi frappe sa mère, ça va barder!_____

3. Une maison neuve est pleine de lézardes._____

4. Les enfants qui tombent souvent ont les genoux écorchés._____

5. Le grenier est au sous-sol._____

6. Les enfants singent souvent leurs camarades de classe._____

3. Remplissez les trous avec le mot approprié de la liste.

ameuter	quémander	« ça va barder »
chicotte	tuméfié	esquiver

Le père de Toundi veut frapper son fils avec une _____. Toundi n'ose pas crier car il ne veut pas _____ les autres jeunes du village. Le père a trouvé son fils en train de _____ auprès du père Gilbert et il est très en colère. Son père lui dit _____! Après sa mauvaise rencontre avec son père, le dos de Toundi est _____. Heureusement, il a pu l'_____ un petit peu.

Vous allez lire un extrait tiré du premier roman de Ferdinand Oyono, Une vie de boy *(1956). Ce passage décrit les premières pages du journal intime de Toundi, le personnage principal du roman. Toundi est un boy au Cameroun pendant la période coloniale au service d'un missionnaire catholique français, le révérend père Gilbert.*

Une vie de boy

Ferdinand Oyono

Le journal de Toundi
(Premier cahier)

Août

Maintenant que le révérend père Gilbert m'a dit que je sais lire et écrire couramment, je vais pouvoir tenir comme lui un journal.

Je ne sais quel plaisir cache cette manière de Blanc, mais essayons toujours.

J'ai jeté un coup d'œil dans le journal de mon **bienfaiteur** et maître pendant qu'il confessait ses fidèles. C'est un véritable **grenier** aux souvenirs. Ces Blancs savent tout conserver… J'ai retrouvé ce coup de pied que me donna le père Gilbert parce qu'il m'avait aperçu en train de le **singer** dans la sacristie. J'en ai senti à nouveau une brûlure aux fesses. C'est curieux, moi qui croyais l'avoir oublié…

Je m'appelle Toundi Ondoua. Je suis le fils de Toundi et de Zama. Depuis que le père m'a baptisé, il m'a donné le nom de Joseph. Je suis Maka par ma mère et Ndjem par mon père. Ma race fut celle **des mangeurs d'hommes**. Depuis l'arrivée des Blancs nous avons compris que tous les autres hommes ne sont pas des animaux.

Au village, on dit de moi que j'ai été la cause de la mort de mon père parce que je m'étais réfugié chez un prêtre blanc à la veille de mon initiation où je devais faire connaissance avec le fameux serpent qui veille sur tous ceux de notre race. Le père Gilbert, lui, croit que c'est le **Saint-Esprit** qui m'a conduit jusqu'à lui. A vrai dire, je ne m'y étais rendu que pour approcher l'homme blanc aux cheveux semblables à la barbe de maïs, habillé d'une robe de femme, qui donnait de bons petits cubes sucrés aux petits Noirs. Nous étions une bande de jeunes **païens** à suivre le missionnaire qui allait de **case** en case pour solliciter des adhésions à la religion nouvelle. Il connaissait quelques mots Ndjem, mais il les prononçait si mal qu'il leur donnait un sens obscène. Cela amusait tout le monde, ce qui lui assurait un certain succès. Il nous lançait ses petits cubes sucrés comme on jette du grain aux poules. C'était une véritable bataille pour s'approprier l'un de ces délicieux morceaux blancs que nous gagnions au prix de genoux **écorchés**, d'yeux **tuméfiés**, de plaies douloureuses. Les scènes de distribution **dégénéraient** parfois en bagarres où s'opposaient nos parents. C'est ainsi que ma mère vint un jour à se battre contre la mère de Tinati, mon compagnon de jeu, parce qu'il m'avait tordu le bras pour me faire lâcher les deux morceaux de sucre que j'avais pu avoir au prix d'une hémorragie nasale. Cette bataille avait failli tourner en massacre car des voisins luttaient contre mon père pour l'empêcher d'aller fendre la tête au père de Tinati qui, lui-même, parlait de **transpercer** l'abdomen de Papa d'un seul coup de **sagaie**. Quand on eut calmé nos parents, mon père, l'œil mauvais, armé d'un **rotin**, m'invita à le suivre derrière la case.

— C'est toi, Toundi, la cause de toute cette histoire! Ta gourmandise nous perdra. On dirait que tu ne manges pas assez ici! Tu éprouves encore le besoin, à la veille de ton initiation, de traverser un ruisseau pour aller **quémander** des morceaux de sucre à cet homme-femme blanc que tu ne connais même pas!

Je le connaissais, lui, mon père! Il avait la magie du fouet. Quand il s'en prenait à ma mère ou à moi, nous en avions au moins pour une semaine à nous remettre. J'étais à une bonne distance de sa **chicotte**. Il la fit siffler dans l'air et s'avança sur moi. Je **marchais à reculons**.

— Tu veux t'arrêter, oui? Je n'ai pas de bonnes jambes pour te poursuivre... Tu sais bien que je t'attendrai cent ans pour te donner ta correction. Viens ici pour qu'on en finisse vite!

— Je n'ai rien fait, Père, pour être battu... protestai-je.

— Aaaaaaaaaakiééééééé!... s'exclama-t-il. Tu oses dire que tu n'as rien fait? Si tu n'avais pas été le gourmand que tu es, si tu n'avais pas le sang des gourmands qui circule dans les veines de ta mère, tu n'aurais pas été à Fia pour disputer, comme un rat que tu es, ces choses sucrées que vous donne ce maudit Blanc! On ne t'aurait pas tordu les bras, ta mère ne se serait pas battue et moi je n'aurais pas éprouvé l'envie d'aller fendre le crâne du vieux Tinati... Je te conseille de t'arrêter!... Si tu fais encore un pas, je considérerai cela comme une injure et que tu peux coucher avec ta mère...

Je m'arrêtai. Il se précipita sur moi et fit siffler le rotin sur mes épaules nues. Je me tortillais comme un ver au soleil.

— Tourne-toi et lève les bras! Je n'ai pas envie de te crever un œil.

— Pardonne-moi, Père! Suppliai-je, je ne le ferai plus…

— Tu dis toujours cela quand je commence à te battre. Mais aujourd'hui, je dois te battre jusqu'à ce que je ne sois plus en colère…

Je ne pouvais pas crier car cela aurait pu **ameuter** les voisins et mes camarades m'auraient traité de fille, ce qui signifiait l'exclusion de notre groupe « Jeunes-qui-seront-bientôt-des-hommes ». Mon père me donna un autre coup que **j'esquivai** de justesse.

— Si tu esquives encore, c'est que tu peux coucher avec ta grand-mère, ma mère!

Pour m'empêcher de me sauver, mon père usait toujours de ce chantage qui m'obligeait à me livrer gentiment à ses coups.

— Je ne t'ai pas insulté et je ne peux pas coucher avec ma mère, ni avec la tienne! Et je ne veux plus être battu et c'est tout!

— Tu oses me parler sur ce ton! Une goutte de mon liquide qui me parle ainsi! Arrête-toi ou je te maudis!

Mon père suffoquait. Jamais je ne l'avais vu aussi exaspéré… Je continuai ma marche à reculons. Il me poursuivit ainsi derrière les cases pendant une bonne centaine de mètres.

— Bien! lança-t-il, je verrai où tu passeras la nuit! Je dirai à ta mère que tu nous as insultés. Pour entrer dans la case, ton chemin passe par le trou de mon anus.

Sur ce, il me tourna le dos. Je ne savais où me réfugier. J'avais un oncle que je n'aimais pas à cause de ses croûtes de **gale**. Sa femme sentait, comme lui, le poisson **avarié**. Il me répugnait d'entrer dans leur **masure**. Il faisait nuit. La lumière intermittente des lucioles devenait visible. Le bruit des **pilons** annonçait le repas du soir. Je revins doucement derrière notre case et regardai à travers **les lézardes** du mur de terre battue. Mon père me tournait le dos. L'oncle dégoûtant était en face de lui. Ils mangeaient… L'arôme du porc-épic que nous avions trouvé à moitié dévoré par les fourmis, pris depuis deux jours à l'un des pièges de mon père, me donnait de l'appétit. Ma mère était réputée au village pour son assaisonnement du porc-épic…

— C'est bien le premier de la saison! dit mon oncle, la bouche pleine.

Sans mot dire, mon père pointa son index au-dessus de sa tête. C'était à cet endroit qu'il alignait tous les cranes des bêtes qu'il prenait au piège.

— Mangez tout, dit ma mère, j'ai gardé la part de Toundi dans la marmite.

Mon père se leva d'un bond et, à son bégaiement, je compris que **ça allait barder**.

— Apporte la part de Toundi ici! cria mon père. Il ne mangera pas de ce porc-épic. Cela lui apprendra à me désobéir.

— Tu sais, il n'a encore rien mangé depuis ce matin. Que mangera-t-il quand il rentrera?

— Rien du tout, coupa mon père.

— Si vous voulez qu'il vous obéisse, ajouta mon oncle, privez-le de nourriture… Ce porc-épic est fameux…

Ma mère se leva et leur apporta la marmite. Je vis la main de mon père et celle de mon oncle y plonger. Puis j'entendis ma mère pleurer. Pour la première fois de ma vie, je pensai à tuer mon père.

Questions de compréhension

1. Qui est Toundi Ondoua? Quelles sont ses origines?

2. Pourquoi Toundi veut-il maintenant avoir un journal intime (*diary*)?

3. Qu'est-ce que le père Gilbert raconte dans son journal intime?

4. Décrivez l'apparence physique du père Gilbert (aux yeux de Toundi).

5. Qu'est-ce que le père Gilbert jette aux enfants du village?

6. Pourquoi y a-t-il une altercation entre les parents de Toundi et d'autres parents de la tribu?

7. Pour quelle raison Toundi marche-t-il à reculons avec son père?

8. Décrivez en détails l'épisode entre Toundi et son père.

9. Expliquez ce que Toundi voit par la lézarde de sa case.

10. Comment Toundi se sent-il à la fin du passage?

Questions d'interprétation

1. D'après vous, pourquoi Oyono a-t-il choisi de raconter l'histoire par l'intermédiaire d'un journal intime? Quelle dimension supplémentaire est-ce que ce genre d'écriture offre au récit?

2. Expliquez la première phrase du texte en tenant compte du contexte colonial (« Maintenant que le révérend père Gilbert m'a dit […] un journal. »). En quoi est-ce que la capacité d'écrire devient une arme anticolonialiste pour Toundi?

3. Quelle image de la religion des Blancs est-ce qu'Oyono donne dans ce début de livre?

4. Quel est le symbole des sucres (pensez aussi à la question de couleur)?

5. Que représente la gourmandise (*gluttony*) dans la religion chrétienne? Quand le père dit « ta gourmandise nous perdra », est-ce qu'il fait référence à la même gourmandise que dans le christianisme? Où se situe l'ironie dans ce passage?

6. Expliquez l'image du *père* biologique de Toundi et du *père* Gilbert? Selon vous, que symbolisent, dans un contexte colonial, ces deux sortes de père?

7. Interprétez la fin de l'histoire. Que représente ce désir de tuer le père biologique?

Questions de discussion

1. Êtes-vous d'accord avec le dicton français: « La gourmandise est un vilain défaut »? Ou au contraire, pensez-vous, comme certains, que la gourmandise est un « péché mignon »?

2. Est-il possible de contrôler les fréquentations (les amitiés) d'un jeune adulte, ou est-il plutôt conseillé de laisser aux jeunes la liberté d'apprendre la vie par eux-mêmes, par leurs propres erreurs?

3. La question « Est-ce que le colonialisme a aussi eu des conséquences *positives* en Afrique? » est polémique en France. D'après vous, est-ce problématique ou utile de parler de l'aspect « positif » du colonialisme?

Expression écrite

1. Toundi Ounda écrit une lettre à son père défunt. Maintenant qu'il n'a plus à craindre sa colère, Toundi exprime ses véritables sentiments envers son père. Ecrivez une lettre détaillée de Toundi à son père.

2. *Une vie de boy* est basé sur le journal intime de Toundi qu'un touriste découvre et lit après la mort de celui-ci. Que pensez-vous de l'idée de prendre possession d'un journal intime sans l'autorisation de son propriétaire? Est-ce qu'il y a des occasions où il est permis de lire des communications privées (courriel, lettres, journal intime…) sans l'autorisation du propriétaire (par exemple pour la survie d'une personne, pour découvrir des informations importantes lors d'un procès judiciaire, pour éviter un danger, etc.)? Ou est-ce que violer l'intimité d'une personne est inacceptable en toutes circonstances? Justifiez votre réponse avec des exemples précis.

FILM

Claire Denis (1948, Paris)

Bien que née à Paris, Claire Denis passe sa tendre enfance en Afrique, où son père est fonctionnaire. Elle grandit dans de nombreux pays africains (Cameroun, Burkina Faso, Djibouti) avant de rentrer en France pour des raisons de santé. Une fois son diplôme de l'Institut des Hautes Études Cinématographiques[1] en poche, Claire Denis

---

1. L'institut est aujourd'hui l'École Nationale Supérieure des Métiers de l'Image et du Son.

Films

Longs métrages

Chocolat (1988)

S'en fout la mort (1990)

J'ai pas sommeil (1994)

Nénette et Boni (1996)

Beau travail (1999)

Trouble Every Day (2001)

Vendredi soir (2002)

L'intrus (2004)

35 rhums (2008)

Matériel blanc (2009)

Les salauds (2013)

Courts métrages

Keep It for Yourself (1991)

« Pour Ushari Ahmed Mahmoud, Souda » dans *Contre l'oubli* (1991)

Boom-Boom (1994)

« US Go Home » dans *Tous les garçons et les filles de leur âge* (1994)

« Nice, Very, Very, Nice » dans *À propos de Nice, la suite* (1995)

« Vers Nancy » dans *Ten Minutes Older: The Cello* (2002)

Documentaires

Man No Run (1989)

Jacques Rivette, le veilleur (1990)

Vers Mathilde (2005)

travaille en tant qu'assistante au côté des plus grands noms du cinéma, dont le Français Jacques Rivette, l'Américain Jim Jarmusch, et l'Allemand Wim Wenders. C'est précisément auprès de Wim Wenders, le réalisateur du film culte *Paris, Texas* (1984), que Claire Denis trouvera l'inspiration pour sa première production cinématographique, *Chocolat* (1988). *Chocolat* est un film semi-autobiographique basé sur les impressions d'enfance de Claire Denis au Cameroun à l'époque coloniale. Encombré de peu d'intrigue et de dialogues, ce film est surtout un hommage aux paysages et au pays d'enfance de Claire Denis. *Chocolat* est en ce sens similaire à *Paris, Texas*, un film où le paysage aride, immense et vide du Texas tient le rôle principal. *Chocolat* a rencontré un vif succès, il fut nominé pour une Palme d'or au Festival de Cannes de 1988 et pour un César en 1989.

A travers ses nombreux films, Claire Denis a su développer un style très personnel. Elle a réalisé notamment *J'ai pas sommeil* (1994), une histoire inspirée du tueur en série de Montmartre, Thierry Paulin. Ce métis homosexuel d'origine martiniquaise fut responsable de 21 meurtres de vieilles dames à Paris dans les années 80. Claire Denis s'est aussi distinguée avec *Nénette et Boni* (1996), histoire touchante sur la relation compliquée entre un frère et une sœur (lauréat du Léopard d'or 1996 au Festival du film de Locarno). Plus récemment, Claire Denis est retournée sur les traces de son enfance avec la réalisation du film *White Material* (2010), en collaboration avec l'écrivain Marie NDiaye. Dans ce film, Claire Denis s'intéresse à une famille blanche résidant en Afrique qui décide de rester dans sa plantation de café jusqu'à la récolte du café malgré le danger pressant d'une guerre civile et de tensions raciales. On retrouve dans ce film Isaach de Bankolé, l'acteur d'origine ivoirienne qui tient le rôle principal (Protée) dans *Chocolat*.

En tant que réalisatrice, Claire Denis a toujours montré un intérêt très prononcé pour l'image et la musique dans ses productions cinématographiques. Elle est aussi connue pour ses choix d'acteurs et de sujets, traitant sans discrimination de l'Afrique et de la France multi-raciale.

Chocolat

Claire Denis

Chocolat *nous emmène au Cameroun colonisé et plus particulièrement chez le couple Aimée et Marc, et leur fille, France, dans la province isolée de Mindif. Dans sa production cinématographique* Chocolat, *Claire Denis examine les relations complexes entre Protée, le domestique camerounais de la famille, et la famille française. Denis met également l'emphase sur le tabou, le désir et le silence qui s'installe entre Protée et Aimée.*

Avant de visionner

A la maison (recherche à l'aide de l'internet, de l'encyclopédie, etc.)

1. Cherchez des images de la région nord du Cameroun, principalement des images de paysages. Que vous inspirent ces images?

2. Trouvez des informations sur la vie et la carrière de l'acteur d'origine ivoirienne, Isaac de Bankolé. Connaissez-vous d'autres acteurs ou actrices d'Afrique de l'ouest?

Parlons un peu

Les images

Affiche de *Chocolat*

Observez l'affiche du film Chocolat *de Claire Denis sur laquelle se trouvent Aimée, une française qui vit au Cameroun, et Protée, son boy (domestique). Voir le site* http://www .hackettpublishing.com/la-culture-francophone-title-support-page.

Analysez l'affiche. Intéressez-vous en particulier à la position des corps sur l'affiche, la représentation des sexes (masculin et féminin) et des races, ainsi que le jeu de regards.

Protée et Aimée dans la chambre

Maintenant, comparez la photo de l'affiche avec cette scène tirée du film. Qu'est-ce qui est similaire et qu'est-ce qui est différent? D'après cette image, essayez d'anticiper la nature de la relation entre Aimée et Protée.

Protée et France dans le camion

Voici une photo d'une autre scène tirée du film. Sur cette photo, on voit Protée assis à côté de France, la fille d'Aimée, un personnage basé sur Claire Denis enfant.

Comparez la position des corps entre Protée et Aimée, et maintenant celle entre Protée et France. Comparez aussi la position des regards dans ces deux photos. Quelle conclusion pouvez-vous en tirer sur la relation entre Protée et Aimée, et celle entre Protée et France?

Activités (après visionnement)

Les personnages

1. Voici la description de quelques personnages de *Chocolat*. Reliez chaque personnage à sa description.

_____ Aimée	a. Fille de Marc et Aimée. Elle revient au Cameroun en tant qu'adulte
_____ Luc	b. Un Américain qui s'est installé au Cameroun.
_____ Thérèse	c. Epouse de Marc
_____ Protée	d. Epouse de Machinard. C'est son premier voyage au Cameroun
_____ France	e. Producteur de café
_____ Mireille	f. Chef de la subdivision du Diamaré et mari d'Aimée.
_____ Marc	g. Chef de la subdivision du M'Banga
_____ William	h. Domestique camerounais qui travaille pour Marc et Aimée
_____ Prosper	i. Ménagère et maîtresse de Delpich

_____Machinard   j. Un ex-séminariste qui traverse le continent africain à pied

_____Delpich   k. Le médecin du village

2. Aimée ou Marc? *Voici des phrases prononcées par un de deux personnages. Indiquez qui prononce les phrases: A= Aimée M=Marc*

« J'ai besoin de toi. J'ai ta trousse » _____

« Je ne veux plus que Protée s'occupe de la maison… Mets-le où tu veux » _____

« Protée, emmène cette bête à la cuisine » _____

« Ma petite fourmi. A dans 10 jours » _____

3. Qui dit quoi? *Indiquez avec une lettre de l'alphabet l'interlocuteur de chaque phrase:*

(a) Protée, (b) Aimée, (c) Marc, (d) Luc.

« Je t'interdis de tripoter dans mes affaires. Je ne veux plus voir personne fouiner dans ma chambre » _____

« Qu'est–ce qu'ils foutent à l'école en pleine nuit? » _____

« T'es juste bon à torcher le cul des blancs » _____

« L'année prochaine, je fais élargir la route » _____

« Au bord du chemin, un fil noir » _____

« Je te les confie. Veille sur elles » _____

Questions de discussion

Hiérarchie coloniale, autorité, respect

1. Le personnage de France est basé sur Claire Denis quand elle était petite. Que pensez-vous du choix du prénom 'France' pour représenter 'Claire'?

2. Analysez la relation entre France et Protée dans le contexte de deux scènes spécifiques:

   • La lecture de la lettre à l'école, lorsque France commande à Protée de rentrer: « Protée, il faut rentrer ».

- La scène de la soupe, lorsque France ordonne à Protée de manger sa soupe.

3. Voyez-vous une différence entre la manière dont Aimée s'adresse à Protée et celle avec laquelle France s'adresse à lui (pensez par exemple à la scène de la hyène)?

4. Trouvez des scènes dans le film où Aimée semble dominer Protée et d'autres où Protée semble dominer Aimée. Discutez la relation de pouvoir entre Aimée et Protée.

5. Marc va chercher le médecin Prosper au village pour soigner la femme de Machinard. En voyant Prosper, Machinard s'exclame: « J'ai besoin d'un vrai toubib (docteur) ». Expliquez cette remarque; quelle est sa connotation raciste?

L'espace

1. Comparez la maison coloniale où la famille française habite et l'espace où les domestiques africains—y compris Protée—habitent. Où se situe France dans ces deux espaces? (Justifiez votre réponse avec des exemples précis tirés du film).

2. Discutez de question d'intimité et d'espace privé dans le film. Intéressez-vous en particulier à la scène de la douche d'Aimée et celle de Protée. Souvenez-vous du commentaire d'Aimée à l'Anglais: « Pour être seule, il faut que je prenne une douche. »

3. Que représente Luc dans le film? (Discutez en particulier de la scène avec le médecin Prosper, à celle avec la douche des boys, et celle au dîner avec les boys.) Pourquoi y a-t-il de la tension et de la violence entre Luc et Protée?

Le silence, le désert

1. Il y a peu de dialogues entre Aimée et Protée. Expliquez le silence entre les deux personnages. Quel est le rôle de ce silence d'un point de vue cinématographique?

2. Aimée caresse la jambe de Protée. Est-ce une expression de désir? Quelle est la réaction de Protée? A votre avis, pourquoi réagit-il de cette façon?

3. Expliquez le contraste entre le paysage ouvert (le désert et la maison aérée) et les sentiments et émotions cachés des personnages.

4. D'après vous, que ressent Protée pour Aimée? Et pour France? Est-ce que le film nous permet de répondre à ces questions avec certitude? Expliquez votre réponse.

La fin

1. Après avoir vu le film, expliquez la première scène du film avec William, le Noir américain qui conduit France à Douala. Est-ce que l'Africain-Américain et la Française élevée en Afrique coloniale se sentent 'chez eux' en Afrique? Qu'est-ce qui est similaire et différent dans ces deux personnages?

2. Discutez la toute dernière scène du film. L'un des trois hommes qui chargent les bagages dans l'avion semble être Protée. Quel(s) message(s) est-ce que Claire Denis a voulu transmettre dans cette scène à l'aéroport?

3. D'après vous, pourquoi est-ce que Claire Denis a choisi le titre *Chocolat* pour ce film? Si possible, cherchez dans un dictionnaire les différentes significations du mot « chocolat » pour vous aider à répondre de façon pertinente à cette question.

Présentations orales

1. Protée et Aimée sont très énigmatiques. Faites une analyse détaillée de ces deux personnages en utilisant des scènes du film afin d'offrir des indices qui nous permettraient de percer le mystère sur ces deux personnages.

2. En quoi est-ce que ce film peut être interprété comme une critique de la colonisation en Afrique? Présentez les différents personnages dans le contexte colonial du film. Qu'est-ce que chaque personnage nous apprend sur cette période de l'histoire? Si possible, utilisez des scènes du film pour justifier vos réponses.

PERSONNALITÉ PHARE

Paul Biya

Paul Biya, de son nom complet, Paul Barthélemy Biya'a Bi Mvondo, est né en 1933 à Mvomeka'a, un petit village du sud du Cameroun. Depuis 1982, il est Président du Cameroun, une position à laquelle il a accédé relativement tôt dans sa carrière politique et qu'il maintient depuis plusieurs années.

Après des études secondaires brillantes au Cameroun, au lycée Leclerc de Yaoundé, le jeune Biya poursuit ses études à Paris. En 1961, il obtient un diplôme de Relations Internationales à la prestigieuse école de l'ENA (Ecole Nationale d'Administration) et une licence de droit public à L'Institut des Hautes Etudes d'Outre-Mer. Dès son retour au Cameroun en 1962, il obtient un poste en tant que Chargé de mission auprès du Président de la République Fédérale du Cameroun, Ahamadou Ahidjo. Biya devient très proche d'Ahidjo malgré le fait que les deux hommes appartiennent à deux mondes différents: Biya est du sud du Cameroun, il est chrétien et a reçu une éducation dans les plus grandes écoles, alors qu'Ahidjo est du nord du Cameroun, il est musulman et il a quitté l'école assez tôt. La différence de leurs origines, entre le nord et le sud du Cameroun, aura des conséquences importantes ultérieurement dans leur relation. Quand Biya succédera Ahidjo à la présidence en 1982, il se débarrassera des membres du cabinet originaires de la région nord qui étaient fidèles à Ahidjo et choisira des individus originaires du sud du Cameroun pour rejoindre son gouvernement. Ce changement annoncera le début d'une grande mésentente entre l'ancien président, Ahamadou Ahidjo, et le nouveau, Paul Biya.

Très tôt, au service d'Ahidjo, Biya montera de façon très efficace les échelons de sa carrière politique. En 1968, il sera nommé Ministre Secrétaire à la Présidence, puis, en 1975, Premier Ministre d'Ahidjo. Selon la loi au Cameroun, le Premier Ministre succède au Président quand ce dernier quitte ses fonctions. Après 22 ans au pouvoir, Ahidjo décide brutalement de quitter la présidence. Cette décision semble avoir été motivée par des problèmes de santé. En tant que Premier Ministre, Biya succède alors à la présidence. C'est le début d'une très longue carrière pour Biya et d'une très longue présidence pour le Cameroun. On peut qualifier la présidence de Biya de dictature, ou le Cameroun sous Biya d'état répressif. Amnesty International a vivement critiqué le régime de Biya, accusant le président du Cameroun de violations contre les droits de l'homme.

Paul Biya a survécu à deux coups d'état importants, le premier en 1983 et le deuxième en 1984. Les deux coups auraient été orchestrés par Ahidjo, l'ancien président, selon la version officielle du gouvernement de Biya. En 1983, après une mésentente qui va définitivement opposer Biya et Ahidjo, l'ancien président quitte le Cameroun pour s'exiler en France. La même année, en 1983, le premier coup d'état contre Biya est avorté. L'année suivante, un autre coup d'état contre Biya a lieu. Ahidjo, alors en France, est condamné à la peine de mort in absentia pour l'orchestration prétendue de ces coups d'état. Ahidjo finira sa vie en exil, partageant son temps entre le Sénégal et la France jusqu'à sa mort au Sénégal en 1989.

Biya est maintenant le chef d'état en Afrique subsaharienne ayant la plus grande longévité au pouvoir. Depuis 1982, Biya a été réélu président lors de multiples élections contestées et soupçonnées d'être frauduleuses. En 2004, Biya est élu une fois de plus pour servir son deuxième septennat. Selon la Constitution de 1996 du Cameroun, un président ne peut dès lors être élu que pour deux septennats consécutifs, c'est-à-dire pour un total de 14 ans. En octobre 2011, Biya aura achevé son deuxième septennat mais le président a déjà prévu sa réélection éventuelle. Biya a modifié la Constitution afin de mettre fin à la limite du mandat présidentiel de deux septennats. Prévoyant, Biya a aussi modifié la Constitution afin de lui garantir l'immunité présidentielle pour les actions commises durant sa présidence lorsqu'il ne sera plus président.

Questions de compréhension

1. Qui est Ahamadou Ahidjo? De quelle région du Cameroun vient-il?

2. Et Paul Biya, de quelle région vient-il?

3. Quelles sont les trois caractéristiques principales qui opposent la personnalité de Biya et celle d'Ahidjo?

4. Comment est-ce que Paul Biya a accédé au pouvoir en 1982?

5. Où était Ahidjo quand deux coups d'états ont été intentés contre Biya?

6. Qui a été accusé et condamné pour ces coups d'état?

7. Qu'est-ce qu'un septennat? Selon la Constitution de 1996, combien de septennats est-ce qu'un président peut servir?

8. En 2011, Biya aura-t-il servi un ou deux septennats?

9. Pourquoi est-ce que Biya pourra se représenter aux élections de 2011? Qu'a-t-il modifié dans la Constitution de 2011?

Et vous?

1. Essayez d'imaginer vivre dans un pays où le gouvernement ne vous accorde pas la liberté d'expression et viole couramment les droits de l'homme. Pourriez-vous quitter tous vos amis et votre famille afin de vivre librement? D'après vous, est-il plus difficile de partir en exil ou de rester dans une atmosphère politique difficile?

2. Pensez-vous que le pouvoir est comme une drogue et que tout le monde est susceptible de devenir un jour accro au pouvoir? Ou pensez-vous plutôt que seules certaines personnes ont cette soif de pouvoir?

LA VIE DE TOUS LES JOURS

Le beurre de karité

Le karité (*Vitellaria paradoxa*) est un arbre qui pousse en Afrique de l'ouest (le Nigéria, le Mali, le Burkina Faso, le Sénégal, la Côte d'Ivoire…). Cet arbre ressemble à un chêne et donne un fruit vert comestible que l'on pourrait comparer, par son apparence, à l'olive. Le nom « karité » provient du wolof[2] et signifie « arbre à beurre » car sa noix produit un beurre très apprécié que l'on appelle « beurre de karité ». Le beurre de karité est aussi appelé en malinké[3] « shétoulou », ce qui a donné son nom anglais, « shea butter ». Il faut en moyenne 25 ans pour que le karité ne parvienne à maturité. Sa meilleure rentabilité se situe entre l'âge de 50 et 100 ans. Cet arbre n'est pas destiné à la culture agricole car il représente trop d'obstacles de production (dont les délais conséquents de maturité). Par conséquent, il pousse principalement à l'état sauvage, dans la savane arborée. L'arbre produit environs 20 kilos de noix de karité, ce qui représente 5 kilos de noix et seulement 1 kilo de beurre.

La récolte du fruit de karité a lieu entre la mi-juin et la mi-septembre, pendant la saison humide. Elle est effectuée par les femmes des milieux ruraux. Après la récolte, les femmes entreprennent la confection du beurre qui commence par l'extraction de l'amande à l'intérieur du fruit. Cette amande sera ensuite écrasée, mélangée en pâte épaisse, chauffée et purifiée (voir ci-dessous le mode d'emploi). En Afrique de l'ouest, le beurre de karité est utilisé pour l'alimentation, les soins de beauté et pour ses vertus médicinales. Dans la cuisine traditionnelle africaine, ce beurre est une matière grasse

utilisée pour la friture. Sur le plan agro-alimentaire, le beurre de karité sert aussi de substitut au beurre de cacao dans la confection du chocolat. Pour les soins de beauté, le beurre de karité est utile pour l'hydratation de la peau et des cheveux. Le beurre de karité représente un soin naturel très hydratant. Ses propriétés médicinales sont variées. Le beurre de karité est réputé être un bon remède contre les vergetures des femmes enceintes, un produit apaisant contre les brûlures, un soin réparateur contre les cicatrices, et une méthode naturelle de protection solaire.

Dû à ses propriétés cosmétiques très appréciées et son rôle économique dans l'industrie du chocolat, le beurre de karité représente un marché important d'exportation vers l'occident. On le trouve aujourd'hui dans les grandes maisons de cosmétiques telles que *The Body Shop*, *L'Occitane* et *L'Oréal*. La production et la confection du beurre

2. Le wolof est une langue parlée au Sénégal, en Gambie et en Mauritanie.

3. Le malinké est une langue parlée au Sénégal et au Mali.

de karité est un labeur féminin, difficile et peu rémunéré. Dans le milieu cosmétique, son utilisation en Occident représente aussi un marché principalement féminin. Certaines compagnies commerciales au Canada, en France et aux Etats-Unis ont fait le choix d'importer le beurre de karité d'Afrique de l'ouest uniquement selon les critères du commerce équitable. Le « commerce équitable » du beurre de karité signifie que les productrices africaines se sont regroupées afin de former une association qui les protège de divers types d'exploitation. Parmi ses garanties, le commerce équitable assure un commerce direct entre la productrice et l'acheteur sans intermédiaire, ainsi qu'un prix raisonnable d'achat du produit. Le beurre de karité, étant un produit biologique aux nombreuses vertus, connait un succès grandissant en occident. Vous le trouverez certainement dans votre supermarché local aux Etats-Unis en dosage réduit sous la marque *Palmer's*. Si vous voulez une expérience plus authentique et un beurre de karité non mélangé, dirigez-vous vers des magasins spécialisés en produits cosmétiques naturels et biologiques.

Questions de compréhension

1. Pourquoi est-ce que l'arbre de karité pousse à l'état sauvage et qu'il est trop difficile de le faire pousser dans une exploitation agricole ?

2. Qu'est-ce que les Africains récoltent dans l'arbre de karité et qu'est-ce qu'ils fabriquent avec leur récolte ?

3. Quelles sont les trois principales utilisations du beurre de karité ?

4. Le beurre de karité est un bon produit cosmétique pour quelles parties du corps ?

5. Quelles sont ses vertus médicinales ?

6. En tant que produit esthétique, qui produit le beurre et qui le consomme ?

7. Expliquez ce que veut dire « commerce équitable ».

Beurre de karité, mode d'emploi

A. *Lisez les différentes étapes de la confection du beurre de karité.*

   1. **Le triage et le lavage:** séparer les bons fruits des mauvais et les laver.

   2. **Le séchage:** attendre au soleil que les amandes ne soient plus mouillées.

   3. **Le concassage/le pilonage:** les amandes entières sont écrasées en petits morceaux avec un concasseur ou avec un pilon.

4. **La torréfaction:** les amandes sont grillées dans une marmite.

5. **Le broyage**: les amandes torréfiées sont passées au moulin qui donne une pâte brunâtre.

6. **Le barratage:** masser la pâte à la main avec un peu d'eau pour obtenir une pâte blanche.

7. **La purification:** le beurre obtenu est mélangé à un peu d'eau, puis chauffé lentement. Quand l'eau s'évapore, les impuretés restent au fond de la marmite.

8. **Le versage:** mettre le beurre liquide dans des récipients.

B. *Pour chaque illustration, choisissez le mot approprié.*

Sheeboo lave et trie les noix à la main; c'est _____.

a. la torréfaction

b. le triage

c. la purification

Les noix sont ensuite séchées au soleil; c'est _____.

a. la torréfaction

b. le versage

c. le séchage

Sheeboo écrase finement les amandes au pilon; c'est _____.

a. le pilonage

b. le barratage

c. le séchage

Les amandes sont grillées dans une marmite; c'est _____.

a. la purification

b. la torréfaction

c. le barratage

Sheeboo transforme la poudre en une pâte épaisse brunâtre; c'est _____.

a. le séchage

b. le broyage

c. la torréfaction

Cette pâte est affinée entre deux pierres de granite. Puis Sheeboo la malaxe et la brasse à la main en y ajoutant un peu d'eau afin d'obtenir une pâte blanche; c'est _____.

a. le concassage

b. le barratage

c. le versage

Sheeboo mélange de nouveau le beurre à un peu d'eau, puis le chauffe. L'eau s'évapore et les impuretés se déposent au fond; c'est _____.

a.   le concassage

b.   la purification

c.   le séchage

Sheeboo laisse décanter puis verse le beurre dans de petits récipients, il est prêt à être utilisé; c'est _____.

a.   la torréfaction

b.   le triage

c.   le versage

Le Sénégal

Sa géographie

Pays d'Afrique de l'ouest, la République du Sénégal, est entourée au nord par la Mauritanie, à l'est par le Mali et au sud par la Guinée-Bissau et la Guinée. La Gambie est située au milieu des terres du Sénégal autour du fleuve Gambie. Sa capitale est Dakar.

D'une surface de 196 722 km², le Sénégal a une population approximative de 14 086 103.

La région nord du Sénégal est désertique, tandis que le sud du pays est tropical. Le climat sénégalais a deux saisons: la saison sèche et la saison des pluies.

Il y a de nombreuses ethnies au Sénégal. Les ethnies démographiques les plus importantes sont les Wolofs, les Peuls, les Sérères et les Toucouleurs. Les Sérères, qui représentent 17% de la population, sont la classe d'élite du Sénégal.

Origine de son nom

L'origine du nom « Sénégal » est très controversée. En 1850, l'Abbé David Boilat écrit dans *Esquisses sénégalaises* que le nom vient de l'expression wolof *suñu gaal* (*notre pirogue*). Certains érudits spéculent que ce nom aurait plutôt comme origine la tribu Berbère *Zenaga*.

Différents royaumes

- Vers le huitième siècle, le territoire se divise en plusieurs royaumes.
- Entre le quatorzième et le seizième siècle: le royaume du Djolof est le plus étendu et le plus puissant de la région.
- En 1549, le royaume du Djolof s'effondre avec l'assassinat de son dernier empereur, Lélé Fouli Fak.
- Après cette date, les royaumes qui faisaient partie de l'empire Djolof gagnent petit à petit leur indépendance.
- Avec l'arrivée des colons européens, les différents royaumes se dissolvent.

Mouvements anticolonialistes

- Lat Dior Ngoné Latyr Diop (1842–1886), héros national pour les Sénégalais, est une des grandes figures de la résistance à la colonisation française.
- D'autres héros anticolonialistes comprennent El Hadji Oumar Tall, Samory Touré, Mamadou Lamine Dramé et Alboury Ndiaye.

L'esclavage et la colonisation

- En 1444, les Portugais atteignent l'embouchure du Sénégal.
- La traite des esclaves noirs commence. Une forte compétition entre les Hollandais, les Anglais et les Français s'installe.
- Le commerce triangulaire[1] s'établit entre l'Europe, l'Afrique et l'Amérique du nord et du sud.
- L'île de Gorée[2], possession successivement des Portugais, Hollandais, puis des Anglais et des Français, devient un pilier de la traite des esclaves noirs. La France abolit l'esclavage en 1848.
- Saint-Louis, nommée d'après Louis XIV, est la première ville fondée par les Européens en Afrique de l'ouest en 1659.
- Saint-Louis reste la capitale politique de la colonie française et de l'Afrique-Occidentale française jusqu'en 1902. Elle sera ensuite la capitale du Sénégal jusqu'en 1960.
- Les missionnaires catholiques arrivent avec l'intention d'évangéliser les peuples de cette région d'Afrique de l'ouest.
- Entre 1854 et 1861, et de nouveau entre 1863 à 1865, Louis Léon César Faidherbe est nommé gouverneur du Sénégal.
- Entre 1895 et 1958, le Sénégal fait partie de l'Afrique-Occidentale française (AOF).

De l'indépendance à nos jours

- En janvier 1959, le Soudan français (aujourd'hui le Mali) et le Sénégal s'unissent: ils forment la Fédération du Mali.
- Grâce aux transferts de pouvoirs signés en France le 4 avril 1960, cette nouvelle fédération obtiendra son indépendance le 20 juin 1960.
- Le 20 août 1960, le Sénégal se sépare du Mali et devient une nation indépendante.

1. Aussi appelé la traite atlantique ou la traite occidentale, le commerce triangulaire représente les échanges commerciaux entre le continent européen, le continent africain et les Amériques. Avec cette route, les négriers assurent la distribution d'esclaves africains dans les Amériques. De cette façon, l'Europe s'approvisionne en produits des colonies des Amériques, et livre à l'Afrique des produits d'Europe et des Amériques.

2. Cette île de l'océan Atlantique est située dans la baie de Dakar. Elle est reconnue comme Patrimoine Universel de l'Unesco.

- Léopold Sédar Senghor devient Président en Septembre 1960. Il restera Président jusqu'en 1981 lorsqu'il prendra sa retraite.
- En 1981, son Premier ministre Abdou Diouf prend sa succession.
- En 2000, Abdoulaye Wade du Parti démocratique sénégalais est élu à la présidence ; il est réélu en 2007.
- Macky Sall est l'actuel Président depuis 2012.

LITTÉRATURE

Léopold Sédar Senghor (1906, Joal, Sénégal– 2001, Verson, France)

Léopold Sédar Senghor est né le 9 octobre 1906 à Joal, au Sénégal. Grand intellectuel mondialement reconnu, Senghor est un poète et philosophe de langue française du XXème siècle. Il s'est aussi distingué en devenant le premier Président de la République du Sénégal (1960) et le premier membre africain de l'Académie Française (1983).

Après un brillant parcours universitaire à Paris, Senghor est reçu au prestigieux concours de l'agrégation[3] (de grammaire française) en 1935. Il commence ainsi une carrière dans l'enseignement dans divers établissements et universités. A la fin de la deuxième guerre mondiale (durant laquelle il est fait prisonnier en 1940 et rejoindra ensuite la résistance après sa libération en 1942), Senghor accepte la chaire de langues et civilisation négro-africaines à l'École nationale de la France d'outre-mer. Parallèlement, le jeune universitaire s'investit dans la politique et est élu député du Sénégal trois fois consécutives (1946, 1951, 1956). Le Sénégal était une colonie française de 1895 à 1960. Lors de son indépendance en 1960, Senghor devient le premier Président du Sénégal indépendant. Senghor est un personnage très important de l'histoire du Sénégal indépendant, il est notamment l'auteur de l'hymne national de son pays libre. Senghor remplira sa mission présidentielle de 1960 à 1980.

Senghor est, avec le Martiniquais Aimé Césaire et le Guyanais Léon Gontran Damas, le fondateur de la **Négritude**, un mouvement littéraire pan-africain des années 30

Bibliographie sélective

Chants d'ombre, poèmes (1945)

Hosties noires, poèmes (1948)

Anthologie de la nouvelle poésie nègre et malgache de langue française (1948)

Nocturnes, poèmes (1961)

Liberté I, II, III, IV (1964-1983)

Lettres d'hivernage (1972)

Élégies majeures, poèmes (1979)

3. L'agrégation est un concours français très compétitif réservé à l'élite intellectuelle. L'agrégation ouvre à l'enseignement au lycée et éventuellement à une carrière universitaire sur le territoire français.

cherchant à valoriser l'image et la culture noire. Avec un certain esprit de provocation et de revendication, le mouvement de la Négritude s'est approprié le mot « nègre », terme péjoratif et raciste, afin de le transformer en qualité bien personnelle. Senghor est célèbre pour la phrase suivante: « L'émotion est nègre, comme la raison hellène, » ce qui signifie que la raison blanche (d'origine grecque) n'a pas le monopole de l'intelligence, l'émotion nègre étant tout aussi fondamentale à la perception du monde. Ce qu'on retient de Senghor, est son rôle politique, sa poésie unique, son dévouement pour la francophonie, ainsi que sa philosophie à inspiration Bergsonienne sur l'essence nègre. Senghor est décédé le 20 décembre 2001 à Verson, en France.

Avant de lire

La femme

1. Donnez des exemples anciens, classiques, et récents de femmes reconnues mondialement pour leur beauté. Quelles sont les principales caractéristiques de la beauté féminine dans la culture occidentale?

2. Pensez-vous que les critères occidentaux de beauté sont souvent perçus comme universels?

3. Si l'on vous demandait de représenter votre pays et votre culture en utilisant un être humain, choisiriez-vous une femme ou un homme? Quels attributs féminins ou masculins utiliseriez-vous?

L'Afrique

1. Quand vous pensez au continent africain, quelles sont les premières images qui vous viennent à l'esprit?

2. D'après vous, est-ce que le monde occidental a souvent présenté l'Afrique et les Africains d'une manière stéréotypée? Si oui, quelles sont certaines de ces idées préconçues?

Mots difficiles

bander *to blindfold*
calciné *charred*
les cendres *ashes*
la chair *flesh*
le col *a pass between two mountains*
ferventes *passionate*
les flancs *flanks*
foudroyer *to strike (lightning)*

frémire *to quiver, to tremble*
gronder *to grumble*
moirer *to reflect*
la ride *wrinkle*
le tamtam: tomtom *an African musical instrument*
ne...nul *no one*
ronger *to eat away*

Activités de vocabulaire

1. Trouver l'intrus. Dans chaque strophe, le poète utilise une série de mots apparentés. Pour chaque liste, **encerclez** le mot qui **n'appartient pas** à la liste logique.

    Strophe 1:
    éclair, aigle, calciné, foudroie

    Strophe 2:
    tamtam, vin, voix grave, contralto, chant

    Strophe 3:
    noire, obscure, ombre, nuit, étoiles, soleils

    Strophe 4:
    cendres, racine, vie, nourrir

2. Associations. La liste de vocabulaire suivante est tirée du poème « Femme noire » de Léopold Sédar Senghor. **Reliez** les mots qui peuvent s'associer.

___ noire	a. chant
___ midi	b. été
___ voix grave	c. ombre
___ éclair	d. fruits
___ célestes	e. calciné
___ vin	f. foudroie
___ cendres	g. étoiles

3. Reliez chaque mot à son synonyme ou sa définition

___ fervent	a. les côtés du corps
___ calciné	b. couvrir
___ les flancs	c. marques de vieillesse sur le visage
___ gronder	d. trembler
___ ronger	e. émettre un son grave
___ les rides	f. le fruit sans la peau ou le corps humain
___ bander	g. brûlé
___ les cendres	h. refléter
___ frémir	i. passionné
___ la chair	j. manger
___ moirer	k. résidus de ce qui a brulé

« Femme noire »

Léopold Sédar Senghor

« Femme noire », tiré du recueil de poésies Chants d'ombres *publié en 1945, est le poème le plus célèbre de Léopold Sédar Senghor. On y trouve les caractéristiques principales de l'œuvre du poète: un rythme et des références mêlant Afrique et Occident, une défense du continent africain, et bien sûr un hommage à la femme noire. Ce poème s'inscrit dans les valeurs du mouvement de la Négritude, c'est un éloge à l'émotion nègre et à la beauté noire. Senghor a écrit le poème « Femme noire » dans un contexte colonial, son but était de changer l'image négative du noir et de donner à cette couleur des attributs positifs afin de valoriser l'Afrique. Senghor a écrit ce poème alors qu'il vivait en France.*

Femme nue, femme noire
Vêtue de ta couleur qui est vie, de ta forme
qui est beauté
J'ai grandi à ton ombre ; la douceur de tes
mains bandait mes yeux
Et voilà qu'au cœur de l'Eté et de Midi,
Je te découvre, Terre promise, du haut d'un
haut col calciné
Et ta beauté me foudroie en plein cœur,
comme l'éclair d'un aigle

Femme nue, femme obscure
Fruit mûr à la chair ferme, sombres extases
du vin noir, bouche qui fais
lyrique ma bouche
Savane aux horizons purs, savane qui frémis
aux caresses ferventes du
Vent d'Est
Tamtam sculpté, tamtam tendu qui gronde
sous les doigts du vainqueur
Ta voix grave de contralto est le chant spirituel de l'Aimée

Femme noire, femme obscure
Huile que ne ride nul souffle, huile calme aux
flancs de l'athlète, aux
flancs des princes du Mali
Gazelle aux attaches célestes, les perles sont
étoiles sur la nuit de ta peau.

Délices des jeux de l'Esprit, les reflets de l'or
Ronge ta peau qui se moire
A l'ombre de ta chevelure, s'éclaire mon
angoisse aux soleils prochains
de tes yeux.

Femme nue, femme noire
Je chante ta beauté qui passe, forme que je
fixe dans l'Eternel
Avant que le destin jaloux ne te réduise en
Cendres pour nourrir
les racines de la vie.

Extrait de *Chants d'ombres*, Le Seuil, 1945.

Questions de compréhension

1. Qui est le narrateur de ce poème? Un homme ou une femme? Que savez-vous de cette personne?

2. Relevez les mots qui indiquent le temps d'une journée. Ensuite, relevez les mots qui indiquent le temps d'une vie ou l'âge d'une personne. Voyez-vous une double progression chronologique dans ce poème? Expliquez.

3. Soulignez les mots qui décrivent le corps de la femme. A quelles parties du corps est-ce que l'auteur s'intéresse en particulier? En quoi ces parties du corps symbolisent-elles la femme et la féminité?

4. Soulignez maintenant les mots qui désignent la nature. D'après ces mots soulignés, que pouvez-vous dire de cette nature?

Questions d'interprétation

1. De quelle femme s'agit-il dans les premières lignes du poème? Quel rôle a-t-elle pour l'auteur? Essayez d'interpréter l'image: « la douceur de tes mains bandaient mes yeux. »

2. Quelle est cette « terre promise » dont parle l'auteur? S'agit-il toujours d'une femme ou d'autre chose, ou de plusieurs choses en même temps?

3. Pourquoi l'auteur a-t-il choisi l'heure de midi et l'été pour représenter cet « éclair » qui « foudroie »?

4. La sensualité est très présente dans ce poème. Expliquez sa présence dans la description du corps de la femme et de la nature. Voyez-vous aussi d'autres facteurs qui contribuent à l'effet de sensualité dans ce poème?

5. Expliquez comment Senghor utilise aussi le corps de la femme pour parler de l'Afrique. Quelle image donne-t-il de la femme et de l'Afrique? Sont-elles similaires ou différentes?

6. D'après vous, pourquoi est-ce que le poète a choisi de représenter la femme noire nue? Que représente la nudité pour vous et votre culture, est-ce positif ou négatif?

7. L'un des thèmes majeurs du poème est le temps qui passe. Est-ce que ce thème est plutôt positif ou négatif dans ce poème?

8. Discutez de la conclusion du poème.

Questions de discussion

Question #1: La beauté

1. Existe-il une beauté universelle ou pensez-vous que la beauté soit un phénomène strictement culturel qui change selon les pays?

2. Le poème de Senghor comporte une dimension biblique; il s'est particulièrement inspiré du *Cantique des Cantiques*. Voici une citation du *Cantique:* « Je suis noire, mais je suis belle ». Discutez de cette phrase dans un contexte pas nécessairement biblique. Utilisez la culture aux Etats-Unis pour donner votre opinion sur cette phrase.

Question # 2: L'Afrique

Senghor a écrit « Femme noire » dans un contexte colonial dans l'esprit du mouvement pan-africain de la Négritude. « Pan-africain » signifie « l'ensemble du continent africain ». Aujourd'hui, est-ce que ce poème est toujours d'actualité? Pensez-vous qu'on puisse toujours parler de « l'Afrique », le continent, ou doit-on différencier chaque pays en Afrique? De même, peut-on dire qu'il existe une identité européenne et nord-américaine?

Expression écrite

Ecrivez un poème sur votre pays, sur votre culture, ou sur un pays de votre choix qui vous inspire des sentiments. Essayez d'utiliser des métaphores et des images.

ARTS CULINAIRES

La recette du poulet Yassa

Le poulet Yassa est un plat traditionnel de la région sud du Sénégal, la Casamance.

Mots difficiles

les braises   *embers*
la cocotte   *pressure cooker*
couper en rondelles   *to slice*
cube de bouillon Maggi   *an equivalent to Knorr stock cube*
la cuillerée à soupe ; c. à soupe   *tablespoon*
la cuillerée à café ; c. à café   *teaspoon*
cuire à feu doux   *to cook gently*

émincer   *to slice thinly*
faire revenir   *to fry*
la gousse d'ail   *head of garlic*
l'huile d'arachide   *peanut oil*
la marmite   *pot*
la poêle   *pan*
le riz brisé   *broken rice*
la semoule   *semolina*

Ingrédients

   un poulet de 1,5 kgs
   le jus de 4 citrons
   1kg d'oignons
   1 gousse d'ail
   1 c. à soupe de moutarde de Dijon
   5 c. à soupe d'huile
   1 c. à café de poivre
   Sel et 1 bouillon cube Maggi.
   piments

Préparation de la marinade

Mélangez 2 cuillerées à soupe d'huile d'arachide avec le jus de 4 citrons, l'ail écrasé, 2 oignons coupés en rondelles, du sel et du poivre.

Après avoir découpé le poulet en morceaux, faites-le mariner pendant une nuit entière ou 12 heures au frigo. Après 12 heures, retirez le poulet et faites-le griller sur les braises ou à la poêle.

Dans une cocotte, versez le reste d'huile d'arachide et faites revenir les oignons coupés en rondelles. Quand les oignons sont bien cuits, versez-y la marinade. Ajoutez la moutarde, les piments et le poulet.

Laissez mijoter pendant une heure à feu doux.

Servez très chaud avec du riz brisé.

Le riz brisé

Le riz brisé s'achète en boutique asiatique. Le grain est cassé donc il n'est pas entier. Ce riz ressemble un peu à la semoule.

Activités de vocabulaire

1. Reliez chaque mot à son synonyme ou sa définition

    ____ les braises   a. faire frire un aliment
    ____ faire revenir   b. gousse d'une plante au goût piquant
    ____ la gousse d'ail   c. autocuiseur
    ____ la marmite   d. charbon
    ____ émincer   e. ustensile de cuisine utilisé pour frire les aliments
    ____ la poêle   f. grand récipient dans lequel on fait cuire les aliments
    ____ la cocotte   g. en tranches très fines

2. Texte à trous. Remplissez le texte avec les mots appropriés.

    la tête   faites revenir   marmite   une poêle
    l'huile   émincer

    _____ les pommes de terre avec un couteau. _____ les oignons dans une poêle avec de _____ d'arachide. Ajoutez une _____ d'ail. Mettez de l'eau dans une _____ et faites bouillir les pommes de terre. Après une heure de cuisson, faites revenir les pommes de terre et les oignons dans _____.

3. Cherchez sur Internet la recette **de l'avocat aux crevettes façon sénégalaise** et écrivez la recette en utilisant vos propres mots.

Questions de discussion

1. Le poulet Yassa est-il un plat qui vous paraît appétissant? Justifiez votre réponse.

2. Savez-vous préparer quelques plats culinaires? Quelle est « votre spécialité »?

3. Aimez-vous déguster des plats exotiques? Lequel avez-vous essayé dernièrement?

4. Quel est votre plat préféré? Quel plat détestez-vous?

Expression écrite

1. **Qu'allons-nous boire avec le Poulet Yassa?** Le vin de palme est une boisson fabriquée en Casamance qui se marie très bien avec les plats cuisinés. Cherchez des informations sur le vin de palme et son mode de fabrication. Faites un exposé écrit sur cette boisson en utilisant vos propres mots.

2. **Devine qui vient dîner?** *Aminata, votre amie du Sénégal vient vous rendre visite. Vos amis et vous allez préparer un repas traditionnel africain pour l'honorer.*

A la maison

Vous avez le poulet Yassa. Maintenant, faites des recherches sur les boissons et les desserts traditionnels de l'Afrique de l'ouest. Venez en classe avec un exemple de dessert et un exemple de boisson. N'oubliez pas de prendre des notes sur la recette de votre dessert et de votre boisson!

Echanges culinaires

Activité à faire en classe

A l'aide de vos notes, échangez en groupe de 3 ou 4 vos idées de dessert et de boisson. Ensuite, décidez en groupe quelle boisson et quel dessert sont les mieux adaptés à votre dîner. Ecrivez une ou deux phrases pour justifier votre choix.

MUSIQUE

Youssou N'Dour (1959, Dakar)

Youssou N'Dour est né Youssou Madjiguène N'Dour le 1er octobre 1959 à Dakar. Cet auteur-compositeur et musicien est non seulement une star internationale, mais il est aussi très engagé socialement et politiquement dans le monde entier et au Sénégal. Depuis 1982, Youssou N'Dour a produit une quarantaine d'albums, il a reçu de nombreux prix internationaux et il a donné une multitude de concerts.

Youssou N'Dour est un chanteur très engagé socialement. Il a organisé de nombreux concerts au profit d'Amnesty International. Il est également ambassadeur de bonne volonté pour l'Organisation des Nations Unies pour l'alimentation et l'agriculture (FAO) et pour l'UNICEF. En 2000, il a créé *La Fondation Youssou N'Dour* afin de protéger le droit des enfants et lutter contre le paludisme.

Discographie

Bitim Rew (1984)

Nelson Mandela (1986)

Immigrés (1988)

The Lion (1989)

Set (1990)

Eyes Open (1992)

The Guide (Wommat) (1994)

En plus de son engagement social international, Youssou N'Dour est également très engagé dans la politique sénégalaise. Le 4 avril 2012, le nouveau président sénégalais Macky Sall le nomme Ministre de la Culture et du Tourisme.

« Dans la cours des grands »

de Youssou N'Dour et Axelle Red

Ecoutez le tube « Dans la cours des grands » de Youssou N'Dour et Axelle Red sur le site http://www.hackettpublishing.com/la-culture-francophone-title-support-page.

Regardez la vidéo de la chanson sur le site http://www.hackettpublishing.com/la-culture-francophone-title-support-page et répondez aux questions suivantes.

1. Où se passe la vidéo?

2. Quel est le thème de la chanson et de la vidéo?

3. Est-ce une bonne vidéo? Justifiez votre réponse

4. Qui apparaît dans la vidéo?

Parlons-en !

1. Quel est le thème de cette chanson?

2. Cette chanson est sortie en 1998; que se passe-t-il dans le monde du football en 1998?

3. Que signifie le titre « Dans la cours des grands » ?

4. Pourquoi cette chanson est-elle particulièrement importante pour l'équipe de France?

5. Aimez-vous le sport? Quel est votre sport préféré et pourquoi?

FILMS

Ousmane Sembène (1923, Ziguinchor, Sénégal–2007, Dakar, Sénégal)

Ecrivain, réalisateur, scénariste et acteur mondialement reconnu, Ousmane Sembène est né en Casamance, la région sud du Sénégal. Trilingue (wolof, arabe, français), Sembène a reçu une éducation à l'école coranique et française, avant d'être mobilisé en 1942 par l'armée française dans le corps des « tirailleurs sénégalais ». Les « tirailleurs sénégalais » sont une unité de l'armée coloniale française qui a participé activement à la première et à la deuxième guerre mondiales au nom de la patrie française et au prix de beaucoup de vies sénégalaises. Inspiré justement par son expérience dans l'armée, Sembène écrira et réalisera en 1988 *Camp de Thiaroye*, un film historique sur le massacre sanglant de tirailleurs sénégalais par l'armée française en 1944.

En 1947, Sembène embarque en France où il accomplira un certain nombre de petits boulots. Il sera notamment docker à Marseille, une expérience à l'origine de son premier roman, *Le docker noir* (1956), une histoire semi-autobiographique sur la vie misérable des minorités noires à Marseille. Très engagé dans la lutte indépendantiste et communiste, Sembène publie plusieurs œuvres de nature militante (*Ô pays, mon beau people* (1957) *Les bouts de bois de Dieu* (1960)). En 1962, il publiera *Voltaïque*, un recueil de nouvelles qui inclue « La Noire de… », une nouvelle qu'il adaptera à l'écran en 1966. *La Noire de…*, le premier long-métrage de Sembène est aussi le premier film afro-africain dans l'histoire du cinéma. Lauréat du Prix Jean-Vigo, ce film anticolonialiste a apporté la consécration à son scénariste et réalisateur. Après ce succès international, Sembène a enchaîné les films à succès, dont *Ceddo* (1977), film sur l'histoire des religions au Sénégal (censuré par le président sénégalais Senghor) ; *Faat Kiné* (2000), portrait de la femme africaine moderne ; et plus récemment *Moolodé* (2003), un film sur l'excision en Afrique. Ce dernier film a remporté un nombre impressionnant de prix, dont le Prix « Un Certain Regard » au Festival de Cannes.

Comme pour ses romans, les films de Sembène dénoncent la barbarie

Œuvres littéraires

Le docker noir (1956)

O pays, mon beau peuple! (1957)

Les bouts de bois de Dieu (1960)

Voltaïque (1962)

L'Harmattan (1964)

Le mandat, précédé de Vehi-Ciosane (1966)

Xala (1973)

Le dernier de l'Empire, L'Harmattan (1981)

Niiwam (1987)

Films

La Noire de…(1966)

Mandabi (Le mandat) (1968)

Emitaï (1971)

Xala (1974)

Ceddo (1977)

Camp de Thiaroye (1987)

Guelwaar (1992)

Faat Kiné (2000)

Moolaadé (2004)

du colonialisme et critiquent aussi la bourgeoisie africaine et la religion. Sembène, que beaucoup voient comme « le père du cinéma africain, » a aussi contribué activement au développement du Festival Pan-Africain du Cinéma à Ouagadougou (Burkina Fasso). Sembène est décédé au Sénégal à l'âge de 84 ans alors qu'il travaillait sur le troisième volet de ce qui, avec *Faat Kiné* et *Moolaadé*, devait parachever sa trilogie sur la femme africaine.

La Noire de...

Ousmane Sembène

Le film raconte l'expérience d'une jeune Sénégalaise, Diouana, qui quitte son pays pour travailler au service d'un couple français dans le sud de la France. Avant de réaménager en France, ce couple avait préalablement embauché Diouana pour s'occuper de leurs enfants à Dakar (Sénégal).

Avant de visionner

A la maison (recherche à l'aide de l'internet, l'encyclopédie, etc.)

1. Cherchez sur internet des images de la Côte d'Azur (Juan-les-Pins, Nice, Cannes et Antibes). Qu'est-ce que ces images vous inspirent? Que symbolise la Côte d'Azur pour vous?

Parlons un peu

1. Avez-vous déjà vécu ou travaillé dans un pays étranger? Si oui, racontez votre expérience. Si non, essayez d'imaginer les plaisirs, mais aussi les obstacles associés à une expérience à l'étranger.

2. Avez-vous déjà connu une expérience au travail où vous vous sentiez maltraités, peu considérés, ou exploités? Si oui, racontez votre expérience. Si non, essayez d'imaginer ce que vous ressentiriez dans cette situation.

Les images

1. Regardez ces trois scènes. Elles retracent les trois grandes séquences du film. A l'aide des images, essayez d'imaginer les différentes étapes émotionnelles de Diouana, le personnage principal du film.

2. En fonction de ces trois images, pouvez-vous anticiper la fin du film ?

Image 1

Au Sénégal, Diouana pense à son voyage en France.

Image 2

En France, premier regard sur l'appartement où elle va habiter.

Image 3

Son travail en France, dans l'appartement de ses patrons.

Activités (après visionnement)

Mots clés

1. *vyié* **(monsieur, madame) :** Un mot français déformé que Diouana utilise fréquemment. Quel est ce mot ?

2. **une bonne, être bonne :** Quelle est la différence entre le nom et l'adjectif ?

3. **esclave :** Quelle est la différence entre une bonne et une esclave ?

4. **être la noire de :** Que veut dire cette expression ?

1. Vrai ou faux ? *Voici des phrases prononcées par Diouana. Indiquez celles qui sont vraies (v) et celles qui sont fausses (f).*

    1. J'ai du travail chez les blancs ! _____

    2. Je ne suis pas ici pour les enfants. _____

    3. Madame est une grande dame. _____

    4. Ici je suis une prisonnière. _____

    5. Ce masque n'est pas à moi. _____

    6. Jamais je ne serai esclave. _____

2. Qui dit quoi? *Indiquez avec une lettre de l'alphabet l'interlocuteur de chaque phrase: la patronne (a), le patron (b), Diouana (c), les invités des patrons (d).*

    1. Je suis ici pour les enfants. Où sont les enfants? _____

    2. Il a l'air authentique (le masque). _____

    3. Je n'ai jamais embrassé de négresse. _____

    4. Elle ne parle pas le français? _____

    5. Ici je suis une prisonnière. _____

    6. Je ne connais personne, personne n'est ici de ma famille. _____

    7. Sors de la salle de bains! _____

    8. Bientôt ça sera moi la bonne ici! _____

    9. Tu es malade? _____

    10. Nous rentrons à Dakar. _____

3. Exercice à trous. *Complétez les phrases avec un mot de la liste.*

    l'épicier   courageuse   la France   cuisine
    feignante   voyage   rire   travailles

    1. As-tu fait bon _____?

    2. C'est beau _____.

    3. La vraie _____ africaine préparée par la bonne.

    4. C'était pour _____ qu'il t'a embrassé.

    5. Ma mère me recommanda d'être _____.

    6. Lève-toi _____!

    7. Elle ne connaît personne ici à part _____.

    8. Si tu ne _____ pas, tu ne mangeras pas.

Questions de compréhension

L'arrivée de Diouana

1. Pourquoi est-ce que le réalisateur Sembène a choisi de commencer l'histoire avec une scène de bateau qui se rapproche? En général, est-ce une scène qui évoque la tristesse ou le bonheur?

2. Quelles sont les images d'Antibes que l'on voit de la voiture du patron? En quoi est-ce que ces scènes contrastent avec l'expérience que Diouana aura d'Antibes?

Chez ses patrons

1. Décrivez les vêtements que portent Diouana en France. Quels vêtements portait-elle au Sénégal? Pourquoi insiste-elle à porter ce type de vêtements chez ses patrons?

2. Expliquez l'épisode avec le riz. Pourquoi est-ce que les patrons demandent à Diouana de préparer un dîner africain pour leurs invités?

Retour sur l'Afrique (flashback)

1. Quelle était la fonction de Diouana au Sénégal? Qu'est-ce qu'elle faisait exactement pour ses employeurs? Et en France, quelles sont ses fonctions?

La fin

1. Que se passe-t-il à la fin du film? Pour quelle raison est-ce que le patron retourne à Dakar? Que veut-il donner à la mère de Diouana? Comment réagit la mère? Pourquoi?

2. Expliquez le titre du film, *La Noire de…*. Quels mots pourraient finir cette phrase et remplacer les points de suspension?

Questions de discussion

L'arrivée de Diouana

1. Arrivée chez ses patrons, Diouana lève les yeux sur la tour dans laquelle elle va habiter et travailler. Décrivez ce qu'elle voit. Quel est le symbole de cette scène?

2. L'image d'Antibes du début revient à la fin du film (dans la scène du journal sur la plage). Quelle est la signification de ce retour?

Chez ses patrons

1. Quelle est la fonction de la voix off (*voice over*) dans le film? Pourquoi est-ce que Diouana ne parle presque jamais? Que dit-elle principalement à voix haute?

2. Est-ce que le lecteur connaît le nom des patrons pour qui Diouana travaille? Si oui ou non, pourquoi?

Retour sur l'Afrique (flashback)

1. Diouana se promène sur la « Place de l'Indépendance » avec son amoureux avant de quitter son pays. Sachant que Sembène a publié l'histoire de *La Noire de…* en 1962 (et l'histoire se déroule en 1958) et que le Sénégal a obtenu son indépendance en 1960, que signifie cette scène? Comment interprétez-vous cette histoire dans un contexte colonial et fraîchement postcolonial?

2. D'après vous, pourquoi est-ce que sa patronne a décidé de faire venir Diouana plutôt que de prendre une bonne en France?

La fin

1. Pourquoi est-ce que Diouana s'est suicidée? Est-ce que les conditions justifient son acte ou est-ce que la fin du film était une surprise pour vous?

2. Quelle est la signification symbolique du masque africain dans l'histoire?

Présentations orales

Présentez une étude comparée de *La Noire de…* d'Ousmane Sembène, *Chocolat* de Claire Denis, et de l'extrait d'*Une vie de boy* de Ferdinand Oyono. Concentrez-vous en particulier sur la manière dont la relation entre les Africains et les Français est présentée dans ces trois œuvres.

Xala

Ousmane Sembène

Le film prend place au moment de l'indépendance d'un pays africain non mentionné. El Hadji Abdou Kader Beye, un membre important de la Chambre de commerce, annonce son troisième mariage à N'Goné, une jeune femme de 19 ans. Ses deux premières épouses et ses enfants n'en sont pas heureux. Malheureusement, El Hadji, un homme d'une cinquantaine d'années, n'est pas capable de consommer son mariage avec sa troisième épouse. Il est convaincu qu'un mauvais sort lui a été jeté par ses épouses. Il consulte deux marabouts, ses épouses, pour essayer de quitter le « xala », l'impuissance, qui l'affecte. Il passe tellement de temps, argent et énergie pour régler son problème, désormais devenu public, qu'il laisse de côté ses affaires.

Avant de visionner

A la maison (recherche à l'aide de l'internet, de l'encyclopédie, etc.)

1. Faites des recherches sur la polygamie au Sénégal.

2. Faites des recherches sur les marabouts au Sénégal. Au XXIème siècle, les marabouts sont-ils toujours beaucoup utilisés ? Est-ce que les gens de village les utilisent plus que les gens de la ville ?

3. Faites des recherches sur la langue wolof. Où le parle-t-on ? Est-il seulement parlé au Sénégal ou le parle-t-on dans d'autres pays africains ?

Parlons un peu

L'humour. Quel genre de film trouvez-vous humoristique ? Pensez-vous que l'humour est international ?

Les images

La nouvelle épouse d'El Hadji

Décrivez cette femme physiquement. Quelle impression cette femme vous donne-t-elle ? Selon vous, quels sentiments ressent-elle le jour de son mariage ?

Commentez le premier bal entre les époux. Quelle est l'expression d'El Hadji? Quelle est l'expression de sa nouvelle femme?

Décrivez El Hadji. Donnez une description physique. A quelle classe sociale semble-t-il appartenir? Est-il jeune ou âgé? A-t-il l'air heureux, préoccupé, calme?

Activités (après visionnement)

Mots clés

avoir le *xala*   *to be impotent*
les mendiants   *beggars*
le marabout   *an African witch doctor*

jeter un mauvais sort   *to throw a bad spell*

1. **Les personnages**. Reliez chaque personnage à sa description.

   ___ El Hadji Abdou Kader Beye   a. la fille d'Oumi et El Hadji
   ___ Adja Awa Astou   b. la troisième épouse; elle a 19 ans
   ___ Oumi N'Doye   c. le conseiller du président
   ___ Mariam   d. homme d'affaire affligé par le *xala*
   ___ Dupond-Durant   e. chauffeur d'El Hadji
   ___ N'Goné   f. la deuxième épouse
   ___ Rama   g. la première épouse
   ___ Modu   h. la fille d'El Hadji et Adja; elle a 19 ans

2. Qui dit quoi? *Indiquez avec une lettre de l'alphabet l'interlocuteur de chaque phrase:*

    (a) le président, (b) Rama, (c) El Hadji .

    « la modernité ne doit pas nous quitter notre africanité » _____
    « Madame Beyé, vous permettez ? Une si belle créature seule c'est dommage » _____
    « les mendiants, c'est très mauvais pour le développement touristique » _____
    « les hommes sont tous des chiens » _____
    « chacun de nous ici est un salaud ! Je dis bien un salaud ! » _____

Questions de compréhension

1. Commentez la première scène. Que se passe-t-il ? Qui sont les hommes qui entrent à la Chambre de commerce ? Qui sont les hommes blancs ? Comment leurs rôles changent-ils ?

2. « La modernité ne doit pas nous faire perdre notre africanité ». Dans quel contexte El Hadji dit-il cela ?

3. Combien d'épouses El Hadji a-t-il ? Comment la première femme d'El Hadji réagit-elle face à cette nouvelle union ?

4. Comment la fille d'El Hadji et Adja Awa Astou réagissent-elles face au nouveau mariage de son père ?

5. Quelle pilule le président donne-t-il à El Hadji ?

6. Décrivez la préparation pour la nuit de noces. Quels conseils la mère de la mariée donne-t-elle à sa fille ? Quelle est votre réaction face à ces conseils?

7. Le lendemain des noces: Quel problème El Hadj a-t-il ? Comment sa belle-mère réagit-elle ? Que signifie « avoir le *xala* » ?

8. Selon le président et El Hadji, qui est responsable du *xala* ?

9. Qui va-t-il voir pour soigner son problème ? Est-ce efficace ?

10. Comment vont les affaires d'El Hadj ?

11. Pourquoi le président invite-t-il El Hadj a une réunion spéciale ?

12. Quelle somme d'argent El Hadj demande-t-il au directeur de la banque ? Quelle est la réaction du directeur ?

13. De quoi les membres de la Chambre de commerce accusent-ils El Hadji?

14. Quelle est la réaction de Hadji face aux accusations qui sont faites contre lui?

15. Quel châtiment les membres de la Chambre de commerce imposent-ils à El Hadji?

16. Pourquoi la deuxième épouse d'El Hadji déménage-t-elle?

17. Que se passe-t-il avec le magasin et la Mercedes d'El Hadji?

18. Pourquoi Serigne Mada, à la fin du film, afflige-t-il El Hadji une fois de plus du *xala*?

19. Que font les mendiants dans la résidence de El Hadji?

20. Qui est l'homme qui est rentré chez El Hadji? Pourquoi se venge-t-il d'El Hadji?

21. Selon les hommes qui sont rentrés chez lui, que doit faire El Hadji pour retrouver sa virilité?

22. Comment le film se termine-t-il?

Questions de discussion

L'humour

1. Dupond Durant: expliquez son nom et son rôle. Quel rôle a-t-il dans le nouveau gouvernement? Pourquoi ne parle-t-il pas? Quel est le symbole de son silence?

2. Le Président. Donnez une description physique. Trouvez-vous ce personnage humoristique?

3. Y a-t-il des moments dans le film que vous trouvez particulièrement amusants? Lesquels sont-ils et pourquoi les trouvez-vous amusants?

4. Que pensez-vous des remèdes qu'El Hadji utilise pour soigner son *xala*? Les trouvez-vous comiques? Justifiez votre opinion.

Les remèdes pour soigner le *xala*

1. Le premier marabout: décrivez la scène. Quels remèdes le marabout lui donne-t-il pour soigner son *xala*? Est-ce efficace?

2. Le deuxième marabout. Où El Hadj va-t-il pour voir le deuxième marabout? Quels remèdes offre-t-il? Sont-ils efficaces?

Les deux épouses

1. Comparez Adja Awa Astou et Oumi N'Doye. Les deux premières épouses représentent deux générations différentes dans ce pays. Adja Astou représente la tradition ancienne, tandis qu'Oumi représente la nouvelle femme africaine. Comparez ces deux femmes.

Adja Awa Astou	Oumi N'Doye	
		Leur âge approximatif
		Façon de s'habiller
		Façon de s'exprimer
		Façon de se comporter en public
		Façon de parler à El Hadji
		Langage utilisé

Les langues utilisées dans le film

1. Dans chaque colonne, indiquez si le personnage, la plupart du temps, s'exprime en wolof ou en français.

2. Selon vous, quel symbole associez-vous à l'usage du français en contraste à l'usage du wolof?

Personnages	Wolof	Français
El Hadji		
Adja Awa Astou		
Oumi N'Doye		
Rama		
Le Président		
Modu		
Les membres de la Chambre de commerce		

Les classes sociales

1. Sembène présente deux classes sociales dans le film: les mendiants et la bourgeoisie.

Comparez ces deux classes sociales.

La bourgeoisie	Les mendiants	
		Où ils vivent
		Comment ils sont habillés
		Leur aspect physique
		Leurs problèmes

2. Décrivez la scène où El Hadji jette des pièces aux mendiants quand il arrive à ses noces. Quelle est la réaction du soldat? Pourquoi cette scène est-elle importante? Quel message Sembène communique-t-il à son audience avec cette scène?

Présentations orales

Comparez deux films d'Ousmane Sembène: *La Noire de…* et *Xala*.

- Faites une liste des thèmes que les deux films ont en commun.
- Faites une liste des différences entre ces deux films.

Quel film vous a intéressé le plus? Pourquoi?

PERSONNALITÉ PHARE

Cheikh Anta Diop

Avant Diop, la Négritude

Cheikh Anta Diop est un historien, physicien, anthropologue et égyptologue qui a révolutionné le concept de la civilisation moderne et du progrès européen. Diop s'inscrit en partie dans la pensée du mouvement de la Négritude et s'y oppose aussi.

La Négritude est un mouvement littéraire anticolonialiste fondé dans les années 30 par Léon-Gontran Damas (Guyane), Aimé Césaire (Martinique) et Léopold Sédar Senghor (Sénégal). La Négritude regroupe « l'ensemble des valeurs de civilisation du monde noir telles qu'elles s'expriment dans la vie et les œuvres des noirs. »

Pour **Senghor**, la Négritude a pour fonction de mettre en valeur l'importance de la culture africaine, sa beauté et sa richesse, mais aussi sa force vitale, son intelligence et sa perception émotive exceptionnelle. Dans ses traités philosophiques, Senghor avance que, certes la civilisation blanche est différente de la civilisation négro-africaine, mais l'une n'est pas nécessairement supérieure à l'autre. Sa célèbre remarque, « l'émotion est nègre, comme la raison hellène », résume cette différence entre les deux cultures. Selon Senghor, la civilisation occidentale blanche d'origine grecque (« hellène ») est fière d'avoir la raison à l'origine de sa croissance, tout comme la culture négro-africaine est fière d'avoir l'émotion au fondement de sa culture. Selon lui, la raison et l'émotion sont deux intelligences perceptives du monde qui sont différentes mais équitables.

Pour **Césaire**, poète des Antilles, la Négritude est une voie qui mène à un retour fantasmé vers un passé pré-européen, c'est-à-dire à une époque antérieure à la traite esclavagiste et ainsi antérieur à la diaspora (immigration massive) d'esclaves africains noirs vers le Nouveau Monde. Césaire évoque la douleur des Antillais suite à la séparation avec l'Afrique, leur pays natal. Son célèbre poème épique, *Cahier d'un retour au pays natal* (1939), revendique l'importance de cette souffrance chez les Antillais, ce peuple qui n'a pas inventé le progrès mais qui en a souffert:

Ceux qui n'ont inventé ni la poudre ni la boussole
Ceux qui n'ont jamais su dompter la vapeur ni l'électricité
Ceux qui n'ont exploré ni les mers ni le ciel
Mais ils savent en ses moindres recoins le pays de souffrance

On voit qu'à l'intérieur de ce mouvement noir, la position de Senghor et celle de Césaire sont différentes car l'un est africain et l'autre antillais. Néanmoins, tous deux partagent une initiative commune de justifier la culture dite « nègre » face à la civilisation blanche européenne. Tous deux admettent aussi que le Noir n'est pas à l'origine de la « civilisation » occidentale mais qu'il a d'autres valeurs.

Diop et l'Egypte noire

On retrouve chez Cheikh Anta Diop une initiative comparable au mouvement de la Négritude, et particulièrement à la pensée de Senghor dans sa revalorisation de la culture négro-africaine. Ceci dit, alors que Senghor fait l'éloge de valeurs strictement nègres, Diop préfère s'intéresser à ce qu'il y a de commun entre la culture négro-africaine et blanche occidentale, tout particulièrement, ce qu'il y a de « nègre » dans la culture occidentale. Selon Diop, le fondement de la culture occidentale moderne est noir et non blanc. Parce qu'il a suivi des études diversifiées à Paris—en anthropologie, sociologie, histoire, linguistique et égyptologie, physique nucléaire—Diop est capable d'émettre des hypothèses de portée générale, la plus importante étant que les Egyptiens étaient un peuple noir. Il a d'abord défendu cette thèse dans son travail doctoral, puis il a publié ses recherches dans un livre intitulé *Nations nègres et culture: de l'Antiquité nègre égyptienne aux problèmes culturels de l'Afrique d'aujourd'hui* (1954). Selon Diop, il y a une falsification historique en ce qui concerne l'origine de la culture occidentale moderne. L'idée, soutenue non seulement par les blancs mais aussi par les plus grands intellectuels noirs (Césaire et Senghor), selon laquelle le Noir n'a pas inventé la boussole ou que le Noir n'est pas à l'origine de la raison, mais de l'émotion, est fausse. Au contraire, selon Diop, la civilisation moderne est à l'origine noire car: « les Egyptiens étaient des Nègres, comme les Ethiopiens et les autres Africains » et de plus, « l'Egypte a civilisé le monde. » La conséquence est que, si l'Egyptien est à la source de la civilisation moderne, et que l'Egyptien est noir, la base de la civilisation moderne est donc noire. Ceci est une équation qui a des ramifications très importantes pour l'image de la culture noire. Diop arrive à une conclusion qui offre une alternative à la pensée de la Négritude. A propos de la pensée de Césaire et Senghor, Diop déclare qu'accepter la théorie occidentale selon laquelle le Noir n'a rien à voir avec la culture occidentale moderne et qu'il n'a qu'une intelligence émotive est « une falsification de l'Histoire. » Selon lui, cette falsification historique a été bien pratique pour les Occidentaux mais bien malheureuse pour les Noirs à qui on a volé leur histoire.

Dans les années 60, Diop a continué ses recherches sur l'identité raciale des Egyptiens avec l'appui des sciences forensiques (carbone). Ces études et ses recherches sont toujours d'actualité aujourd'hui, aussi bien auprès de ses défenseurs que de ses opposants. Diop a été un grand défenseur de la culture noire tout au long de sa vie et a participé à de nombreux projets culturels, scientifiques et artistiques sur la civilisation noire et égyptienne. L'université de Dakar au Sénégal porte aujourd'hui son nom, l'Université Cheikh Antan Diop de Dakar (UCAD).

Questions de compréhension

1. Quel est le rôle principal de la Négritude ?

2. En quoi est-ce que Senghor, le Sénégalais, et Césaire, le Martiniquais, ont une position différente sur la Négritude ?

3. Qu'est-ce que Senghor dit sur la culture noire et la civilisation occidentale ?

4. Qu'est-ce que Césaire dit sur la culture noire et la civilisation occidentale ?

5. Quelle est la différence entre Senghor et Diop dans leur initiative pour défendre la culture noire ?

6. Quelle est la grande thèse polémique de Diop sur la culture occidentale ?

7. En quoi est-ce que sa thèse contredit les idées de Senghor et Césaire sur le rôle de la culture noire dans l'histoire ?

8. Quelle méthode scientifique est-ce que Diop a utilisée dans les années 60 pour confirmer ses hypothèses ?

Et vous ?

1. Le poète nigérien Wole Soyinka, Prix Nobel de littérature, a critiqué le mouvement de la Négritude avec la phrase suivante : « Le tigre ne proclame pas sa tigritude… il bondit sur sa proie et la dévore. » Sa remarque signifie qu'il faut défendre sa condition avec des actions (et une attaque offensive), et non avec des mots (approche défensive). Etes-vous d'accord avec son opinion ?

2. Que pensez-vous de l'initiative de Diop d'un point de vue historique mais aussi personnel? L'identité raciale des Egyptiens, est-ce une question importante ou un détail de l'histoire ?

AU CAFÉ

L'île de Gorée

Ecoutez le dialogue sur le site http://www.hackettpublishing.com/la-culture-franco phone-title-support-page entre Clothilde et Sophie et répondez aux questions suivantes.

Vocabulaire

les bateaux négriers *slave boat*
entassés *stacked*
au large de *off the coast of*

la matricule *number*
le pèlerinage *pilgrimage*
le port *harbor*

Questions de compréhension orale

1. Vocabulaire

    Remplissez chaque phrase ci-dessous avec le mot approprié du dialogue.
    1. Ca ne prend que vingt minutes en _____.

        a. vélo   b. moto   c. bateau   d. râteau

    2. Tu vas bien te _____ là-bas.

        a. reposer   b. disputer   c. discuter   d. proposer

    3. L'île de Gorée est le site _____ de la traite des noirs.

        a. impulsif   b. illustratif   c. commémoratif   d. représentatif

    4. Mais ça doit être tellement _____!

        a. chanceux   b. coûteux   c. heureux   d. douloureux

    5. On te montre une porte, dite « la porte du voyage _____ ».

        a. sans retour   b. avec retour   c. avec détour   d. sans détour

    6. Les négriers n'auraient pas choisi _____ qui est située à plusieurs centaines de mètres du port.

        a. un accès   b. un port d'accès   c. une porte d'accès   d. une porte

7. C'est l'endroit où l'on peut _____ sur l'histoire de l'esclavage.

    a. partager   b. discuter   c. travailler   d. méditer

8. Je ne suis pas historienne; j'ai des ancêtres _____ esclaves.

    a. maghrébins   b. africains   c. portoricains   d. américains

2. Dans quel ordre? Ecoutez le dialogue de nouveau et mettez les extraits suivants dans l'ordre correct.

Sophie: Je ne suis pas historienne. _____

Sophie: L'île était déjà trop petite pour avoir été soit disant le passage obligé de tant d'esclaves. _____

Clothilde: Mais l'Histoire, l'exactitude de l'Histoire n'est pas importante pour toi? _____

Sophie: C'est une île au large de Dakar, la capitale du Sénégal. _____

Clothilde: Et tu n'y crois pas à cela? _____

Sophie: Non, apparemment, si tu visites les lieux, tu te rends compte que logiquement, cette maison n'a pas d'accès direct à la mer. _____

Clothilde: Et tu veux aller voir cette maison? _____

3. Qui dit quoi? Sophie (S) ou Clothilde (C)? Pour chaque citation précisez qui parle.

1. _____ Ah une île! Ca doit être paradisiaque.

2. _____ J'en ai vaguement entendu parler.

3. _____ Sur l'île, il y a la fameuse Maison des Esclaves à visiter.

4. _____ C'est là où les captifs étaient entassés en attente de leurs départs pour l'Amérique.

5. _____ Alors là je ne te comprends plus.

6. _____ L'île était déjà trop petite pour avoir été soit disant le passage obligé de tant d'esclaves.

7. _____ Je ne suis pas historienne.

8. _____ Je veux dire 'bon pèlerinage.'

Questions de compréhension

1. Où est située l'île de Gorée?

2. Est-ce une destination de vacances pour Sophie? Justifiez votre réponse.

3. Quelle maison peut-on visiter sur l'île? Qui résidaient (temporairement) dans cette maison?

4. Qu'est-ce que la porte du voyage sans retour?

5. Donnez une raison qui prouve que la portée historique de ce site est certainement inexacte.

6. Est-ce que ce site a une valeur plutôt historique ou symbolique?

7. D'après Sophie, quelle histoire est-ce qu'il ne faut pas oublier?

8. Pourquoi est-ce que Sophie veut faire un pèlerinage sur ce site? Quelle est sa raison personnelle (familiale)?

L'AFRIQUE DU NORD

L'Algérie

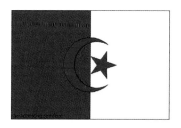

Sa géographie

L'Algérie est un pays d'Afrique du nord qui, avec la Tunisie et le Maroc, forme le Maghreb. La République Algérienne Démocratique et Populaire (RADP) a une population de 35 600 000 habitants. A l'ouest de l'Algérie se trouve le Maroc, et à l'est se trouvent la Tunisie et la Lybie. Au sud, l'Algérie partage une frontière avec le Niger et le Mali et au sud-ouest avec la Mauritanie et finalement avec le Sahara occidental, un territoire politiquement contesté.

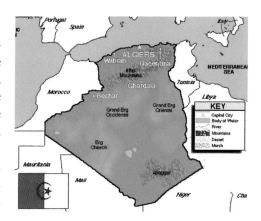

Avec une superficie de 2 381 741 km², l'Algérie est le plus grand pays qui borde la mer Méditerranée. Ce pays maghrébin comprend une variété de zones géographiques et climatiques. Au centre et à l'ouest du pays, se trouvent de hauts plateaux où les températures estivales sont très élevées. Dans la région nord, se trouve l'Atlas tellien et au sud et sud-est du pays, l'Atlas saharien. Le plus haut sommet de l'Atlas saharien a une altitude de près de 3000 mètres. Au nord se trouve la Kabylie, une région montagneuse recouverte de neige en hiver. Son sommet, le mont Lalla-Khadîdja, atteint 2308 mètres.

Origine de son nom

Le patronyme « Algérie » vient du nom de sa capitale, Alger. « Alger » est issu du catalan, « Aldjère » qui, à son tour, vient du mot arabe « Al-Djaza'ir ». En français, cela signifie « les îles », et plus exactement « Al-Djaza'ir » se référant aux îles qui se trouvaient jadis en face du port d'Alger.

De la colonisation à l'indépendance

Sous son règne, le monarque français Charles X (1757–1836) conquiert l'Algérie afin de rétablir son pouvoir qui a été mis en doute aux yeux de ses sujets français, ainsi que ceux des autres nations européennes. En décembre 1829, il organise une expédition pour envahir ce pays du Maghreb. A cette époque, l'Algérie, connue comme *la Régence d'Alger*, était une province de l'empire ottoman et était sous l'autorité du Pacha turc Hussein Dey. Charles X reçoit le soutien de nombreuses nations européennes quand il présente la nécessité de conquérir l'Algérie comme une lutte contre l'Islam.

Sous le commandement du comte Louis de Bourmont, plus de 50 000 troupes françaises débarquent le 14 juin dans la presqu'île de Sidi-Ferruch, à 25 km d'Alger. Le 5 juillet 1830, Alger capitule sous les canons des troupes du général de Bourmont. Le peuple français réagit peu face à la conquête d'Alger.

Après la chute du monarque français Charles X, Phillipe 1er, le roi qui lui succède, maintient quelques troupes sur la côte et à Alger. Cependant, les Algériens résistent fortement à la colonisation de ces Européens chrétiens. Au cours des dix-huit années suivantes, les troupes françaises luttent contre les Algériens, pillent les villages, détruisent les villes et massacrent les populations qui refusent de se soumettre ; en 1847, ils occupent tout le territoire algérien.

Dès la prise d'Alger en 1830, les Français et d'autres Européens (Espagnols, Italiens) sont encouragés à venir s'installer en Algérie. Ils peuvent acheter des terres pour peu et devenir de riches propriétaires. En octobre 1870, le décret Crémieux accorde la nationalité française uniquement aux Algériens se proclamant juifs, créant ainsi une grande division dans la société algérienne.

Après avoir été Ministre de l'instruction publique de 1879 à 1883, Jules Ferry est promu Ministre des Colonies (1883–1885). Ferry pense que le rôle des nations européennes et notamment de la France est d'instruire les peuples qu'il qualifie « d'inférieurs ». Sous Jules Ferry, le *Code de l'indigénat* est promulgué le 12 juin 1881 et adopté par toutes les colonies françaises en 1887 ; il sera malheureusement imposé en Algérie jusqu'en 1962. Selon ce code, il y a deux catégories de citoyens: les *citoyens français* (de souche métropolitaine) et les *sujets français*, c'est-à-dire les autochtones. En obligeant les *sujets français* aux travaux forcés, en leur interdisant de circuler la nuit et en leur faisant payer des impôts supplémentaires, ce système a le but de les humilier et de les contrôler, ainsi que de bénéficier aux colons.

Après la première guerre mondiale, le mouvement nationaliste algérien prend de l'envergure ; Ahmed Messali Hadj et Ferhat Abbas en sont deux dirigeants importants. En 1938, le Parti du Peuple Algérien (PPA) est fondé par les nationalistes algériens ; deux ans plus tard, les fondateurs seront arrêtés par la police coloniale.

La guerre d'Algérie (1954–1962)

Le 1er novembre 1954, le Front de Libération Nationale (FLN) organise une trentaine d'attentats sur le territoire algérien. Les 20 et 21 août 1955, le FLN organise un soulèvement d'Arabes. Ils attaquent les Européens et assassinent les fermiers qui vivent hors de la ville. Il y a une centaine de victimes. Les civils européens réagissent et massacrent, à leur tour, mille musulmans. Le gouverneur de l'Algérie, Jacques Soustelle, veut lutter contre le FLN et rétablir l'ordre en Algérie. La guerre éclate. L'armée française réussit à détruire le FLN au cours de la Bataille d'Alger en 1957. Cependant, les Français continuent à lutter constamment contre les terroristes indépendantistes ; ils se servent de torture pour obtenir des informations.

Face à cette crise, le général De Gaulle, qui avait pris sa retraite, est rappelé à gouverner ; il est élu Président de la Cinquième République le 21 décembre 1958. Les avis sont divisés au sujet de l'indépendance de l'Algérie. La majorité des intellectuels de gauche veulent l'indépendance, tandis que certains métropolitains résidant en Algérie et leurs alliés politiques en France sont contre l'indépendance. Les membres du FLN sont, bien sûr, pour l'indépendance de leur pays. Dans son discours d'Alger, le 4 juin 1958, le général De Gaulle déclare qu'en Algérie, il n'y a que des Français. Un an plus tard, il change d'opinion et reconnaît que les Algériens ne peuvent pas s'intégrer dans la société française. Il commence donc les négociations pour que l'Algérie devienne un pays indépendant. En Algérie, les généraux français se révoltent contre la décision de De Gaulle et créent une organisation terroriste l'OAS, l'Organisation Armée Secrète. Ils essaient d'assassiner De Gaulle et sont auteurs de nombreux attentats tant en Algérie qu'en France.

Le 18 mars 1962, les accords d'Evian sont signés: cet accord met la fin à la guerre d'Algérie. Cependant, le cessez-le-feu n'est pas respecté. La guerre continue, et ses victimes en subissent les conséquences. Le 19 mars 1962, de nombreux Musulmans sympathisants avec les Français sont massacrés. Tous les jours, dans la ville d'Oran, des Européens sont enlevés. Au mois d'avril, l'exode des Européens commence.

Le 3 juillet 1962, les membres du GPRA (Gouvernement provisoire de la République Algérienne) donnent le pouvoir au FLN. Le 5 juillet 1962, jour où l'Algérie obtient son indépendance, de nombreux Européens et Musulmans sont massacrés dans la ville d'Oran. Presque un million de personnes ont perdu la vie pendant la guerre d'Algérie. En septembre 1962, Ben Bella est élu Président de la République Algérienne Démocratique et Populaire.

La République algérienne depuis 1962

La présidence de Houari Boumediene (1965–1979)

Le 19 juin 1965, Houari Boumediene prend le pouvoir à l'issue d'un putsch. Beaucoup d'opposants s'exilent. Pendant sa présidence, Boumediene crée une révolution industrielle, agraire et culturelle ainsi que la nationalisation du gaz et du pétrole. Une constitution est adoptée. L'arabisation des institutions est décrétée. Après le décès de Boumediene en 1978, le comité central du parti FLN choisit son candidat à la présidence, Chadli Bendjedid. Il devient le chef de l'État algérien, le 9 février 1979. Chadli Bendjedid, nouveau Président de l'Algérie depuis le 9 février 1979, poursuit l'arabisation des institutions. Il est obligé de démissionner le 11 janvier 1992.

La guerre civile algérienne 1992–2002

Entre 1990 et 1992, la popularité du FIS (Front Islamique du Salut) monte. Ce groupe militant veut convertir l'Algérie en république islamique. Apres les résultats du premier tour des élections législatives du 26 décembre 1991, le gouvernement de Bendjedid craint la victoire du FIS. Par conséquent, le 11 janvier 1992 l'armée oblige le président Chadli Bendjedid à démissionner et interrompt ainsi le processus électoral. Les membres élus du FIS sont emprisonnés. Un gouvernement provisoire, le Haut Comité d'Etat, est mis en place. Ces évènements entraînent l'Algérie dans une vague de violence et de terrorisme et mène à une guerre civile sanglante qui durera

10 ans. Face à l'interdiction du FIS et l'emprisonnement de ses membres, de nombreuses guérillas islamistes se forment, dont le Mouvement Islamique Armé (MIA), basé dans les montagnes, et le Groupe Islamique Armé (GIA), basé dans les villes. Ces guérillas lutteront contre l'armée et le gouvernement, et s'attaqueront également aux civils pendant une décennie.

La présidence d'Abdelaziz Bouteflika (1999–aujourd'hui)

En 1999, Abdelaziz Bouteflika est élu président et commence une politique de réconciliation nationale. Il est réélu pour un deuxième mandat en 2004, pour un troisième mandat en 2009 et pour un quatrième en 2014.

LITTÉRATURE

Œuvres littéraires

La grande maison (1952)

L'incendie (1954)

Au café (1955)

Le métier à tisser (1957)

Baba Fekrane (1959)

Un été africain (1959)

Ombre gardienne (1960)

Qui se souvient de la mer (1962)

Cours sur la rive sauvage (1964)

Le talisman (1966)

La danse du roi (1968)

Formulaires (1970)

Dieu en barbarie (1970)

Le maître de chasse (1973)

L'histoire du chat qui boude (1974)

Mohammed Dib (1920, Tlemcen, Algérie–2003, La Celle-Saint-Cloud, France)

Né à Tlemcen, en Algérie occidentale, près de la frontière avec le Maroc, Mohammed Dib qui perd son père tôt (en 1931), grandit dans une famille avec des moyens financiers très limités. Ce romancier et poète algérien de langue française commence à écrire des poèmes dès l'âge de quinze ans. Il rencontre Roger Belissant, un instituteur français, qui l'encourage à écrire. En 1938 et 1940, Mohammed devient instituteur près de la frontière marocaine.

Après cela, il a divers emplois: traducteur, comptable et journaliste. Il écrit pour le journal *Alger Républicain*, une publication progressiste et pour *Liberté*, un journal du parti communiste algérien. En 1951, il se marie avec Colette Bellissant, la fille de Roger Belissant.

Son premier roman *La grande maison* (1952) qui reçoit le Prix Fénéon en 1953, décrit la vie rurale algérienne avec sa misère, sa pauvreté et ses tendances anticolonialistes. Ce premier roman de Dib est très critiqué par la presse coloniale.

Avec la publication de son roman, *Un été africain*, en 1959, Mohammed Dib est expulsé d'Algérie par les autorités coloniales françaises. Grâce au soutien de ses amis écrivains français, André Malraux, Albert Camus et Jean Cayrol, Dib s'en va en France avec sa famille. Après quelques déménagements, il s'installe à La Celle Saint-Cloud (à côté de Versailles) ou il restera jusqu'à sa mort en 2003.

Dans les années 70, Mohammed Dib enseigne à UCLA (l'Université de Californie à Los Angeles). Cette expérience académique américaine sera source d'inspiration pour son roman *L.A. Trip* (2003).

De retour en France, Mohammed Dib, dans les années 80, est nommé "professeur associé" au Centre international d'Études francophones de la Sorbonne.

Il décède le 2 mai 2003 à La Celle Saint-Cloud.

Avant de lire

A la maison (recherche à l'aide de l'internet, de l'encyclopédie, etc.)

1. Cherchez la définition du mot *patrie* dans le dictionnaire et écrivez-la.

2. Que veut dire le mot patrie pour vous ? Vous considérez-vous patriote, pourquoi ?

Parlons un peu

1. Décrivez un de vos professeurs de lycée qui vous a le plus influencé. Comment était-il ou était-elle ? Quelle est la caractérique de ce professeur qui vous a le plus marqué(e) ?

2. Pensez-vous que la politique et la religion devraient être enseignées à l'école publique à des élèves de moins de 18 ans ?

3. Quels sont les dangers d'endoctriner des enfants dès un jeune âge ?

Mots difficiles

l'accalmie *lull, reprieve*
l'alouette *lark*
anonner *to read in a drone*
astiquées *polished*
se balancer *to rock, to swing*
benoîtement *sanctimoniously*
le bruissement *swoosh*
claironnante *strident*
endiguées *contained*
feuilleter *to glance/skim through*
gazouiller *to twitter*
le lierre *ivy*
mirer *to gaze at one's reflection*
nasillard *nasal*

notable *worthy of notice*
parbleu *of course*
pétrissait (pétrir) *to knead*
rectiligne *straight*
la rédaction *written essay*
redoubler *to repeat a year in school*
reluisante *shiny*
le remou *turmoil, stir*
se ressaisir *to pull oneself together*
le santon *Christmas crib figure*
solennel *solemnly*
les trilles *trilling of a bird*
la veillée *in the evening*
la velléité *vague desire/attempt*

Omneros (1975)

Habel (1977)

Feu beau feu (1979)

Mille hourras pour une gueuse (1980)

Les terrasses d'Orsol (1985)

O vive-poèmes (1987)

Le sommeil d'Eve (1989)

Neiges de marbre (1990)

Le désert sans détour (1992)

L'infante maure (1994)

La nuit sauvage (1995)

L'arbre à dires (1998)

L'Enfant-Jazz (1998)

Le cœur insulaire (2000)

Comme un bruit d'abeilles (2001)

L.A. Trip (2003)

Simorgh (2003)

Laezza (2006)

Poésies « Œuvres complètes » (2007)

Prix littéraires

Prix Fénéon (1952)

Prix de l'Union des Écrivains Algériens (1966)

Prix de l'Académie de poésie (1971)

Prix de l'Association des Écrivains de langue française (1978)

Grand Prix de la Francophonie de l'Académie française (1994)

Prix Mallarmé (1998)

Activités de vocabulaire

1. Reliez chaque mot à son synonyme ou sa définition.

    ____ l'accalmie   a. brillante
    ____ mirer   b. chanter comme un oiseau
    ____ le bruissement   c. le tourbillon
    ____ la rédaction   d. la paix
    ____ reluisante   e. espèce de bruit confus
    ____ le remou   f. regarder
    ____ gazouiller   g. la composition

2. Vrai ou faux?

    Un élève surdoué redouble ses classes fréquemment. _____
    L'alouette est une sorte de rongeur qui chasse la nuit. _____
    « Rectiligne » est l'équivalent de « tout droit ». _____
    Le lierre est une fleur tropicale. _____
    Un bon acteur anonne son texte. _____

3. Reliez chaque mot avec son antonyme.

    _____ la velléité   a. anodin
    _____ l' accalmie   b. la matinée
    _____ la veillée   c. lire avec attention
    _____ notable   d. l'agitation
    _____ feuilleter   e. la constance

La grande maison

Mohammed Dib

A peine s'emboîtèrent-ils dans leurs pupitres que le maître, d'une voix **claironnante**, annonça:

— Morale!

Leçon de morale. Omar en profiterait pour mastiquer le pain qui était dans sa poche et qu'il n'avait pas pu donner à Veste-de-kaki.

Le maître fit quelques pas entre les tables; **le bruissement** sourd des semelles sur le parquet, les coups de pied donnés aux bancs, les appels, les rires, les chuchotements s'évanouirent. **L'accalmie** envahit la salle de classe comme par enchantement: s'abstenant de respirer, les élèves se métamorphosaient en merveilleux **santons**. Mais en dépit de leur immobilité et de leur application, il flottait une joie légère, aérienne, dansante comme une lumière.

M. Hassan, satisfait, marcha jusqu'à son bureau, où il **feuilleta** un gros cahier. Il proclama:

— La Patrie.

L'indifférence accueillit cette nouvelle. On ne comprit pas. Le mot, **campé** en l'air, se **balançait**.

— Qui d'entre nous sait ce que veut dire: Patrie?

Quelques **remous** troublèrent le calme de la classe. La baguette claqua sur un des pupitres, ramenant l'ordre. Les élèves cherchèrent autour d'eux, leurs regards se promenèrent entre les tables, sur les murs, à travers les fenêtres, au plafond, sur la figure du maître; il apparut avec évidence qu'elle n'était pas là. Patrie n'était pas dans la classe. Les élèves se dévisagèrent. Certains se plaçaient hors du débat et patientaient **benoîtement.**

Brahim Bali pointa le doigt en l'air. Tiens, celui-là! Il savait donc? Bien sûr. Il **redoublait**, il était au courant.

— La France est notre mère Patrie, **ânonna** Brahim.

Son ton **nasillard** était celui que prenait tout élève pendant la lecture. Entendant cela, tous firent claquer leurs doigts, tous voulaient parler maintenant. Sans permission, ils répétèrent à l'envie la même phrase.

Les lèvres serrées, Omar **pétrissait** une petite boule de pain dans sa bouche. La France, capitale Paris. Il savait ça. Les Français qu'on aperçoit en ville viennent de ce pays. Pour y aller ou en revenir, il faut traverser la mer, prendre le bateau… La mer: la mer Méditerranée. Jamais vu la mer, ni un bateau. Mais il sait: une très grande étendue d'eau salée et une sorte de planche flottante. La France, un dessin en plusieurs couleurs. Comment ce pays si lointain est-il sa mère? Sa mère est à la maison, c'est Aïni; il n'en a pas deux. Aïni n'est pas la France. Rien de commun. Omar venait de surprendre un mensonge. Patrie ou pas patrie, la France n'était pas sa mère. Il apprenait des mensonges pour éviter la fameuse baguette d'olivier. C'était ça les études. **Les rédactions:** décrivez **une veillée** au coin du feu… Pour les mettre en train, M. Hassan leur faisait des lectures où il était question d'enfants qui se penchent studieusement sur leurs livres. La lampe projette sa clarté sur la table. Papa, enfoncé dans un fauteuil, lit son journal et maman fait de **la broderie**. Alors Omar était obligé de mentir. Il complétait: le feu qui flambe dans la cheminée, le tic-tac de la pendule, la douce atmosphère du foyer pendant qu'il pleut, vente et fait nuit dehors. Ah! Comme on se sent bien chez soi au coin du feu! Ainsi: la maison de campagne où vous passez vos vacances. **Le lierre** grimpe sur la façade; le ruisseau **gazouille** dans le pré voisin. L'air est pur, quel bonheur de respirer à pleins poumons! Ainsi: le laboureur. Joyeux, il pousse sa charrue en chantant, accompagné par **les trilles** de **l'alouette**. Ainsi: la cuisine. Les ranges de casseroles sont si bien **astiquées** et si **reluisantes** qu'on peut s'y **mirer**. Ainsi: Noël. L'arbre de Noël qu'on plante chez soi, les fils d'or et d'argent, les boules multicolores, les jouets qu'on découvre dans ses chaussures. Ainsi, les gâteaux de l'Aïd-Seghir, le mouton qu'on égorge à l'Aïd-Kebir… Ainsi la vie!

Les élèves entre eux disaient: celui qui sait le mieux mentir, le mieux arranger son mensonge, est le meilleur de la classe.

Omar pensait au goût du pain dans sa bouche: le maître, près de lui, réimposait l'ordre. Une perpétuelle lutte soulevait la force animée et liquide de l'enfance contre la force statique et **rectiligne** de la discipline. M. Hassan ouvrit la leçon.

— La patrie est la terre des pères. Le pays où l'on est fixé depuis plusieurs générations.

Il s'étendit là-dessus, développa, expliqua. Les enfants dont les **velléités** d'agitation avaient été fortement **endiguées,** enregistraient.

— La patrie n'est pas seulement le sol sur lequel on vit, mais aussi l'ensemble de ses habitants et tout ce qui s'y trouve.

Impossible de penser tout le temps au pain. Omar laisserait sa part de demain à Veste-de-kaki. Veste-de-kaki était-il compris dans la patrie ? Puisque le maître disait… Ce serait quand même drôle que Veste-de-kaki…et sa mère, et Aouicha, et Mériem, et les habitants de Dar Sbitar ? Comptaient-ils tous dans la patrie ? Hamid Saraj aussi ?

— Quand de l'extérieur viennent des étrangers qui prétendent être les maîtres, la patrie est en danger. Ces étrangers sont des ennemis contre lesquels toute la population doit défendre la patrie au prix de leur existence.

Quel était son pays ? Omar eût aimé que le maître le dît, pour savoir. Où étaient ces méchants qui se déclaraient les maîtres ? Quels étaient les ennemis de son pays, de sa patrie ? Omar n'osait pas ouvrir la bouche pour poser ces questions à cause du goût du pain.

— Ceux qui aiment particulièrement leur patrie et agissent pour son bien, dans son intérêt, s'appellent des patriotes.

La voix du maître prenait des accents **solennels** qui faisaient résonner la salle.

Il allait et venait.

M. Hassan était-il patriote ? Hamid Saraj était-il patriote aussi ? Comment se pouvait-il qu'ils le fussent tous les deux ? Le maître était pour ainsi dire un **notable** ; Hamir Saraj, un homme que la police recherchait souvent. Des deux, qui le patriote alors ? La question restait en suspens.

Omar, surpris, entendit le maître parler en arabe. Lui qui le leur défendait! Par exemple ! C'était la première fois ! Bien, qu'il n'ignorât pas que le maître était musulman, — il s'appelait M. Hassan — ni où il habitait, Omar n'en revenait pas. Il n'aurait même pas su dire s'il lui était possible de s'exprimer en arabe.

D'une voix basse où perçait une violence qui intriguait:

— Ça n'est pas vrai, fit-il, si on vous dit que la France est votre patrie.

Parbleu ! Omar savait bien que c'était encore un mensonge.

M. Hassan **se ressaisit**. Mais pendant quelques minutes il parut agité. Il semblait être sur le point de dire quelque chose encore. Mais quoi ? Une force plus grande que lui l'en empêchait-elle ?

Ainsi, il n'apprit pas aux enfants quelle était leur patrie.

Questions de compréhension

1. Quelle est la réaction des élèves de M. Hassan face à sa leçon de morale ?

2. Comment les élèves réagissent-ils quand il annonce le mot «patrie » ?

3. Où les élèves cherchent-ils la réponse à la question de Mr. Hassan ?

4. Qui répond à la question correctement ? Pourquoi cet élève parvient-il à répondre ?

5. Quelle est la réaction d'Omar lorsqu'il entend la réponse?

6. Qu'est-ce que « la fameuse baguette d'olivier »?

7. Décrivez les rédactions que M. Hassan oblige les élèves à écrire.

Questions d'interprétation

1. Pourquoi les élèves de M. Hassan ne savent pas quoi répondre quand il leur demande de définir le concept de patrie?

2. M. Hassan est-il un bon professeur? Pourquoi ou pourquoi pas?

3. Selon Omar, qu'est-ce qu'on lui apprend à l'école?

4. Pourquoi les rédactions que M. Hassan oblige les élèves à écrire sont-elles inutiles d'un point de vue pédagogique?

5. Comparez les déclarations suivantes:

   — « La France est notre mère Patrie ».
   — « La patrie est la terre des pères. Le pays où l'on est fixé depuis plusieurs générations ».
   — « La patrie n'est pas seulement le sol sur lequel on vit, mais aussi l'ensemble de ses habitants et tout ce qui s'y trouve ».
   Y a-t-il une contradiction dans ces propos? Justifiez votre réponse.

6. Expliquez comment le maître se contredit à la fin de son cours.

7. Quelle est la réaction d'Omar lorsque M. Hassan déclare « ce n'est pas vrai si on vous dit que la France est votre patrie »?

8. Selon vous, pourquoi M. Hassan dit quelques phrases en arabe devant les élèves quand il sait que c'est interdit? Quelle est la réaction d'Omar?

Questions de discussion

1. L'extrait que vous avez lu termine sur la phrase « Ainsi, il n'apprit pas aux enfants quelle était leur patrie ». Êtes-vous d'accord avec cette affirmation? Qu'est-ce que M. Hassan a appris à ses élèves?

2. « M. Hassan était-il patriote? Hamid Saraj était-il patriote aussi? Comment se pouvait-il qu'ils le furent tous les deux? Le maître était pour ainsi dire un notable; Hamir Saraj, un homme que la police recherchait souvent ». Répondez aux questions qu'Omar se pose.

3. Le mensonge. « Il apprenait des mensonges pour éviter la fameuse baguette d'olivier. C'était ça les études ». Etes-vous d'accord avec l'affirmation que les études dans un pays colonisé n'enseignent que des mensonges aux élèves ?

Expression écrite

Une rédaction

Omar écrit une rédaction dans laquelle il décrit sa véritable vie de tous les jours, et non pas un mensonge comme M. Hassan le désire. Imaginez la vie de ce jeune homme et écrivez une composition rédigée à la première personne.

FILM

Yamina Benguigui (1957, Lille, France)

Filmographie

Femmes d'Islam (1994)

La maison de Kate, un lieu d'espoir (1996)

Mémoires d'immigrés, l'héritage maghrébin (1998)

Un jour pour l'Algérie (1999)

Le jardin parfumé (2000)

Inch'Allah dimanche (2001)

Pas d'histoires ! 12 regards sur le racisme au quotidien (2001)

Aïcha, Mohamed, Chaïb... engagés pour la France (2003)

Convergences (2003)

Le plafond de verre / Les défricheurs (2005)

De parents immigrés algériens, Yamina Benguini est née en 1957 dans le nord de la France (Lille). Cette réalisatrice de longs métrages et de documentaires offre des témoignages engagés sur les problèmes d'intégration et de racisme en France. En 1994, elle réalise son premier documentaire, *Femmes d'Islam*. Son intérêt pour la condition de la femme se confirme dans deux autres projets: *Le jardin parfumé* (2000), un regard féminin sur la sexualité dans le monde arabe moderne, et *Inch'Allah dimanche* (2001), un long métrage à succès autour de l'expérience douloureuse d'une femme algérienne qui, sous la loi française du regroupement familial de 1974, se voit rejoindre son mari immigré en France.

Beur, mais à la double nationalité algérienne et française, Benguigui s'est tout particulièrement intéressée à l'histoire des enfants français d'immigrés algériens. Son documentaire en trois séries, *Mémoires d'immigrés* (1997), est une chronique de l'immigration maghrébine en France racontée de trois points de vue et de trois points chronologiques successifs: les pères (part. I) ; les mères (part. II) et les enfants (part. III). Dans ce documentaire primé (*Golden Gate Award*), Benguigui dévoile les non-dits historiques sur l'immigration et l'intégration. Plus récemment, avec *Plafond de verre* en 2005 (dénonçant la discrimination raciale dans la recherche d'emploi en France) et *9-3 mémoire d'un territoire* en 2008 (un regard critique sur la fameuse banlieue parisienne multi-ethnique et défavorisée), Benguigui continue son engagement auprès des jeunes français multiculturels. Depuis 2008, Benguigui est adjointe au Maire de Paris et chargée des droits de la lutte contre la discrimination. Après la fin du mandat de Nicolas Sarkozy et l'élection présidentielle de François Hollande en 2012 et jusqu'en mars 2014, Benguigui a été ministre déléguée chargée de la Francophonie.

Inch' Allah dimanche

Yamina Benguigui

Avant de visionner

A la maison (recherche à l'aide de l'internet, l'encyclopédie, etc.)

1. Le film a lieu à Saint-Quentin en Picardie. Cherchez cette région sur la carte de France. En termes de statistiques, est-ce une région qui attire beaucoup d'immigrés? D'après vous, pourquoi?

2. Faites des recherches sur la célébration musulmane de l'aïd et donnez une définition succinte de cette fête.

3. Juste après l'élection du président de la République, Valéry Giscard d'Estaing, le 27 mai 1974, le gouvernement officialise « le regroupement familial ». Cherchez ce que signifie « *le regroupement familial* ».

Mots difficiles

braver *to defy*
la carte de séjour *residence permit*
déraciné *uprooted*
être bien/mal accueilli *to be well/badly received*
Inch' Allah *si Dieu le veut*
la main d'oeuvre *workers*

la politique d'intégration des immigrés *policy favoring the integration of immigrants*
prendre la nationalité française *to become a French citizen*

9-3 mémoire d'un territoire (2008)
Aïcha (TV) (2009)

Honneurs

Chevalier de l'Ordre national du mérite (1997)
Officier des Arts et des Lettres (2002)
Chevalier de la Légion d'honneur (2003)
Membre du Haut Conseil à l'intégration (2006–2009)
Officier de l'Ordre national du mérite (2007)

Bibliographie

Femmes d'Islam (1996)
Mémoires d'immigrés: l'héritage maghrébin (1997)
Inch'Allah dimanche (2001)

Parlons un peu

Décrivez Zouina. Comment est-elle habillée? Quelle expression a-t-elle sur son visage?

Décrivez cette photo. Identifiez les personnages. Que fait Zouina? Quelle est l'expression de ses enfants? Qui est la femme derrière elle? Comment est-elle habillée? Quelle est son expression? Selon vous, que se passe-t-il?

Activités (après visionnement)

Les personnages

1. Voici la description des personnages d'*Inch'Allah dimanche*. Reliez chaque personnage à sa description.

_____ Zouina	1. la belle mère de Zouina
_____ Ahmed	2. le plus jeune fils de Zouina et Ahmed
_____ Aïcha	3. la voisine de Zouina
_____ Ali	4. une autre femme algérienne
_____ Rachid	5. le mari de Zouina
_____ Mademoiselle Briat	6. la fille de Zouina et Ahmed
_____ Amina	7. la protagoniste principale du film
_____ Malika	8. le fils ainé de Zouina et Ahmed

2. Les personnages et ce qu'ils représentent

Chaque personnage d'*Inch' Allah dimanche* a une dimension emblématique (le changement social, les valeurs traditionnelles, l'espoir, etc). En groupe de deux, analysez chaque personnage et pensez à ce que chaque personnage représente.

Zouina:

Aïcha:

Ahmed:

Ali, Rachid et Amina:

Mademoiselle Briat:

Malika:

Madame Donze:

Madame Manant (la veuve du colonel):

Le chauffeur de bus:

Questions de compréhension

1. Quelle est la première scène du film ? Pourquoi Zouina pleure-t-elle ? Où est-elle ? Que se passe-t-il ?

2. Décrivez les retrouvailles entre Ahmed, Zouina et les enfants après une longue séparation.

3. Pourquoi l'ami d'Ahmed ne veut-il pas faire venir sa famille d'Algérie ?

4. Que pensez-vous d'Ahmed ? Pensez-vous que c'est un bon père pour ses enfants ? Justifiez votre opinion avec des détails précis.

5. Pour quelles raisons Zouina se dispute-t-elle avec sa voisine, Madame Donze?

6. Quel concours Madame Donze veut-elle gagner?

7. Pourquoi la radio est-elle tellement importante pour Zouina?

8. Où Mademoiselle Briat travaille-t-elle? Quel est son rôle vis-à-vis de Zouina?

9. Pourquoi Ahmed déchire-t-il les pages du livre et jette-t-il le maquillage?

10. Pourquoi Zouina va-t-elle chez Malika, l'autre femme algérienne?

11. Qui est Madame Manant? Pourquoi est-elle au cimetière?

12. Où Zouina va-t-elle le dimanche avec ses enfants?

13. Comment le film se termine-t-il?

14. Les choses vont-elles changer pour Zouina à l'avenir?

Questions de discussion

1. Comment Ahmed réagit-il envers sa mère après sa longue séparation? Quelle est sa réaction vis-à-vis de son épouse? Pourquoi Benguigui tient-elle à marquer cette différence entre les deux femmes dès le début du film?

2. Pourquoi, selon vous, Ahmed insiste-t-il au début du film que son ami reste pour prendre un café?

3. Décrivez Aicha, la belle-mère de Zouina. Comment est-elle physiquement? Comment est sa personnalité? Quel type de femme représente-t-elle?

4. Décrivez la relation entre Zouina et sa belle-mère. Donnez des exemples spécifiques du film pour illustrer votre opinion.

5. Décrivez la relation entre Zouina et son mari. Donnez des exemples spécifiques du film pour illustrer votre opinion.

6. Pourquoi Ahmed bat-il Zouina?

7. Que fait Zouina le dimanche avec les enfants? Pourquoi ses activités dominicales sont-elles tellement importantes pour Zouina?

8. Décrivez Malika, l'autre femme algérienne. Pourquoi Malika et Zouina ne peuvent-elles pas être amies?

9. Trouvez-vous que la représentation des personnages français (le chauffeur de bus et Mademoiselle Briat) est stéréotypée ou réaliste? Justifiez votre réponse avec des détails précis.

10. Le titre du film, *Inch' Allah dimanche* signifie « si Dieu le veut, dimanche ». Expliquez pourquoi Benguini a choisi ce titre pour son film.

11. A la fin du film, quels symboles voyez-vous dans la relation suggérée entre le chauffeur de bus français et Zouina? Est-ce une fin réaliste? Est-elle optimiste ou pessimiste?

12. Comment imaginez-vous l'avenir de Zouina et de ses enfants?

Présentations orales

1. Cherchez des informations sur la loi du « regroupement familial » votée en 1974 en France et préparez une brève présentation. Quels effets démographiques est-ce que cette loi a eus en France et en Algérie?

2. Cherchez des informations sur les changements sociaux qui s'opèrent en France sous la présidence de Valérie Giscard d'Estaing: la majorité civile désormais à 18 ans, l'autorisation du divorce par consentement mutuel, l'interruption volontaire de grossesse (IVG) et la création d'un secrétariat d'État à la condition féminine. Comment ces changements ont-ils modifié la vie des femmes françaises?

3. Cherchez des informations sur Simone Veil, Ministre de la santé entre 1974 et 1979. Quels changements sociaux Madame Veil a-t-elle créés en France?

4. Comparez ces deux femmes: Mademoiselle Briat et Aïcha. Que représentent-elles? Pourquoi sont-elles tellement différentes?

Nicole	Aicha

5. Cherchez des informations sur les mouvements d'immigration algérienne en France. Présentez les dates, ainsi que les régions de France où l'immigration a été particulièrement importante.

Aïd El-Kebir, la fête du sacrifice

La fête du sacrifice du mouton s'appelle « Aïd El-Kebir » ou « Aïd-al Adha » dans les pays du Maghreb, on l'appelle « Tabaski » en Afrique de l'ouest, « Tafaska » chez les Berbères, « Kurban Bayrami » en Turquie et « Bakri Eid » en Inde. C'est la fête musulmane la plus suivie dans le monde. L'Aïd El-Kebir célèbre le sacrifice d'Ibrahim (Abraham dans la religion judéo-chrétienne) qui a offert son fils Ismaël (Isaac dans la religion judéo-chrétienne) à Dieu en preuve de sa dévotion. Au moment du sacrifice ultime, Dieu a échangé Isaac par un mouton grâce à l'intervention de l'archange Gabriel. Aujourd'hui, le sacrifice ultime d'Ibrahim est commémoré annuellement chez les musulmans par le sacrifice d'un mouton. Ce sacrifice doit suivre un rite bien particulier. Le mouton doit être choisi avec soin, il ne doit pas être mutilé ou âgé de plus d'un an. Après la sélection du mouton, il faudra bien s'assurer que le mouton ait la tête tournée dans la direction de la Mecque au moment du sacrifice. C'est d'ailleurs vers la Mecque en Arabie Saoudite que se tournent les Musulmans lors de la prière. Le sacrificateur devra réciter la prière rituelle avant l'acte sacrificiel: « Bismillah Allahu Akbar », ce qui signifie en arabe « par la grâce de Dieu, Dieu est grand ». La fête du sacrifice est un moment de commémoration, de pardon et de partage. Une fois le mouton égorgé, la viande sera partagée généreusement, une partie reviendra à la famille qui possède le mouton, une autre aux amis et une autre partie sera destinée aux pauvres et aux démunis. Elle a lieu le douzième mois lunaire de l'Islam, ce qui correspond au mois du pèlerinage à la Mecque, un pèlerinage que l'on nomme le « hajj ». Cette fête dure quatre jours et s'accompagne de mets cuisinés à base du mouton égorgé selon le rite.

L'Aïd El-Kebir n'est pas célébrée uniquement dans les pays à dominance musulmane. Les Musulmans du monde entier la fêtent, où qu'ils résident. Prenons l'exemple de la France: il y a plus de 5 millions de Musulmans en France, ce qui représente près de 9 % de la population. Pour des raisons sanitaires, mais aussi de laïcité et de prévention contre la cruauté des animaux, il est formellement interdit en France de sacrifier un mouton hors des abattoirs agréés par les directions départementales de la protection des populations (DDPP). Ces abattoirs sont pourvus de sacrificateurs qui ont reçu l'approbation des autorités religieuses. Tout égorgement qui ne se conforme pas aux consignes est fortement puni en France. Afin d'éviter toute infraction, des contrôles sont régulièrement effectués pendant la fête de l'Aïd. La fête de l'Aïd sait s'adapter aux conditions de ses disciples partout dans le monde. Par exemple, si l'on habite dans un pays où il n'y a pas de moutons, on peut substituer le mouton par une chèvre, comme c'est le cas en Inde ou en Afrique subsaharienne.

Questions de compréhension

1. Citez quatre pays ou régions où l'on célèbre la fête du sacrifice.

2. Pourquoi est-ce qu'on utilise spécifiquement un mouton dans cette fête de sacrifice ?

3. Comment doit être positionné le mouton pendant l'acte sacrificiel ?

4. Quel autre événement important coïncide avec la fête du sacrifice ?

5. Qui profite de la viande une fois le mouton égorgé ?

6. Pour quelles raisons est-ce que la France interdit l'égorgement du mouton hors des lieux agréés ?

7. Quel autre animal peut servir de substitution au cas où il n'y ait pas de moutons disponibles ?

Recette

Ingrédients:

500 grammes de gigot d'agneau
1 cuillère à café de paprika
1 cuillère à café de cumin
3 cuillères à soupe d'huile d'olive

Couper la viande en gros cubes pour brochettes.
   Mélanger la viande coupée avec les épices et l'huile d'olive.
   Laisser mariner pendant une heure.
   Enfiler les cubes de viande dans les brochettes.
   Faire cuire au barbecue en tournant les brochettes pour qu'elles cuisent uniformément.
   Servir avec du couscous ou du taboulé.

Albert Camus

Albert Camus, né en 1913 à Mondovi en Algérie, est issue d'une famille de pieds-noirs. On appelait « pieds-noirs » les citoyens français de l'Algérie coloniale qui étaient souvent nés et avaient vécu en Algérie depuis plusieurs générations. De mère analphabète et femme de ménage et de père agriculteur, Camus vient d'origines très modestes et a grandi dans une banlieue prolétaire d'Alger. Camus a à peine connu son père qui est mort en 1914, à la bataille de la Marne pendant la première guerre mondiale. A l'école, le petit Camus a eu la chance de se faire remarquer par son instituteur, Louis Germain, qui s'est démené afin que l'écolier obtienne une bourse scolaire pour accéder au lycée. C'est grâce au soutien de Louis Germain que Camus a eu la chance de poursuivre des études secondaires, ce qui lui ouvrira ensuite les portes de l'Université d'Alger en 1933. A jamais reconnaissant, Camus dédiera son Prix Nobel de littérature en 1957 à Louis Germain, son instituteur. C'est pendant ses années à l'université, en 1935, que Camus s'engage dans le parti communiste d'Alger. Il sera plus tard renvoyé du parti à cause de sa position pro-nationaliste au côté des Algériens. A cette époque, le soutien pour la cause nationaliste algérienne ne s'accordait plus avec la position de Staline qui comptait alors sur la France comme alliée en cas de guerre contre les Allemands. C'est aussi pendant ces années-là que Camus rencontre sa première femme, une actrice nommée Simone Hie, qu'il épousera en 1934. A partir de 1938, Camus gagne sa vie en écrivant pour un journal à Alger, mais à l'arrivée de la deuxième guerre mondiale, Camus quitte Alger et s'installe à Paris pour travailler pour le journal Paris-Soir. C'est à Paris qu'il publie ses premières œuvres et, dirons-nous, ses premiers chefs d'œuvres. Camus publie *L'étranger* et *Le mythe de Sisyphe* en 1942, deux œuvres inspirées de la philosophie de l'absurdisme. L'absurdisme s'apparente à l'existentialisme, c'est une des raisons pour lesquelles Camus est souvent associé à la philosophie de Jean-Paul Sartre, le grand existentialiste français. L'absurdisme, comme son nom l'indique, s'intéresse à l'idée de l'absurde et de l'absence de signification comme principe fondamental de l'existence. *L'étranger* raconte le destin tragico-absurde de Mersault, un Français en Algérie qui tue un « Arabe » sans raison justifiable. Dans la même veine absurdiste, *Le mythe de Sisyphe* reprend le mythe grec du même nom basé sur l'histoire de Sisyphe, l'homme condamné par les dieux à pousser un rocher en haut de la colline, un rocher qui retombera immanquablement et devra être à nouveau rehaussé en haut de la colline, et ainsi de suite jusqu'à l'éternité. Camus est l'auteur d'autres chefs œuvres intemporels, dont *Caligula* (1944) et *La peste* (1949). En 1940, Camus, divorcé, épouse en secondes noces Francine Faure avec qui il aura des jumeaux en 1945, Jean et Catherine. En 1957, c'est la consécration pour Camus, il obtient le prix Nobel de littérature. Malheureusement peu de temps après, en 1960, il meurt tragiquement dans un accident de voiture à Villeblevin, en Bourgogne. Il est enterré à Lourmarin, en Bourgogne.

ERV.0961212 Albert Camus (1913-1960), French-Algerian writer, in 1947. © Henri Martinie / Roger-Viollet / The Image Works   NOTE: The copyright notice must include "The Image Works" DO NOT SHORTEN THE NAME OF THE COMPANY   Prior permission required for all advertising & promotional use or use on consumer goods & derivative products.

Depuis le prix Nobel, Camus n'a rien perdu en prestige et en notoriété. *L'étranger* est un grand classique de la littérature française étudié dans les lycées de France et du reste du monde. Deux événements récents, cependant, nous donne une idée de ce que représente Albert Camus aujourd'hui pour l'Algérie et pour la France. En 2010, quand il fut question d'organiser des événements culturels pour l'anniversaire de la mort d'Albert Camus en Algérie, cette initiative fut accueillie avec une certaine résistance en Algérie, due au fait que Camus n'a pas soutenu la révolution algérienne que les Algériens ont lancé en 1954 afin d'obtenir leur indépendance des Français (obtenue en 1962). Mais Camus n'a pas non plus soutenu la France, ce que les pieds-noirs lui reprochent. Il était tout simplement contre la violence imposée par, ce que les Français appellent « la guerre d'Algérie », et ce que les Algériens, plus fiers, appellent « la révolution ». En 2009 en France, le Président de la République française, Nicolas Sarkozy, a proposé de transporter le corps d'Albert Camus au Panthéon à Paris. Le Panthéon est un mausolée dédié aux grands hommes de la France. Le Panthéon abrite par exemple la sépulture de Voltaire et de Rousseau. Or, le fils d'Albert Camus, Jean Camus, ainsi que de nombreux Français (principalement du parti politique de la gauche), se sont opposés au transfert du corps de Camus. Pour eux, Camus est un homme du peuple, prolétaire et simple, il n'aurait pas aimé être traité comme une « élite » de la France.

Questions de compréhension

1. Qu'est-ce qu'un « pied-noir » ? Quelle est la différence entre un « pied-noir » et un Algérien ?

2. A qui est-ce que Camus a dédié son Prix Nobel de littérature ? Pourquoi ?

3. Quand est-ce que Camus a quitté l'Algérie ?

4. Citez deux œuvres de Camus qui sont inspirées du mouvement de l'absurdisme. Expliquez pourquoi, d'après leur sujet, est-ce que ces deux œuvres reflètent le thème de l'absurde.

5. Comment est-ce que Camus est mort ? Combien de temps après avoir reçu le prix est-il mort ?

6. Pourquoi est-ce que certains Algériens ont du ressentiment envers Albert Camus?

7. Pour quelle raison est-ce que le fils d'Albert Camus, ainsi que d'autres personnalités, se sont opposés au transfert du corps de Camus au Panthéon?

Et vous?

La France rend hommage à certains grands hommes morts en transportant leur corps au Panthéon. Le fils de Camus, au nom de son père, s'est opposé à sa « panthéonisation ». Le même débat s'est posé pour le grand poète martiniquais, Aimé Césaire, mort en 2008. Après beaucoup de discussions, Nicolas Sarkozy a trouvé un compromis en 2011 pour faire entrer Césaire au Panthéon: le corps de Césaire reste en Martinique mais Césaire a une représentation symbolique au Panthéon par l'intermédiaire d'une fresque géante dédiée à sa vie.

Que pensez-vous de ce compromis? Pensez-vous que ce compromis serait une bonne solution pour faire « entrer » Camus au Panthéon? Ou pensez-vous que Camus ne devrait pas entrer au Panthéon, ni physiquement, ni symboliquement, s'il doit rester l'écrivain du peuple?

Le Maroc

Sa géographie

Le Royaume du Maroc, d'une superficie de 446 550 km² et d'une population de 31,627,428, est situé au nord-ouest de l'Afrique. Avec la Tunisie et l'Algérie, c'est l'un des trois pays de l'Afrique du nord formant ce qu'on appelle le « Maghreb ». Le Maroc est délimité au nord par le détroit de Gibraltar et la mer Méditerranée, au sud par la Mauritanie, à l'est par l'Algérie et à l'ouest par l'Océan Atlantique. La côte marocaine s'étend sur 3 500 km.

La capitale marocaine, Rabat, est située sur la côte atlantique. Le Maroc, qui se caractérise par des paysages très divers de montagnes et de déserts. Au nord-est du pays, au bord de la mer Méditerranée, se trouvent les montagnes du Rif. Au sud du Rif, c'est la chaîne de l'Atlas. Celle-ci est divisée en trois zones du nord au sud: le Moyen-Atlas, suivi du Haut-Atlas, puis de l'Anti-Atlas. Le point culminant du Maroc et de l'Afrique du nord, le Mont Jbel Toubkal qui s'élève à 4 165 m d'altitude, fait partie de la chaîne montagneuse de l'Atlas. Au sud du pays, on trouve les terres Sahariennes avec des dunes de sable mesurant jusqu'à 200 m de hauteur.

Origine de son nom

En français, le patronyme « Maroc » vient du mot espagnol « Marruecos », vocable qui provenant de « Marrakech », qui fut la capitale du Maroc pendant trois dynasties. En Berbère, ce pays est appelé *lmruk*, ce qui signifie « terre de Dieu ». En arabe, *al-Maghrib* est utilisé pour nommer le Maroc. Ce mot veut dire « le couchant » ou « l'Occident ».

De la colonisation à l'indépendance

Lorsque les troupes françaises prennent la ville d'Alger en 1830, le sultan marocain Moulay Abd al-Rahman s'engage militairement contre la France afin de soutenir l'Algérie, sa voisine géographique, et protéger son propre pays. Le Maroc essaie également de reprendre les terres marocaines de Ceuta et Melilla, occupées par les Espagnols, ce qui amène l'Espagne à défendre ses territoires.

Malgré l'intervention militaire du Maroc, la France occupe ce territoire nord-africain de 1900 à 1903. Le 30 mars 1912, le Maroc n'a pas d'autre choix que de signer l'accord le forçant à devenir un protectorat français.

De nombreux colons européens arrivent au Maroc pour s'y installer et faire fortune, ce qui provoque des révoltes. Entre 1921 et 1926, Abd el-Krim mène la guerre du Rif contre les troupes françaises. Il devient nécessaire pour les troupes françaises d'amener des renforts afin de vaincre l'armée berbère de Abd el-Krim. La région du Haut-Atlas lutte également contre l'occupant jusqu'en 1934.

Le 16 mai 1930, les autorités coloniales publient le «dahir berbère», un décret protégeant les Berbères et leurs traditions contre l'influence arabe. Le but des colons, avant tout, est d'essayer de convertir les Berbères au statut français. Cependant, les Berbères sont un peuple fort qui ne se laisse pas influencer par les colonisateurs européens. Ce dahir provoque une réaction radicale de la part des nationalistes marocains musulmans. Ils accusent les Français de vouloir donner plus de pouvoir aux Berbères et de chercher à diviser le pays.

En 1946, au lendemain de la deuxième guerre mondiale, la France s'engage dans un conflit avec l'Indochine (1946–1954). Huit ans plus tard, elle est impliquée dans la guerre d'Algérie (1954–1962). En même temps, elle doit lutter contre les révoltes indépendantistes de la Tunisie et du Maroc. Au moment où le Maroc revendique son indépendance, l'hexagone préfère s'en occuper de manière politique plutôt que belliqueuse. En novembre 1955, le premier ministre français Edgar Faure et son gouvernement négocient les détails de l'indépendance du Maroc à La Celle-Saint-Cloud. Le 3 mars 1956, Le Maroc devient une nation indépendante.

De 1956 à nos jours

En août 1957, le sultan Mohammed Ben Youssef, très populaire au Maroc, se proclame roi du Maroc, sous le nom de Mohammed V. Avant son décès, le 21 février 1961, il rédige une Constitution. Moulay Hassan, son fils, monte sur le trône le 3 mars 1961.

En octobre 1963, le Maroc entre en conflit militaire avec l'Algérie au sujet de leurs frontières; ce conflit est connu sous le nom de *la guerre des sables*. Les conflits s'achèvent le 5 novembre, et le 20 février 1964, un cessez-le-feu définitif est déclaré.

Entre 1971 et 1972, le gouvernement d'Hassan II est secoué par plusieurs tentatives de coups d'état militaires qui échoueront toutes.

Pendant son règne, Hassan II fait expatrier toutes les troupes étrangères du Maroc, dont les colons français à qui appartenaient de grandes terres agricoles, et lutte pour que le Maroc récupère toutes ses régions colonisées. *La Marche Verte* qui a lieu en novembre 1975 en est un exemple. Le 6 novembre 1975, Hassan II mobilise 350 000 civils marocains—chacun muni du Coran et d'un drapeau marocain—pour une marche pacifique vers le Sahara occidental. Le but est de mettre fin à l'occupation espagnole de ce territoire. Le 14 novembre 1975, l'Espagne, le Maroc et la Mauritanie signent à Madrid les *accords de Madrid*. L'Espagne se retire du Sahara occidental et le territoire est divisé entre le Maroc et la Mauritanie.

Sa majesté le Roi Hassan II, afin d'apporter un aspect plus démocratique au Royaume du Maroc, crée des conseils communaux, municipaux ainsi que ruraux. En outre, il fait élire un Parlement.

Malheureusement, entre 1980 et 1990 de grands troubles sociaux marquent le pays. La pauvreté pousse la population à provoquer des émeutes en 1981 à Casablanca et en 1984 à Marrakech.

Le 23 juillet 1999, le Roi Hassan II, né en 1929, décède. Mohammed VI accède au trône et devient Roi du Maroc.

Au XXIème siècle, le Maroc est confronté à de nombreux problèmes dont le « printemps arabe », ou manifestations en 2011. Une nouvelle constitution est acceptée par référendum. Abdel-Ilah Benkiran est élu Premier ministre.

LITTÉRATURE

Tahar Ben Jelloun (1944, Fès)

Ecrivain et poète de langue française, né dans la ville marocaine de Fès le 1ᵉʳ décembre 1944. Il reçoit une éducation élémentaire bilingue, français-arabe, puis continue ses études au lycée français de Tanger. Il étudie la philosophie à l'université Mohammed V de Rabat puis devient professeur. En 1971, une loi est décrétée au Maroc stipulant que la philosophie ne peut être enseignée qu'en arabe ; Ben Jelloun se rend donc en France. Installé à Paris, il poursuit un doctorat en psychiatrie sociale et obtient son diplôme en 1975. En 1972, il commence à écrire des articles pour le journal *Le Monde*. En 1985, il publie ses romans les plus célèbres, *L'enfant de sable* (1985) et *La nuit sacrée* (Prix Goncourt 1987), qui seront traduits en quarante-trois langues. Marié et père de famille, il écrit également des textes à caractère pédagogique dont *Le racisme expliqué à ma fille* (1997) et

Œuvres littéraires

Les cicatrices du soleil (1972)

Hommes sous linceul de silence (1971)

Harrouda (1973)

La réclusion solitaire (1976)

Les amandiers sont morts de leurs blessures, poèmes (1976)

La mémoire future, Anthologie de la nouvelle poésie du Maroc (1976)

La plus haute des solitudes (1977)

Moha le fou, Moha le sage (1978)

À l'insu du souvenir, poèmes (1980)

La prière de l'absent (1981)

L'écrivain public (1983)

Hospitalité française (1984)

La fiancée de l'eau, théâtre (1984)

L'enfant de sable (1985)

La nuit sacrée (1987)

Jour de silence à Tanger (1990)

Les yeux baissés (1991)

Alberto Giacometti (1991)

La remontée des cendres, poèmes (1991)

L'ange aveugle (1992)

Éloge de l'amitié (1994)

L'homme rompu (1994)

La soudure fraternelle (1994)

Poésie complète (1995)

Le premier amour est toujours le dernier (1995)

Les raisins de la galère (1996)

La nuit de l'erreur (1997)

Le racisme expliqué à ma fille (1997)

L'auberge des pauvres (1997)

Cette aveuglante absence de lumière (2001)

L'Islam expliqué aux enfants (2002)

Amours sorcières (2003)

Le dernier ami (2004)

La belle au bois dormant (2004)

Partir (2006)

Yemma (2007)

L'école perdue (2007)

Sur ma mère (2008)

L'Islam expliqué aux enfants (2002) après la tragédie du 11 Septembre 2001 qui a frappé les Etats-Unis. Il vit actuellement à Paris avec sa femme et ses trois enfants.

Avant de lire

A la maison (recherche à l'aide de l'internet, de l'encyclopédie, etc.)

1. Informez-vous sur les règles concernant les contacts entre les hommes et les femmes au Maroc au XXIème siècle. Concentrez-vous particulièrement sur les règles mises en place à la Mosquée, à l'école et dans des contextes divers au quotidien.

2. Informez-vous sur les lois de succession au Maroc au XXIème siècle. Qui hérite des biens du père dans une famille qui n'a pas d'héritier mâle ?

Parlons un peu

1. Avez-vous beaucoup de frères et sœurs ? Vos parents ont-ils souhaité avoir un garçon ou une fille ? Etait-ce primordial pour eux ou était-ce un simple souhait ?

2. Si vous avez des frères ou des sœurs, vos parents vous ont-ils élevés avec les mêmes valeurs ou étaient-ils différents avec vous selon votre sexe ? (Si vous êtes enfant unique, servez-vous de vos cousins ou cousines comme points de référence).

Mots difficiles

s'acharner   *to persevere*
acquiescer   *to approve*
bouleverser   *to change, to turn upside down*
la contestation   *appeal, challenge*
le deuil   *mourning, grief*
la fidélité   *loyalty, faithfulness*
inébranlable   *unshakeable, unwavering*
l'infirmité   *disability*
à l'insu de: *without knowing it*
lancer un défi à quelqu'un   *to challenge someone*

le navire   *ship*
obéissant   *obedient*
le rapace   *bird of prey*
reprocher   *quelque chose à quelqu'un: to hold something against someone*
répudier   *to repudiate (one's wife)*
saccager   *to devastate, to wreck*
la sage-femme   *midwife*
sans recours   *with no way out*
souffler   *to whisper*

Activités de vocabulaire

1. Reliez chaque mot à son synonyme

   ___ le deuil   a. rejeter sa femme
   ___ saccager   b. sans le savoir
   ___ répudier   c. s'obstiner à, persévérer
   ___ le rapace   d. la douleur
   ___ à l'insu de   e. dispute, opposition, querelle
   ___ s'acharner   f. handicap
   ___ inébranlable   g. dévaster
   ___ l'infirmité   h. le vautour
   ___ la contestation   i. ferme, résolu

2. Ecrivez une phrase pour chaque mot ci-dessous.

   acquiescer   bouleverser   le navire obéissant   sans recours   reprocher

3. Entourez **l'antonyme** de chaque mot.

   bouleverser   a. chambouler   b. tranquilliser   c. affecter   d. retourner
   acquiescer   a. nier   b. accepter   c. donner son   d. agréer
                                                           consentement
   saccager   a. piller   b. abîmer   c. dégrader   d. construire
   inébranlable   a. inattaquable   b. indestructible   c. fragile   d. permanent
   obéissant   a. discipliné   b. docile   c. sage   d. insoumis

L'enfant de sable

Tahar Ben Jelloun

Son idée était simple, difficile à réaliser, à maintenir dans toute sa force: l'enfant à naître sera un mâle même si c'est une fille! C'était cela sa décision, une détermination **inébranlable**, une fixation **sans recours**. Il appela un soir son épouse enceinte, s'enferma avec elle dans une chambre à la terrasse et lui dit sur un ton ferme et solennel: « Notre vie n'a été jusqu'à présent qu'une attente stupide, **une contestation** verbale de la fatalité. Notre malchance, pour ne pas dire notre malheur, ne dépend pas de nous. Tu es une femme de bien, épouse soumise, **obéissante**, mais, au bout de ta septième fille, j'ai compris que tu portes en toi une **infirmité**: ton ventre ne peut concevoir d'enfant mâle; il est fait de telle sorte qu'il ne donnera—à perpétuité—que des femelles. Tu n'y peux rien. Ça doit être une malformation, un manque d'hospitalité qui se manifeste naturellement et à **ton insu** à chaque fois que la graine que tu portes

Honneurs

Prix de l'Amitié Franco-Arabe (1976) pour *Les amandiers sont morts de leurs blessures*
Prix de l'Association des Bibliothécaires de France et de Radio Monte-Carlo (1978) pour *Moha le Fou, Moha le Sage*
Chevalier des Arts et des Lettres (1983)
Prix Goncourt (1987) pour *La nuit sacrée*
Chevalier de la Légion d'Honneur (1988)
Prix des Hémisphères (1991) pour *Les yeux baissés*

Prix Ulysse (2005)

La Croix de Grand Officier de la Légion d'honneur (1er février 2008)

Prix international de poésie « Argana » (2010)

Prix de la paix Erich-Maria Remarque pour son essai *L'étincelle. Révolte dans les pays arabes* (2011)

Promu Commandeur de l'Ordre national du Mérite (2012)

en toi risque de donner un garçon. Je ne peux pas t'en vouloir. Je suis un homme de bien. Je ne te **répudierai** pas et je ne prendrai pas une deuxième femme. Moi aussi je **m'acharne** sur ce ventre malade. Je veux être celui qui le guérit, celui qui bouleverse sa logique et ses habitudes. Je lui ai **lancé un défi**: il me donnera un garçon. Mon honneur sera enfin réhabilité; ma fierté affichée; et le rouge inondera mon visage, celui enfin d'un homme, un père qui pourra mourir en paix empêchant par-là ses **rapaces** de frères de **saccager** sa fortune et de vous laisser dans le manque. J'ai été patient avec toi. Nous avons fait le tour du pays pour sortir de l'impasse. Même quand en colère, je me retenais pour ne pas être violent. Bien sûr tu peux me **reprocher** de ne pas être tendre avec tes filles. Elles sont à toi. Je leur ai donné mon nom. Je ne peux leur donner mon affection parce que je ne les ai jamais désirées. Elles sont toutes arrivées par erreur, à la place de ce garçon tant attendu. Tu comprends pourquoi j'ai fini par ne plus les voir ni m'inquiéter de leur sort. Elles ont grandi avec toi. Savent-elles au moins qu'elles n'ont pas de père? Ou que leur père n'est qu'un fantôme blessé, profondément contrarié? Leur naissance a été pour moi un **deuil**. Alors j'ai décidé que la huitième naissance serait une fête, la plus grande des cérémonies, une joie qui durerait sept jours et sept nuits. Tu seras une mère, une vraie mère, tu seras une princesse, car tu auras accouché d'un garçon. L'enfant que tu mettras au monde sera un mâle, ce sera un homme, il s'appellera Ahmed même si c'est une fille! J'ai tout arrangé, j'ai tout prévu. On fera venir Lalla Radhia, la vieille **sage-femme**; elle en a pour un an ou deux, et puis je lui donnerai l'argent qu'il faut pour qu'elle garde le secret. Je lui ai déjà parlé et elle m'a même dit qu'elle avait eu cette idée. Nous sommes vite tombés d'accord. Toi, bien entendu, tu seras le puits et la tombe de ce secret. Ton bonheur et même ta vie en dépendront. Cet enfant sera accueilli en homme qui va illuminer de sa présence cette maison terne, il sera élevé selon la tradition réservée aux mâles, et bien sûr il gouvernera et vous protègera après ma mort. Nous serons que deux, Lalla Radhia est déjà sénile et elle ne tardera pas à nous quitter, puis tu seras la seule, puisque, moi, j'ai vingt ans de plus que toi et que de toute façon je m'en irai avant toi. Ahmed restera seul et règnera sur cette maison de femmes. Nous allons sceller le pacte du secret: donne-moi ta main droite; que nos doigts se croisent et portons ces deux mains unies a notre bouche, puis à notre front. Puis jurons-nous **fidélité** jusqu'à la mort! Faisons à présent nos ablutions. Nous célèbrerons une prière et sur le Coran ouvert nous jurerons. »

Ainsi le pacte fut scellé! La femme ne pouvait qu'**acquiescer**. Elle obéit à son mari, comme d'habitude, mais se sentit cette fois-ci concernée par une action commune. Elle était enfin dans une complicité avec son époux. Sa vie allait avoir un sens; elle était embarquée dans **le navire** de l'énigme qui allait voguer sur des mers lointaines et insoupçonnées.

Et le grand jour, le jour de la naissance vint. La femme gardait un petit espoir: peut-être que le destin allait enfin lui donner une vraie joie, qu'il allait rendre inutiles les intrigues. Hélas! Le destin était fidèle et têtu. Lalla Radhia était à la maison depuis le lundi. Elle préparait avec beaucoup de soins cet accouchement. Elle savait qu'il serait exceptionnel et peut-être le dernier de sa longue carrière. Les filles ne comprenaient pas pourquoi tout le monde s'agitait. Lalla Radhia leur **souffla** que c'était un mâle qui allait naître. Elle disait que son intuition ne l'avait jamais trahie, ce sont là des choses incontrôlables par la raison; elle sentait qu'à la manière dont cet enfant bougeait dans le ventre de sa mère, ce ne pouvait être qu'un garçon. Il donnait des coups avec la brutalité qui caractérise le mâle! Les filles étaient perplexes. Une telle naissance allait tout **bouleverser** dans cette famille. Elles se regardèrent sans dire un mot. De toute façon leur vie n'avait rien d'excitant. Peut-être qu'un frère saurait les aimer! Le bruit courait déjà dans le quartier et le reste de la famille: Hadj Ahmed va avoir un garçon…

Questions de compréhension

1. Qui est le narrateur? A qui s'adresse-t-il?

2. Pourquoi le père ne peut-il pas donner son affection à ses filles?

3. Combien de filles a-t-il?

4. Quelle est la raison pour laquelle le père veut un fils à tout prix?

5. Pourquoi la femme sera finalement « une vraie mère, une princesse »?

6. Comment s'appellera le garçon?

7. Que se passera-t-il si l'enfant à naître est une fille?

8. Qui est Lalla Radhia? Pourquoi le père va-t-il la payer si nécessaire?

9. « Ainsi le pacte fut scellé!» expliquez la raison des propos du père de famille.

10. Décrivez la préparation de la naissance. Le père va-t-il avoir un fils ou une fille?

11. Combien de jours la célébration de la naissance va-t-elle durer?

12. Qui est Hadj Ahmed?

13. Quelle est la grande nouvelle qui court dans le quartier?

Questions d'interprétation

1. Expliquez « Notre vie n'a été jusqu'à présent qu'une attente stupide, une contestation verbale de la fatalité. » Pourquoi le narrateur décrit-il sa vie de cette façon?

2. Pourquoi le père de famille se décrit-il comme « un fantôme blessé, profondément contrarié »?

3. Dans la première partie du texte, l'homme s'adresse directement à son épouse. Quel effet cette technique de narration a-t-elle?

4. Pourquoi, selon vous, la voix narrative change-t-elle après que « le pacte » est « scellé » ?

5. Tous les personnages ont un nom sauf les sept filles et l'épouse de Hadj Ahmed. Pensez-vous que l'omission du patronyme de la mère et de ses filles soit voulue et intentionnelle ? Justifiez votre réponse.

6. Comment le père de famille explique-t-il à son épouse la raison pour laquelle elle ne peut avoir que des filles ? Selon lui, que se passe-t-il dans le ventre de son épouse ?

Questions de discussion

1. Discutez en groupe vos impressions après avoir lu ce texte. D'après vous, le désir obsessionnel d'Ahmed d'avoir un fils est-il justifié ?

2. Selon ce texte, quelle valeur est donnée à la femme dans la société ?

3. Quelles difficultés la huitième fille d'Ahmed va-t-elle avoir en tant qu'homme dans la société marocaine ?

4. Quelles peuvent être les conséquences pour « Ahmed », ses parents et ses sœurs si son secret est révélé ?

5. Dans le contexte de l'Islam, les femmes et les hommes ont-ils le droit de prier ensemble à la Mosquée (cherchez la réponse sur internet, si nécessaire) ?

6. Selon vous, l'identité sexuelle d'une personne vient-elle de son éducation sociale ou cette identité a-t-elle une origine biologique ?

Expression écrite

Ahmed a dix-huit ans. Elle écrit une lettre à son père en lui expliquant combien sa vie est difficile : Ahmed est une femme mais elle doit vivre comme un homme. Que va-t-elle faire quand elle va devoir se marier et avoir des enfants ? Quelles seront les conséquences sociales de son identité cachée ? Va-t-elle être punie par la société ?

FILM

Rachid Bouchareb (1953, Paris)

Né à Paris en 1953, scénariste et cinéaste français d'origine algérienne, il explore dans ses productions les thèmes de l'immigration, du déracinement et de la double identité culturelle. Avant sa carrière dans le cinéma, il est assistant de mise en scène à la télévision entre 1977 et 1984. En 1988, avec son associé Jean Bréhat, il crée le studio de production 3B.

Son film *Indigènes* remporte les Étoiles d'or du cinéma français et le César du meilleur scénario original 2007. Les acteurs Sami Bouajila, Jamel Debbouze, Samy Naceri, Roschdy Zem et Bernard Blancan reçoivent tous le Prix d'interprétation masculine au Festival de Cannes 2006.

Indigènes

Rachid Bouchareb

Indigènes nous emmène au printemps 1943 en Afrique du Nord quelques mois après le débarquement des troupes anglo-américaines[1]. *Pendant cette période historique, la France recrute des soldats algériens et marocains afin de créer une armée. A travers quatre personnages originaires de l'Algérie et du Maroc—le Caporal Abdelkader, Saïd, Messaoud et Yassir—Bouchareb expose le rôle important des troupes nord-africaines dans l'armée française. Dans ce film, nous sommes témoins de leur lutte héroïque pour la libération de l'Italie, des Vosges et de l'Alsace. De même, le scénariste dénonce les injustices envers les troupes africaines en tant que combattants et anciens combattants.*

Films

Bâton rouge (1985)

Cheb (1991)

Poussières de vie (1994)

L'honneur de ma famille (1997)

Little Senegal (2000)

Indigènes (2006)

L'ami y'a bon (2009)

London River (2009)

Hors-la-loi (2010)

Just Like a Woman (2012)

La voie de l'ennemi (2014)

Honneurs

Poussières de vie: nommé à l'Oscar du meilleur film étranger avec en 1995.

Little Senegal: est nommé pour l'Ours d'or de Berlin en 2001 et reçoit le prix du meilleur long métrage au 11e Festival du cinéma africain de Milan en 2001.

Indigènes: prix d'interprétation collectif à Cannes 2006.

En 2006, Bouchareb reçoit un Oscar pour son travail de scénariste pour *Indigènes*.

En avril 2007, il est nommé Chevalier de la Légion d'Honneur par le Président Jacques Chirac.

---

1. Le 8 novembre 1942, les alliés anglo-américains débarquent en Afrique du Nord. C'est l'opération « Torch ».

Avant de visionner

A la maison (recherche à l'aide de l'internet, de l'encyclopédie, etc.)

1. Regardez l'affiche du film sur le site http://www.hackettpublishing.com/la-culture -francophone-title-support-page. D'après l'uniforme que portent les personnages, de quelle guerre s'agit-il? Que savez-vous sur cette guerre?

2. Le film s'intitule *Indigènes*. Qu'est-ce qu'un « indigène »? Cherchez la signification de ce mot dans le contexte de la deuxième guerre mondiale en France.

3. Que savez-vous sur la colonisation française de l'Algérie, du Maroc et du Sénégal? Cherchez la date du début et de la fin de la colonisation par la France de ces trois pays.

4. Savez-vous que des soldats algériens, marocains et sénégalais ont lutté héroïquement pour la France pendant la seconde guerre mondiale? On les appelait les « tirailleurs ». Que pensez-vous de cette contribution coloniale? Pensez-vous que cela soit juste que la France se serve de ses colonies pour lutter contre ses ennemis (l'Allemagne)?

Vocabulaire

Cherchez les mots et expressions suivantes et écrivez leur équivalent en anglais.

l'ancien combattant :

les boches :

le bougnoule :

le coût de la vie :

Inch'Allah :

monter en grade :

la pension :

la permission :

les pieds-noirs :

porter plainte :

le pouvoir d'achat :

le tiers :

Parlons un peu

1. Aimez-vous les films de guerre? Si oui, quel est votre film de guerre préféré? Sinon, pourquoi?

2. Aimez-vous les films historiques? A votre avis, quel est le but d'un film historique?

Activités (après visionnement)

Les personnages

1. Voici la description de quelques personnages d'*Indigènes*. Reliez chaque personnage à sa description.

   _____ Saïd
   _____ Yassir
   _____ Messaoud
   _____ Le sergent Roger Martinez
   _____ Caporal Abdelkader
   _____ Larbi

   a. Le frère de Yassir
   b. Il sait lire. Il veut s'instruire et monter en grade.
   c. Il est toujours aux côtés du Sergent Martinez.
   d. Il parle peu. C'est le frère aîné de Larbi.
   e. C'est le meilleur tireur de tous. Il est amoureux d'Irène.
   f. Il cache le fait que sa mère soit arabe.

2. Les personnages et leurs émotions. Ecrivez le nom de chaque personnage et choisissez quelles émotions (vous pouvez en choisir plusieurs) il ressent.

Personnage: _____
Emotions: a. bonheur   b. fierté   c. peur   d. chagrin   e. défi   f. colère
          g. espoir

Personnages: _____
Emotions: a. bonheur   b. fierté   c. peur   d. chagrin   e. défi   f. colère
        g. espoir

Personnages: _____
Emotions: a. bonheur   b. fierté   c. peur   d. chagrin   e. défi   f. colère
        g. espoir

Personnages: _____
Emotions: a. bonheur   b. fierté   c. peur   d. chagrin   e. défi   f. colère
        g. espoir

3. Qui dit quoi? *Indiquez avec une lettre de l'alphabet l'interlocuteur de chaque phrase :*

Saïd (a) ; Yassir (b) ; Messaoud (c) ; Le sergent Roger Martinez (d) ; Caporal Abdelkader (e)

« J'ai le droit de vie ou de mort sur vous tous. » _____

« Caporal, tu as peur? » _____

« Laisse! Touche pas! C'est un péché. Je le jure sur Dieu! » _____

« Mon capitaine, avec nos frères d'armes français, on combat sous le même drapeau, sur le même terrain, face au même ennemi. Il faut partager les tomates aussi. Les balles allemandes ne font pas de différence mon capitaine. » _____

« Caporal. Parle-moi franchement. On va s'en sortir? » _____

« Les Français ils ont des permissions et nous rien! C'est normal ça? » _____

« Je me battrai avec toute ma personne mon colonel, comme je l'ai toujours fait. » _____

« C'est toi qui commande maintenant. A toi de décider. » _____

4. Analyse des personnages:

Saïd:
1. Pourquoi s'engage-t-il dans l'armée?

2. Quelle est sa relation avec le Sergent Martinez?

3. Pourquoi devient-il le servant du Sergent Martinez?

4. Change-t-il à la fin du film?

Le Sergent Martinez:
1. Lorsque Saïd ouvre la poche de la chemise du Sergent, il trouve une photo de sa mère. Que découvre Saïd?

2. Pourquoi le Sergent ne veut-il pas que les soldats sous sa commande connaissent son secret?

Le Caporal Abdelkader:
1. Pourquoi le Caporal Abdelkader s'engage-t-il dans l'armée?

2. Pourquoi peut-on dire que le caporal est différent des autres hommes?

3. Quelles ambitions a-t-il?

Messaoud:
1. Pourquoi s'engage-t-il dans l'armée?

2. Quelles aspirations a-t-il?

3. Qu'a-t-il tatoué sur sa poitrine? Est-ce justifié? Expliquez votre réponse.

Yassir :

1. Pourquoi s'engage-t-il dans l'armée ?

2. Décrivez sa personnalité.

Questions de compréhension

1. **Le chant des Africains**

    Au début du film, les tirailleurs algériens, marocains et sénégalais chantent « Le chant des Africains. » Visitez le site http://www.fncv.com/biblio/musiques/chants _14-18/chant_africains/index.html pour en savoir plus. Comment réagissez-vous face aux paroles de cette chanson ? Justifier votre réponse.

2. **Des tomates pour tout le monde**

    Que se passe-t-il dans le bateau avec les tomates ? Quel rôle le Caporal Abdelkader joue-il dans cette scène ? Comment le problème se résout-il ?

3. **Le patriotisme**

    Juste avant l'incident avec les tomates, nous voyons les tirailleurs exprimer le désir de lutter pour « la mère Patrie », c'est-à-dire la France. Comparez la détermination patriotique des tirailleurs avec l'incident des tomates dans le bateau.

4. **L'Italie**

    Lors de la première bataille contre les troupes allemandes qui occupent une montagne en Italie, beaucoup de soldats africains meurent. Lorsque la presse de guerre demande au Colonel français de commenter, il répond que cette bataille est une grande victoire pour les forces françaises. Que pensez-vous des propos du Colonel ?

5. **La permission**

    Que se passe-t-il avec la permission des tirailleurs marocains, sénégalais et algériens quand ils sont dans les Vosges ? Est-ce que les soldats français reçoivent le même traitement ? Justifier votre réponse avec des détails précis.

6. **L'amour interdit**

    Expliquez en détail pourquoi est-ce que Messaoud et Irène ne reçoivent pas les lettres qu'ils s'écrivent.

7. **Le village des Vosges**

Pourquoi, pendant l'attaque des Allemands dans le village, Saïd va-t-il chercher le sergent Martinez?

8. **La libération du village**

Décrivez le moment où un journaliste photographie des villageois avec des troupes françaises et déclare que « les soldats français libèrent l'Alsace » alors que le Caporal Abdelkader les regarde. Quelle expression le Caporal a-t-il? Selon vous, quels sont ses sentiments? Pourquoi ressent-il cela?

Questions de discussion

1. *La loi de « Cristallisation » du 26 décembre 1959. En 1960, pratiquement toutes les anciennes colonies françaises sont désormais des nations indépendantes. Le 26 décembre 1959, le gouvernement français décide de geler toutes les pensions versées aux soldats des anciennes colonies qui se sont battus pour la France. Les anciens combattants du Maghreb et d'Afrique subsaharienne se retrouvent donc dans une situation inégalitaire et injuste vis-à-vis des anciens combattants français qui eux continuent à recevoir leur pension.*

   Dans le film *Indigènes*, les conséquences de la loi de « Cristallisation » du 26 décembre 1959 sont très apparentes. Observez la dernière scène du film qui a lieu 60 ans plus tard. Qui est le seul des quatre hommes à avoir survécu? Dans quel type de logement habite-t-il maintenant? Est-il riche ou pauvre? Répondez aux questions avec des détails précis.

2. *En 1996, **Amadou Diop**, un ex combattant sénégalais, porte plainte contre le gouvernement français. Il réclame sa pension, que lui et 80 0000 anciens combattants n'ont jamais reçue de la part du gouvernement. Le 27 septembre 2006, à l'occasion de la première du film « Indigènes », le gouvernement français annonce la « décristallisation »: les anciens combattants des anciennes colonies recevront désormais une pension. Les anciens combattants résidant dans un pays autre que la France reçoivent une somme calculée selon le pouvoir d'achat et le coût de la vie de leur pays respectif. Cependant, les anciens soldats non-français et résidant en France reçoivent la même pension que s'ils vivaient dans leur pays d'origine. Par conséquent, ces anciens combattants ne reçoivent qu'un tiers de la pension que les anciens combattants français reçoivent.*

   Selon vous, la situation pour les anciens combattants des colonies est-elle réglée? Que pensez-vous du fait que leur pension soit calculée en fonction du pouvoir d'achat de leur pays d'origine s'ils vivent en France? Les anciens combattants des anciennes colonies devraient-ils être dédommagés pour les années de pension non payée?

3. *A partir du 1ᵉʳ janvier 2011, les anciens combattants étrangers vivant en France re-çoivent désormais une pension égale aux anciens combattants français. De plus, ils seront remboursés de la différence pour les quatre dernières années; 30 000 anciens combattants y auront droit.*

Que pensez-vous du fait que le gouvernement français ait attendu tant d'années pour mettre en place la« décristallisation »? Selon vous, est-ce que les enfants de ceux qui sont décédés avant que la « décristallisation » ne soit mise en place de-vraient être également dédommagés?

Présentations orales

1. Cherchez des illustrations des troupes nord-africaines pendant la seconde guerre mondiale. Y a-t-il une différence entre les uniformes des soldats français, des sol-dats nord-africains et des Africains? Observez et comparez les uniformes des quatre personnages du film, Saïd, Yassir, Messaoud et le Caporal Abdelkader. Faites une présentation détaillée des différents uniformes portés par les soldats.

2. Les chansons. Faites une présentation détaillée des différentes chansons que les troupes africaines et nord-africaines chantaient. Présentez les paroles accompa-gnées de la musique et analysez le message patriotique et idéologique inclus dans ces chansons.

3. Choisissez un de ces moments historiques, faites une recherche approfondie et préparez une présentation pour vos camarades de classe. Comment pouvez-vous relier ces moments historiques au film *Indigènes*?

   - Opération « Torch », le 8 novembre 1942
   - Le 3 septembre 1943—Italie
   - Le 1ᵉʳ décembre 1944: massacre du camp de Thiaroye au Sé-négal
   - Janvier–début février 1945: libération de l'Alsace

ARTS CULINAIRES

Le tagine

Le tagine est un récipient de cuisson en terre cuite utilisé pour confectionner ce qu'on appelle aussi le tagine, un plat traditionnel berbère d'Afrique du nord de la famille du ragoût. Le plat cuisiné est composé de légumes, de viandes, de poissons, ou de fruits cuits à l'étouffée. La cuisson à l'étouffée est une méthode très saine et digeste de faire cuire les aliments car elle évite l'utilisation de graisse. Comme son nom l'indique, « à l'étouffée », qui vient du verbe « étouffer » signifiant « manquer d'air », est une cuisson à couvercle fermé où les mets cuisent à feu très réduit à la vapeur et mijotent aussi dans leur jus. Le plat de cuisson, le tagine, est spécialement conçu pour la cuisson à l'étouffée grâce à son grand couvercle en forme de dôme qui se place sur une assiette plate de cuisson. Le tagine en terre cuite est conçu pour supporter une haute température de cuisson. Une fois les mets cuits, on retire le couvercle et le ragoût se sert directement dans le plat de cuisson. Celui-ci est présenté aux convives sans couverts car, traditionnellement, les convives se servent

de leurs doigts pour piocher dans le plat. Chaque convive choisit un côté du plat et ne touchera en aucun cas (pour des raisons évidentes d'hygiène) les autres côtés réservés respectivement aux autres convives. Le tagine est très apprécié pour ses épices variées et son mélange de sucré-salé. Le tagine au poulet et aux olives vertes, le tagine d'agneau aux pruneaux ou aux abricots et aux amandes sont très prisés. Les aliments que l'on retrouve le plus souvent dans le tagine sont les fruits secs et confits (raisins, pruneaux, abricots et citrons), le miel, le safran, le paprika, les amandes, les pommes de terre, les oignons, l'ail, les courgettes, les aubergines, le poulet, l'agneau, et les poissons. Pour les Marocains, le tagine est un plat de fête incontournable. Il est convivial, savoureux, et demande beaucoup d'amour et de patience aux cuisiniers! Les Marocains apprécient particulièrement ce plat pendant le Ramadan. Le Ramadan, qu'on orthographie aussi Ramadhan, est une période de jeûne, de recueillement et de prières qui a lieu chaque année au neuvième mois du calendrier musulman et dure pendant un mois, soit un cycle lunaire. Les Musulmans observent le jeûne pendant la journée, et ils se nourrissent au coucher du soleil. A la fin du mois, la fête de l'Aïd al-Fitr, que l'on nomme souvent « la fête de l'Aïd », marque la fin du ramadan et la fin de la période de jeûne. Le tagine est alors au rendez-vous de cette grande fête islamique.

Questions de compréhension

1. Quelles sont les deux significations du mot tagine ?

2. Que veut dire « cuisiner à l'étouffée » ?

3. Pourquoi est-ce que la cuisson du tagine est bonne pour la santé ?

4. Pourquoi n'a-t-on pas besoin de couverts pour manger un tagine ?

5. Quels sont les ingrédients traditionnels du tagine qui contribuent à son goût su-
    cré?

6. Quelles sont les viandes généralement utilisées dans le tagine?

7. Quels légumes peut-on trouver dans ce plat?

8. Qu'est-ce que le Ramadan? Combien de temps est-ce que cela dure? Comment
    appelle-t-on la fête marquant la fin du Ramadan?

La recette du tagine d'agneau aux abricots

Ingrédients
250 grammes d'abricots secs
50 grammes de raisins secs
700 grammes d'agneau
2 oignons
huile d'olive
½ cuillérée de coriandre
1 bâton de cannelle
un morceau de gingembre
4 clous de girofle
poivre
sel

Laissez tremper les abricots dans une jatte d'eau au frigo pendant la
nuit qui précède la cuisson du tagine.

Coupez la viande en petits morceaux.

Epluchez et hachez les oignons.

Faites revenir la viande et les oignons dans un filet d'huile d'olive.

Ajoutez les abricots avec leur jus, ainsi que toutes les épices.

Ajoutez de l'eau pour couvrir le tout.

Recouvrez le tout avec le couvercle et faites cuire à l'étouffée pendant une heure.

A la fin de la cuisson, ajoutez le sel et le poivre.

Servez avec de la semoule de couscous.

MUSIQUE

Le raï

Le raï est un style de musique typique d'Algérie qui a apparu au début du XXème siècle. Bien que ce style musical soit né dans la région de l'Oranie, il est maintenant répandu dans toute l'Algérie et en France. Le mot *raï* signifie « conseil » ou « opinion » et provient de l'époque (vers le XVème siècle) où le Melhoun (poète) chantait ses poèmes à travers lesquels il offrait ses conseils.

Au début du XXème siècle, le *raï* est censuré dû à ses thèmes qui sont en désaccord avec la morale islamique. Au fils des années, de plus en plus d'instruments et de chanteurs se rajoutent au *raï* et le *raï* finit par s'étendre dans toute l'Algérie.

Les années 80 apportent de grands changements dans le *raï*. D'une part, sa fusion avec les styles de rock, pop, funk, reggae et disco et d'autre part l'utilisation des synthétiseurs et des boîtes à rythmes font que ce style de musique, à l'origine régional, s'internationalise désormais. De nombreux chanteurs contribuent à la nationalisation et à l'internationalisation de ce genre musical, notamment Cheb Kader, Cheb Hasni, Cheba Fadila Cheb Khaled et Cheb Mami. Avec l'internationalisation du *raï,* de plus en plus d'artistes mélangent le *raï* avec d'autres genres musicaux, notamment le hip hop et le R&B.

Aujourd'hui en France, le *raï* est un style musical populaire. On l'entend autant à la radio qu'en discothèque.

Les instruments musicaux utilisés dans le *raï* sont:
le bendir
la derbouka
le nay
l'accordéon
le synthétiseur
le violon
la guitare électrique
la guitare basse
la boîte à rythmes

Ecoutez la chanson « **Bakhta** » **de Cheb Khaled** et regardez la vidéo sur le site http://www.hackettpublishing.com/la-culture-francophone-title-support-page.

1. Pouvez-vous comprendre les paroles? Selon vous, en quelle langue cette chanson est-elle chantée?

2. Comment est le rythme de cette chanson? Quels instruments de musique pouvez-vous identifier?

3. Qui apparaît dans la vidéo ? Que font les personnes dans la vidéo ?

4. Aimez-vous cette chanson ? Justifiez votre opinion.

5. Dans quel contexte pourriez-vous écouter cette chanson ?

Ecoutez la chanson « **Nos Couleurs** » **de Cheb Mami** et regardez la vidéo sur le site http://www.hackettpublishing.com/la-culture-francophone-title-support-page.

1. Pouvez-vous comprendre les paroles ? Selon vous, en quelles langues cette chanson est-elle chantée ?

2. Comment est le rythme de cette chanson ? Quels instruments de musique pouvez-vous identifier ?

3. Cette chanson de *raï* est une fusion avec d'autres styles musicaux. Selon vous, quels sont ces styles musicaux ?

4. Qui apparaît dans la vidéo ? Que font les personnes dans la vidéo ?

5. Comparez cette chanson avec « Bakhta » de Cheb Khaled. Pourquoi ces deux chansons sont-elles différentes ? (thème de la chanson, rythme, instruments de musique).

6. Quelle chanson vous plaît le plus ? Justifiez votre opinion.

PERSONNALITÉ PHARE

Mohamed Choukri

Mohamed Choukri, écrivain marocain arabophone d'origine berbère, est né en 1935 dans un petit village du Rif, la région nord montagneuse du Maroc. Quand Chroukri a 6 ans, sa famille quitte la région du Rif pour Tanger afin d'échapper à la famine. Issu d'une famille extrêmement pauvre et d'un père alcoolique violent, Choukri s'enfuit de la résidence familiale à l'âge de onze ans et devient un enfant de la rue à Tanger, survivant grâce à de petits métiers, le vol, et la prostitution. A vingt ans, le jeune analphabète et inculte apprend à lire et à écrire l'arabe avec l'aide d'un ami. Cette initiation à l'alphabétisme est d'autant plus difficile que le jeune homme a grandi dans le rifain, une langue affiliée aux langues berbères de la région du Rif. A la suite de cette initiation, Choukri s'inscrit à l'école primaire à Larache, une ville au nord du Maroc, et rattrape très rapidement le parcours scolaire qu'il aurait dû suivre étant enfant. Diplômé de l'Ecole Normale (l'école formant les enseignants), Choukri devient instituteur. De retour à Tanger, Choukri s'initie à l'écriture en arabe. Le Tanger des années 60 est un moment particulier de l'histoire de la littérature ; nous y trouvons tout à la fois Tennessee Williams, Jean Genet et Paul Bowles, trois grands écrivains que Choukri a l'honneur de fréquenter. Ce sera d'ailleurs Paul Bowles, le fameux auteur, compositeur, et traducteur américain expatrié à Tanger qui traduira de l'arabe à l'anglais le premier roman autobiographique de Choukri, *For Bread Alone* en 1973. Le livre, dont le titre original en arabe est *Al-Khubz Al-Hafi*, raconte l'enfance de son auteur : de l'extrême pauvreté familiale et de la violence du père (l'auteur accuse même son père d'avoir tué un de ses frères lors d'une dispute) ; à sa fugue définitive dans les rues de Tanger, jusqu'à l'initiation à l'écriture et à la lecture à l'âge de vingt ans. Le livre est d'une honnêteté et d'une pureté brutale. On peut sentir la faim extrême de Choukri qui l'a poussé, dans les pires moments de sa vie, à se nourrir dans les poubelles. Mêlant les thèmes de la faim, de la prostitution, de la sexualité, de l'homosexualité, des drogues mais aussi de la survie et la réussite, le livre est une bombe littéraire qui a reçu un succès immédiat dans sa traduction anglaise. Le livre fut cependant censuré au Maroc jusqu'en 2000. *Al-Khubz Al-Hafi* fut traduit en français, *Le pain nu*, en 1980 par Tahar Ben Jelloun, le grand écrivain marocain francophone, auteur de *La nuit sacrée* et de *L'enfant de sable*. Bien que sordide, la vie de Choukri est relatée avec une telle simplicité et nudité que le texte en devient unique dans sa force. *Le pain nu* est considéré aujourd'hui comme un classique de la littérature marocaine.

Le pain nu est le premier volume d'une trilogie autobiographique ; il est suivi de *Le temps des erreurs ou la sagesse de la vie*, puis de *Visages*. Choukri a aussi publié des œuvres sur ses rencontres avec les auteurs célèbres qu'il a fréquentés à Tanger (Genet, Williams, Bowles). Choukri est mort d'un cancer en 2003 à Rabat. Avant sa mort, il a créé la Fondation Mohamed Choukri qui détient les droits des archives et des manuscrits. A sa mort, Choukri lègue une pension à vie à sa domestique qui fut à son service pendant plus de vingt ans. Choukri est évidemment un personnage complexe, controversé mais il offre aussi une belle histoire de triomphe dans l'adversité. En cinq ans, il est passé de l'analphabète s'inscrivant à l'école primaire, à l'écriture de poèmes et de nouvelles. L'écrivain est né dans la misère la plus extrême mais il fut inhumé en présence du premier ministre de la culture et des hauts fonctionnaires du Maroc. Vagabond, prostitué, autodidacte, canon de la littérature, Mohamed Choukri est un miraculé de la vie et un auteur à ne pas manquer.

Questions de compréhension

1. Pourquoi est-ce que la famille de Choukri a quitté le Rif ?

2. A quel âge est-ce que Choukri s'est échappé de chez ses parents ?

3. Comment a-t-il survécu dans la rue ?

4. A quel âge a-t-il appris à lire et à écrire ?

5. Qui a traduit son premier livre autobiographique en anglais ? Et en français ?

6. D'après vous, pourquoi est-ce que le livre de Choukri (en français *Le pain nu*) a été censuré au Maroc ?

7. Pourquoi est-ce que Choukri est un « miraculé de la vie » ?

Et vous ?

1. Choukri a écrit *Le pain nu* en arabe, un mélange d'arabe standard et d'arabe littéraire. Vu les thèmes abordés dans le livre (insultes portées sur la mère, alcoolisme et violence du père, sexualité, prostitution, homosexualité, etc.), l'utilisation de l'arabe comme langue d'écriture est d'autant plus un sacrilège contre les valeurs du Maroc et la religion musulmane.

Pensez-vous que tout peut être raconté en littérature ou pensez-vous qu'un écrivain devrait respecter les valeurs et les tabous du peuple qu'il représente dans son livre ?

2. Choukri a appris à écrire grâce à cette personne qui a changé sa vie. Pensez à un événement ou à une personne qui a changé la direction que votre vie prenait. Racontez ce changement, même si celui-ci est minime, mais significatif.

L'AMÉRIQUE

LES PETITES ET GRANDES ANTILLES

La Guadeloupe

Sa géographie

La Guadeloupe, située dans les Petites Antilles, a une superficie de 1 780 km². Elle forme un archipel comprenant plusieurs îles. L'île principale, la Guadeloupe, a la forme d'un papillon avec deux terres distinctes: dans son « aile » de l'est, la Grande-Terre et dans son « aile » de l'ouest, la Basse-Terre. Les autres petites îles qui font partie de l'archipel guadeloupéen sont les Saintes, Marie-Galante, Petite-Terre et la Désirade. Au sud de la Guadeloupe, se trouve la Dominique, une île du Commonwealth de langue anglaise. Ile volcanique similaire à la Martinique, le volcan actif de « la Soufrière » est son plus haut sommet (1 467 mètres).

Depuis 1946, la Guadeloupe est un département français d'outre-mer (DOM). Bien que son drapeau officiel soit le tricolore français, il est également important de noter que la Guadeloupe a son propre drapeau: bicolore, rouge et vert avec une étoile jaune.

Origine de son nom

Lorsque Christophe Colomb débarque sur cette nouvelle île des Caraïbes, il la nomme « Guadalupe » en l'honneur de la sainte espagnole *Guadalupe* de la province de Cáceres en Extremadura.

Un peu d'histoire

Les premiers peuples

Avant le débarquement de Christophe Colomb le 3 novembre 1493, la Guadeloupe était initialement peuplée par les Arawaks, un peuple amérindien venu du Venezuela, et puis par les Caraïbes (aussi Caribes ou Karibs). Les Caraïbes furent décimés vingt ans après la colonisation française de la Guadeloupe qui commença en 1635.

La colonisation française

Les Espagnols, plus intéressés par les Grandes Antilles, laissent les Petites Antilles aux Français.

Le 28 juin 1635

- Deux Français, Liénard de L'Olive et Duplessis d'Ossonville, autorisés et soutenus par Le Cardinal de Richelieu, débarquent en Guadeloupe. Ils en prennent possession et commencent une guerre sanglante contre le peuple autochtone, les Caraïbes. Cette guerre s'achève en 1639. Les Amérindiens sont décimés par les attaques belliqueuses françaises, ainsi que par de nouveaux virus que les Européens amènent avec eux.

De 1643 à 1664

- Charles Houël est nommé gouverneur de la Guadeloupe.
- Avec la culture de la canne à sucre qui devient de plus en plus importante en Guadeloupe, les Français commencent une traite d'esclaves africains qui durera 200 ans.

De 1685 à 1848

- En 1685 le *Code Noir* est écrit par le ministre Jean-Baptiste Colbert et est proclamé par Louis XIV ; il restera en place jusqu'à l'abolition de l'esclavage en 1848. Ce code a le but de réglementer l'esclavage des noirs dans les colonies d'Amérique. Dans le *Code Noir*, il est écrit que chaque esclave doit être baptisé dans la religion catholique et qu'aucune autre forme de religion n'est acceptée. Aucun maître d'esclaves ne doit promulguer sa religion, protestante ou autre. *Le Code Noir* est rarement respecté.

Entre 1691 et 1816

- Entre 1691 et 1816, la France et l'Angleterre sont en guerre pour s'approprier la Guadeloupe. La Guadeloupe passe constamment des mains des Français à celles des Anglais.
- En juillet 1816, la France s'approprie la Guadeloupe.

Le chemin difficile vers l'abolition de l'esclavage

- En 1789, les dirigeants de la révolution française ordonnent l'abolition de l'esclavage. Cependant, le gouverneur et l'assemblée de la Guadeloupe s'y opposent. La France envoie une expédition menée par le commandant Victor Hugues pour s'assurer que l'esclavage soit bien aboli en Guadeloupe. Entre 1794 et 1798, Hugues fait régner la terreur sur l'île en faisant guillotiner les grands propriétaires blancs. Il est rappelé en France en 1798.

- En 1802, l'esclavage est rétabli par Napoléon Bonaparte.
- Le 27 avril 1848, l'alsacien Victor Schoelcher publie *Le décret d'abolition de l'esclavage*, ce qui un mois plus tard, le 27 mai 1848, accorde la liberté aux esclaves de Guadeloupe.
- Le *Code de l'indigénat* (imposé de 1887 à 1946) continue la discrimination contre les populations afro-antillaises en donnant tout le pouvoir aux Békés.

La départementalisation

- Le 19 mars 1946, la Guadeloupe devient un département français d'outre-mer (DOM) (ainsi que la Réunion, la Guadeloupe, la Martinique et la Guyane française).
- Aujourd'hui les conditions de vie restent très difficiles pour les Guadeloupéens. Un taux très élevé de chômage, un coût de vie très cher (*la vie chère*) et l'inégalité socio-économique entre habitants de race noire et békés sont des problèmes auxquels les habitants de cette île antillaise doivent faire face quotidiennement.

La Martinique

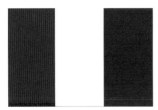

Sa géographie

La Martinique, d'une superficie de 1.128 km², est située dans l'archipel des Petites Antilles, dans la mer des Caraïbes. L'île se trouve à approximativement 150 km au sud de la Guadeloupe. La Martinique comporte des massifs montagneux importants, dont la Montagne Pelée (1 397m) qui est un volcan encore actif. Au centre du pays, on y trouve une plaine, le Lamentin. Le recensement de 2010 indique une population de 402 000 habitants. Les principales villes sont Fort-de-France (la capitale), Le Lamentin, Le Robert et Schoelcher.

Un peu d'histoire

Les premiers peuples

La Martinique fut peuplée par les Arawaks, un peuple amérindien venu du Venezuela, et puis par les Caraïbes (aussi Caribes ou Karibs). En 295, l'éruption volcanique de la Montagne Pelée décima la population Arawak. Enfin, vers 400, les Arawaks reviennent sur l'île. Vers 600, les Caraïbes s'installent également sur l'île. Ils la baptisent *Jouanacaera*, « l'île aux iguanes ».

Premiers contacts avec les Européens et origine de son nom

Lors de son quatrième voyage, Christophe Colomb débarque sur l'île le 15 juin 1502, le jour de la Saint-Martin. Il la baptise *Madinina*, « l'île aux fleurs » et puis *Martinica*. Il ne porte pas d'intérêt à la colonisation de cette île à cause des Caraïbes, un peuple guerrier et présumé cannibale qui occupe son territoire.

La colonisation française

Le 1er septembre 1635

- Pierre Belain d'Esnambuc débarque en Martinique. Il établit avec une centaine de colons le Fort de Saint-Pierre. Bientôt, la culture du café et du tabac se développe. La culture de la canne à sucre crée ensuite, la base de l'économie esclavagiste. L'esclavage ne sera aboli qu'en 1848.

1658

- Assoiffés d'espace, 600 colons français lancent une attaque contre les Caraïbes en 1658, violant ainsi l'accord de paix établie avec eux le 21 décembre 1657 (un accord de paix leur laissant un territoire où ils sont protégés). La plupart des autochtones sont tués, d'autres expulsés de l'île (ils se réfugient sur les îles de la Dominique et de Saint-Vincent). Désormais, les colons jouissent de toute l'île et du territoire très fertile précédemment occupé par les Caraïbes.

Entre 1671 et 1674: établissement de l'esclavage et du commerce triangulaire

- Entre 1671 et 1674, la culture du café, du cacao et du tabac est remplacée par la canne à sucre, une agriculture qui demande une main d'œuvre importante. Le commerce triangulaire (d'Europe à l'Afrique et de l'Afrique à l'Amérique) est établi, amenant ainsi des millions d'esclaves noirs africains en Martinique pour travailler dans les champs de canne à sucre. Cette traite inhumaine va créer d'énormes profits pour les riches planteurs. Pendant la décennie de 1680, le nombre d'esclaves amenés en Martinique triple.

Entre 1685–1848

- *Le code noir*, rédigé par Colbert, Ministre des Finances de Louis XIV, est promulgué. Ce code, qui sera en place jusqu'en 1848, a le but de réglementer l'esclavage dans les colonies françaises.

De 1794 à 1802

- Occupation de la Martinique par les Anglais.

L'abolition de l'esclavage

- Contrairement à la Guadeloupe où l'esclavage est aboli entre 1798 et 1802, et puis rétabli jusqu'en 1848, l'esclavage en Martinique se poursuit sans interruption de 1635 à 1848.
- L'abolition de l'esclavage en Martinique est proclamée le 22 mai 1848 après la révolte des esclaves de la région de Saint-Pierre.

La départementalisation

- Le 19 mars 1946, la Martinique devient un département français d'outre-mer (DOM) (ainsi que la Réunion, la Guadeloupe et la Guyane française).

Catastrophe naturelle

- Le 8 mai 1902, la ville de St Pierre et ses 30 ,000 habitants subissent l'éruption de la Montagne Pelée. Tous les habitants périssent dans la catastrophe naturelle.

Problèmes socio-économiques dans l'île

- Comme en Guadeloupe, les conditions de vie sont très difficiles pour les Martiniquais. Un taux très élevé de chômage, un coût de vie très cher (*la vie chère*) et l'inégalité socio-économique entre habitants de race noire et békés sont des problèmes auxquels les habitants de cette îile antillaise doivent faire face quotidiennement.
- 2009: Grève générale du 5 février au 14 mars.

LITTÉRATURE

Œuvres littéraires

Heremakhonon (1976)

Une saison à Rihata (1981)

Ségou: Les murailles de terre (1984)

Ségou: La terre en miettes (1985)

Moi, Tituba sorcière… noire de Salem (1986)

Haïti chérie (1986)

La vie scélérate (1987)

En attendant le bonheur (1988)

Hugo le terrible (1989)

Traversée de la mangrove (1989)

Les derniers Rois Mages (1992)

Maryse Condé (1937, Pointe-à-Pitre, Guadeloupe)

Née en 1937 à Pointe-à-Pitre en Guadeloupe, Maryse Condé a passé son enfance dans son île natale avant d'entamer des études à Paris. Une fois mariée à l'acteur africain Mamadou Condé, la jeune femme a passé de longues années dans l'Afrique des indépendances (Guinée, Ghana, Sénégal). Elle retourne ensuite à Paris. Titulaire d'un Doctorat de la Sorbonne, elle enseigne la littérature francophone dans diverses universités parisiennes. Après le succès de son premier livre, *Ségou* (1984), elle reçoit une invitation de UC-Berkeley et entame ainsi une brillante carrière qui l'amènera dans plusieurs campus américains (Virginie, Harvard, Columbia). Elle a publié plus d'une vingtaine d'œuvres à succès et elle est aujourd'hui Professeure Emerita de la prestigieuse Columbia University.

Maryse Condé a commencé sa carrière en 1976 avec *Heremakhonon*, un roman à inspiration semi-autobiographique sur l'Afrique de l'ouest secouée par les mouvements d'indépendance. C'est son deuxième roman, *Ségou*, une saga historique sur l'Empire Bambara au Mali, qui a fait connaître Maryse Condé à la critique littéraire et aux lecteurs nationaux et internationaux. Sa littérature ne se concentre pas sur une région spécifique mais plutôt sur l'histoire d'un peuple tout entier: le peuple noir à travers le monde. En 1986, son intérêt pour les romans à base historique se poursuit avec la publication de *Moi, Tituba sorcière… noire de Salem,* un roman basé sur les procès des sorcières de Salem aux Etats-Unis en 1692. Condé se rapproche ensuite de son île natale avec des histoires qui se déroulent aux Caraïbes, *Traversée de la mangrove* (1989), un roman à clé aux voix multiples inspiré de la langue créole, et *La migration des cœurs* (1995), une version créole du roman anglais victorien, *Wuthering Heights* d'Emily Brontë. Au long de sa carrière, Maryse Condé s'est aussi penchée sur son enfance et sa famille en Guadeloupe dans *Le cœur à rire et à pleurer* (1999) et *Victoire, les saveurs et les mots* (2006). Plus récemment, elle a publié, *Histoire de la femme cannibale* (2003) un roman acerbe et direct qui se déroule en Afrique du Sud et qui aborde, sur un ton à caractère autobiographique, l'intolérance et les préjugés raciaux.

Les histoires de Maryse Condé tournent autour de la question des préjugés raciaux, sociaux, et sexuels. Son style d'écriture est marqué par la langue créole ; il n'est pas rare de trouver des expressions, des tournures de phrases ou des mots créoles dans ses textes. Son imagination créative, cependant, est à caractère universel. Elle construit souvent des rôles de femmes noires fortes et mélancoliques qui se battent contre les préjugés raciaux, sociaux, et sexuels.

Avant de lire

A la maison (recherche à l'aide de l'internet, de l'encyclopédie, etc.)

1. Cherchez sur internet des informations et des photos sur le Quartier Latin à Paris. Que vous inspire et que symbolise ce quartier pour vous?

2. Connaissez-vous le Mont-Saint-Michel, la Côte d'Azur et la Côte basque? La mère de la narratrice dit connaître ces trois régions de France. A vous de chercher des photos et des informations succinctes sur ces trois régions. Ensuite, vous choisirez une de ces trois régions, celle qui vous plaît le plus, et vous expliquerez votre choix en classe à vos camarades en vous appuyant sur des détails précis de vos recherches.

Parlons un peu

1. Vous allez lire l'histoire d'une famille guadeloupéenne des années cinquante en vacances à Paris. Les départements d'outre-mer (DOM) sont considérés comme la France mais, d'après vous, quels sont les obstacles (géographiques, culturels,

La colonie du nouveau monde (1993)

La migration des cœurs (1995)

Pays mêlé (1997)

Desirada (1997)

Le cœur à rire et à pleurer (1999)

Cèlanire cou-coupé (2000)

La belle Créole (2001)

La planète Orbis (2002)

Histoire de la femme cannibale (2003)

Rêves amers (2005)

Uliss et les chiens (2006)

Victoire, les saveurs et les mots (2006)

Les belles ténébreuses (2008)

En attendant la montée des eaux (2010)

Honneurs

Grand Prix Littéraire de la Femme: Prix Alain Boucheron. *Moi, Tituba… sorcière noire de Salem* (1987)

Prix de l'Académie Française. *La vie scélérate* (1988)

Prix Liberatur (Allemagne). *Ségou: Les murailles de terre* (1989)

Prix Puterbaugh (1993)

50e Grand Prix Littéraire des jeunes lecteurs de l'Ile de France. *Moi, Tituba… sorcière noire de Salem* (1994)

Prix Carbet de la Caraïbe. *Desirada* (1997)

Membre honoraire de l'Académie des Lettres du Québec (1998)

Prix Marguerite Yourcenar . *Le cœur à rire et à pleurer* (1999)

Commandeur de l'Ordre des Arts et des Lettres (2001)

Grand Prix Metropolis bleu (2003)

Chevalier de la Légion d'Honneur (2004)

Hurston/Wright Legacy Award. *Who Slashed Célanire's Throat?* (2005)

Certificat d'Honneur Maurice Cagnon du Conseil International d'Études Francophones (CIEF) (2006)

Prix Tropiques. *Victoire, les saveurs et les mots* (2007)

Trophée des Arts Afro-Caribéens. *Les belles ténébreuses* (2008)

sociaux, économiques) qui empêchent les citoyens français des DOM de se sentir complètement français ?

2. D'après vous, pourquoi est-ce que le gouvernement français a décidé de prendre en charge les séjours des fonctionnaires martiniquais, guadeloupéens et réunionnais dans leur département d'origine ? Que pensez-vous de cette loi ?

Mots difficiles

la bambine   *young girl*
se borner à   *to confine oneself to something*
sans broncher   *without protesting*
le diabolo menthe   *French drink, sprite with mint syrup*
être en exercice   *to be working*
le fonctionnaire   *civil servant*
la fille-mère   *single mother*
hocher du chef   *to nod*

se hisser   *to pull oneself up*
la métropole   *la France*
morose   *gloomy*
navrer   *to upset*
le paquebot   *liner*
paré de   *adorned with*
porter droit   *to carry well*
prendre à témoin   *to call someone to witness something*
rivaliser   *to compete with*

Activités de vocabulaire

1. Reliez chaque mot à sa définition

    _____ se borner à   a. grisâtre
    _____ broncher   b. causer une grande peine
    _____ fonctionnaire   c. réagir a
    _____ se hisser   d. lutter contre quelqu'un
    _____ morose   e. se contenter de
    _____ navrer   f. monter difficilement
    _____ rivaliser   g. employé d'administration publique

2. Ecrivez une phrase avec les mots de vocabulaire suivants. Ecrivez six phrases au total.

    la métropole   le paquebot   morose
    rivaliser   navrer   paré de

3. Vrai ou Faux ?

    1. Un paquebot est un petit bateau. _____

    2. Le diabolo menthe est une boisson très appropriée pour les adolescents. _____

    3. Il est possible d'exprimer son opinion en hochant du chef. _____

4. Il est très agréable de rivaliser avec quelqu'un. _____

5. Une personne morose est fascinante. _____

« Portrait de famille »

Maryse Condé

Si quelqu'un avait demandé à mes parents leur opinion sur la Deuxième Guerre mondiale, ils auraient répondu sans hésiter que c'était la période la plus sombre qu'ils aient jamais connue. Non pas à cause de la France coupée en deux, des camps de Drancy ou d'Auschwitz, de l'extermination de six millions de Juifs, ni de tous ces crimes contre l'humanité qui n'ont pas fini d'être payés, mais parce que pendant sept interminables années, ils avaient été privés de ce qui comptait le plus pour eux: leurs voyages en France. Comme mon père était un ancien **fonctionnaire** et ma mère en **exercice**, ils bénéficiaient régulièrement d'un congé « en **métropole** » avec leurs enfants. Pour eux, la France n'était nullement le siège du pouvoir colonial. C'était véritablement la mère patrie et Paris, la Ville lumière qui seule donnait de l'éclat à leur existence. Ma mère nous chargeait la tête de descriptions des merveilles du carreau du Temple et du marché Saint-Pierre avec, en prime, la Sainte-Chapelle et Versailles. Mon père préférait le musée du Louvre et le dancing la Cigale où il allait en garçon se dégourdir les jambes. Aussi, dès le mitan de l'année 1946, ils reprirent avec délices **le paquebot** qui devait les mener au port du Havre, première escale sur le chemin du retour au pays d'adoption.

J'étais la petite dernière. Un des récits mythiques de la famille concernait ma naissance. Mon père **portait droit** ses soixante-trois ans. Ma mère venait de fêter ses quarante-trois ans. Quand elle ne vit plus son sang, elle crut aux premiers signes de la ménopause et elle courut trouver son gynécologue, le docteur Mélas qui l'avait accouchée sept fois. Après l'avoir examinée, il partit d'un grand éclat de rire.

—Ça m'a fait tellement honte, racontait ma mère à ses amies, que pendant les premiers mois de ma grossesse, c'était comme si j'étais une **fille-mère**. J'essayais de cacher mon ventre devant moi.

Elle avait beau ajouter en me couvrant de baisers que sa kras à boyo était devenue son **petit bâton de vieillesse,** en entendant cette histoire, j'éprouvais à chaque fois le même chagrin: je n'avais pas été désirée.

Aujourd'hui, je me représente le spectacle peu courant que nous offrions, assis aux terrasses du Quartier latin dans le Paris **morose** de l'après-guerre. Mon père ancien séducteur au maintien avantageux, ma mère couverte de somptueux bijoux créoles, leurs huit enfants, mes sœurs yeux baissés, **parées** comme des chassés, mes frères adolescents, l'un d'eux déjà à sa première année de médecine, et moi, **bambine** outrageusement gâtée, l'esprit précoce pour son âge. Leurs plateaux en équilibre sur la hanche, les garçons de café voletaient autour de nous remplis d'admiration comme autant de mouches à miel. Ils lâchaient invariablement en servant les **diabolos menthe**:

—Qu'est-ce que vous parlez bien le français!

Mes parents recevaient le compliment sans **broncher** ni sourire et se **bornaient** à **hocher du chef**. Une fois que les garçons avaient tourné le dos, ils nous **prenaient à témoin**:

—Pourtant, nous sommes aussi français qu'eux, soupirait mon père.

—Plus français, renchérissait ma mère avec violence. Elle ajoutait en guise d'explication: Nous sommes plus instruits. Nous avons de meilleures manières. Nous lisons davantage. Certains d'entre eux n'ont jamais quitté Paris alors que nous connaissons le Mont-Saint-Michel, la Côte d'Azur et la Côte basque.

Il y avait dans cet échange un pathétique qui, toute petite que j'étais, me **navrait**. C'est d'une grave injustice qu'ils se plaignaient. Sans raison, les rôles s'inversaient. Les ramasseurs de pourboires en gilet noir et tablier blanc **se hissaient** au-dessus de leurs généreux clients. Ils possédaient tout naturellement cette identité française qui, malgré leur bonne mine, était niée, refusée à mes parents. Et moi, je ne comprenais pas en vertu de quoi ces gens orgueilleux, contents d'eux-mêmes, notables dans leur pays, **rivalisaient** avec les garçons qui les servaient.

Questions de compréhension

1. Selon la jeune narratrice, pourquoi la Deuxième Guerre Mondiale dérange-t-elle tellement ses parents?

2. A quelle classe sociale les parents de la narratrice appartiennent-ils? Justifiez votre réponse avec des exemples spécifiques du texte.

3. Pourquoi la mère et le père de la narratrice pouvaient-ils aller « en métropole » une fois par an?

4. Quel âge ont les parents de la narratrice? A quel âge la mère a-t-elle accouché de sa dernière fille? Combien d'enfants y a-t-il dans la famille?

5. La narratrice est la petite dernière de la famille. Pourquoi ne se sent-elle pas désirée par sa mère?

6. Qu'est-ce que le garçon du café leur dit quand il leur apporte leurs boissons?

7. Quelle réaction la mère a-t-elle face au commentaire du garçon de café?

Questions d'interprétation

1. Pourquoi est-ce que Maryse Condé appelle la France « la mère patrie » et « pays d'adoption »?

2. Pensez aux mots que Maryse Condé utilise pour parler de la France (« mère patrie », « pays d'adoption ») et à l'attitude de ses parents envers la France. Comment

pouvez-vous relier ces expressions et l'attitude de ses parents au thème de la 'famille'?

3. D'après vous, pourquoi est-ce que les parents de la narratrice ne se sentent pas concernés par les événements de la Deuxième Guerre Mondiale?

4. En quoi est-ce que la description de la famille Condé assise à la terrasse du café parisien est en contraste avec l'environnement parisien (du Quartier latin)? Et en quoi est-ce que ce contraste rend compte de la complexité de l'identité française d'outre-mer?

5. « Qu'est-ce que vous parlez bien le français! » En quoi est-ce que ce commentaire démontre l'ignorance et l'inculture du garçon de café? En quoi est-ce que cette réflexion est offensante pour les parents de Condé?

6. Quelle est la définition de l'identité française pour la mère Condé? Que pensez-vous de cette image du Français?

7. Pourquoi est-ce que cette défense de leur identité française (les parents Condé) a quelque chose de « pathétique », comme l'indique la narratrice?

8. Expliquez cette phrase: « Sans raison, les rôles s'inversaient »

9. Voyez-vous l'attitude des parents comme de l'orgueil, un complexe d'infériorité, ou un complexe de supériorité?

Questions de discussion

1. Maryse Condé semble avoir souffert de l'âge avancé de ses parents. Pensez-vous que l'âge des parents a un impact spécifique sur l'enfance et l'adolescence d'une personne?

2. Il y a une expression en France: « péché d'orgueil » et « orgueil mal placé ». Et vous, voyez-vous l'orgueil comme un trait de caractère plutôt négatif? Donnez des exemples précis dans votre réponse.

3. Qu'est-ce que cela veut dire pour vous « l'identité nationale »? Est-ce un concept important dans votre vie?

4. On peut dire que, dans cet extrait, les garçons de café sont insultants à cause de leur ignorance. Est-ce que l'ignorance excuse l'offense?

Expression écrite

1. La mère de la narratrice, offensée par les commentaires constants des Parisiens, écrit une lettre au journal *Le Monde* dans laquelle elle explique pourquoi elle est aussi « française » que ses compatriotes qui vivent en métropole.

2. Cet extrait de « Portrait de famille » décrit le moment déterminant où la jeune Maryse Condé commence à observer ses parents avec un regard critique et non avec le regard naïf de l'enfance. Décrivez un moment de votre vie où vous avez commencé à perdre votre naïveté et à juger le monde et les gens avec un regard critique.

FILM

Euzhan Palcy (1958, Martinique)

Filmographie

Réalisatrice

Aimé Césaire — Une parole pour le XXIème siècle — Une collection de 3 films (1994)

Parcours de dissidents — Documentaire (2005)

Les mariées de l'isle Bourbon (film d'aventure en deux épisodes) (2007)

Scénariste

Rue cases-nègres (1983)

Une saison blanche et sèche (A Dry White Season) (1989)

Siméon, conte musical et fantastique antillais (1992)

Euzhan Palcy, née en Martinique en 1958, est une scénariste, réalisatrice, et productrice reconnue mondialement. Elle a produit et réalisé une quinzaine de films et documentaires et elle est la première femme noire à avoir produit un film dans les studios MGM d'Hollywood.

Lors de sa jeunesse, la jeune Euzhan regarde de nombreux films américains dans lesquels les rôles humiliants tenus par les acteurs noirs la choquent. Alors qu'elle est encore une petite fille, elle découvre le roman *La Rue Cases-Nègres* de Joseph Zobel. Dans son œuvre, Zobel décrit la condition très difficile des Noirs en Martinique dans les années trente. Euzhan Palcy ne peut pas oublier ce qu'elle a lu dans ce roman et se jure de faire un film basé sur cette œuvre marquante. En 1975, elle part à Paris pour suivre une Maîtrise de littérature et de théâtre français à la Sorbonne. Elle y reçoit aussi un D.E.A. (Diplôme d'Etudes Approfondies) en art et archéologie, ainsi qu'un diplôme de la prestigieuse Ecole Nationale Supérieure Louis-Lumière.

A Paris, elle rencontre le grand cinéaste François Truffaut qui deviendra son parrain cinématographique. En 1983, son rêve devient réalité lorsqu'elle produit une adaptation cinématographique du roman *La Rue Cases-Nègres*. Son premier long métrage est un succès immédiat. Euzhan Palcy reçoit dix-sept prix internationaux, notamment le Lion d'argent au Festival international d'art cinématographique de Venise et un César pour la meilleure première œuvre de fiction.

En 1989, elle produit *Une saison blanche et sèche (A Dry White Season)* avec Marlon Brando dans l'un des rôles principaux (avec la contribution également de Donald Sutherland et de Susan Sarandon). *Une saison blanche et sèche* est une adaptation cinématographique du roman du Sud-Africain André Brink. C'est avec ce film qu'elle entre dans l'histoire et qu'elle devient la première réalisatrice noire à produire avec le grand studio nord-américain, MGM.

En 2004, le Président de la République française Jacques Chirac décore Euzhan de la Légion d'Honneur. En 2009, le Président de la République française Nicolas Sarkozy la fait Chevalier de l'Ordre National du Mérite. En 2011, le MOMA, le musée d'art moderne de New York, lui consacre une rétrospective, sa première rétrospective aux Etats-Unis. La même année, le Festival du Film de Cannes lui fait honneur avec une projection exceptionnelle de *Rue cases-nègres* en présence du Ministre de la culture, Frédéric Mittérand, dans le cadre de la sélection Cannes-Classics.

Rue cases-nègres

Euzhan Palcy

Dans cette adaptation cinématographique du roman La Rue Cases-Nègres *(Joseph Zobel), nous découvrons la vie miséreuse d'une communauté noire antillaise qui travaille du matin au soir dans les champs de canne à sucre appartenant aux riches békés martiniquais. L'action a lieu en 1930 et bien que l'esclavage ait été aboli en 1848 et que la Martinique soit une colonie française, les Noirs martiniquais sentent que bien peu a changé. Au milieu de la rue Cases-Nègres, nous découvrons un jeune orphelin, José Hassan, élevé par sa grand-mère, et qui rêve d'échapper à cette vie sordide de servitude. Grâce au soutien de sa grand-mère, de Médouze—un vieil homme philosophe—et de deux professeurs qui croient en lui, José parviendra à rompre le cercle vicieux de la misère duquel il est prisonnier depuis sa naissance.*

Avant de visionner

A la maison (recherche à l'aide de l'internet, de l'encyclopédie, etc.)

1. Etudiez une carte de la Martinique et trouvez les communes de Rivière Salée et de Fort-de-France.

2. Le créole est un langage qui s'est développé aux Antilles au contact des langues des colons et des esclaves de différentes ethnies africaines. Le créole, langue orale à l'origine, est phonétique. Reliez les mots suivants avec leur traduction française.

Demin	Boire
Hiè	Sortir
Manjé	Dormir
Bwè	Demain
Dômi	Manger
Sôti	Ici
Icite	Hier

Parlons un peu

1. Le titre *Rue cases-nègres* fait référence aux bidonvilles, ces petites maisons en bois (« cases » en créole) dans les plantations des békés (les propriétaires blancs) où les travailleurs noirs et leurs enfants habitaient. Dans le film, le personnage principal, un garçon nommé José, raconte ses souvenirs d'enfance dans ces bidonvilles. D'après vous, est-ce que les enfants ont la même perception d'une maison (de sa beauté, de sa laideur, de sa pauvreté, ou de sa richesse) que les adultes? Où est-ce que pour chaque enfant, le lieu de résidence est son royaume? Répondez à ces questions avec des exemples généraux et personnels.

2. Un membre de votre famille vous racontait-il, ou vous lisait-il, des contes ou des histoires le soir avant de dormir? Vous souvenez-vous des thèmes présentés dans ces histoires? Votre famille vous racontait-elle ces contes d'une façon spécifique (en chantant, avec un rythme spécial, etc)?

Les images

Analysez l'affiche de *Rue cases-nègres* qui est sur le site http://www.hackettpublishing.com/la-culture-francophone-title-support-page.

1. Décrivez le ciel. Quelles couleurs sont utilisées? D'après vous, quels symboles sont associés à ces couleurs?

2. Où est placé José sur l'affiche? A votre avis, pourquoi est-il placé ainsi? Qui est en bas à droite de l'affiche?

3. Que font les personnages placés en bas de l'affiche? Qui est en bas à gauche?

Décrivez les quatre personnages de *Rue cases-nègres*. Comment sont-ils habillés? A quel niveau socio-économique semblent-ils appartenir? Ont-ils l'air heureux? D'après vous, que font-ils sur la photo? Décrivez le vieil homme. Quelle impression vous donne-t-il?

Décrivez cette femme. Quelle expression a-t-elle? Comment est-elle habillée? Pourquoi ses bras et mains sont-ils recouverts d'un bandage?

Activités (après visionnement)

Les personnages

1. Voici la description de quelques personnages. Reliez chaque personnage à sa description.

   a. M'man Tine   _____ le père de Léopold. Il est béké.

   b. José Hassam   _____ ami de José. Il travaille sur un bateau

   c. Léopold   _____ la mère de Léopold

   d. Melle Flora   _____ vieil homme philosophe

   e. Carmen   _____ la grand-mère de José

   f. Médouze   _____ homme dont la case a été brûlée par les enfants

   g. Honorine   _____ garçon très intelligent et très doué à l'école

   h. Mr. de Toraille   _____ jeune fille qui vit dans la rue Cases-Nègres

   i. Julien Douze-Orteils _____ le fils métisse d'Honorine et de Mr. de Toraille

   j. Tortilla   _____ elle travaille au cinéma à Fort-de-France

2.   Ecrivez le nom que chaque personnage en dessous de sa photo.

3. Qui dit quoi? *Indiquez avec une lettre de l'alphabet l'interlocuteur de chaque phrase:*

    (a) Tortilla, (b) José, (c) Médouze, (d) M'man Tine, (e) Douze Orteils, (f) Monsieur Roc

    « Tonnerre de Dieu, la boutique a tout mangé! Qu'est-ce que je fous avec si peu d'argent! Il est temps que je crève! » _____

    « Tu n'as qu'à dire que c'est une poule. La poule frisée de Julien Douze-Orteils, elle est montée sur la table, elle a cassé le bol quand tu la chassais. » _____

    « Il était une fois à la Martinique, un vieux Nègre triste et laid. Un menteur dirait: laid comme José. Mais moi qui suis pas menteur du tout, je dirais: laid comme Médouze. Tous les jours, tous les jours, le vieux Nègre parlait de ce pays. Et cric! » _____

    « «L'instruction est la clé qui ouvre la deuxième porte de notre liberté. Allez écrivez! » _____

    « On dit aussi que les animaux chantent: les tourterelles, les piripis, les siffleurs des montagnes… les choses aussi peuvent chanter: le vent dans les champs de cannes, la pluie qui tombe… les rivières, même les roues d'un cabrouet. Mais il existe aussi des verbes qui précisent l'action de chanter. Si c'est un crapaud, on dit qu'il coasse, les roues d'un cabrouet… » _____

    « Heureusement, ils se sont décidés à remonter ta bourse. En vérité, José, je n'aurais pas pu tenir plus. Demain, s'il plaît à Dieu, je faire faire un p'tit saut là-haut, voir monsieur Singer, le couturier. Il va faire pour toi un autre petit costume. » _____

Questions de discussion

José et Léopold

Comparez le niveau socio-économique de José et Léopold **au début** du film

	José	Léopold
Où il vit: description de sa maison		
Ce qu'il mange		
Les chaussures qu'il porte		
Les vêtements qu'il porte		
L'éducation qu'il reçoit		

Quel est le facteur principal qui influence la différence socio-économique entre les deux personnages?

Comparez le niveau socio-économique de José et Léopold **à la fin** du film

	José	Léopold
Où il vit: description de sa maison		
Ce qu'il mange		
Les chaussures qu'il porte		
Les vêtements qu'il porte		
L'éducation qu'il reçoit		

Selon vous, quel est le moment décisif qui change la vie de Léopold? Quel est le moment décisif qui change la vie de José?

Les deux éducations de José

Dans Rue cases-nègres, *José reçoit deux éducations: une éducation formelle de racine européenne (celle de deux instituteurs) et une éducation familiale de racine afro-antillaise (celle de sa grand-mère et de Médouze).*

1. Décrivez le soutien de Monsieur Roc, le premier instituteur de José. Comment aide-t-il José à avancer du point de vue scolaire?

2. Décrivez le professeur de José quand il est à Fort-de-France. Quelle est sa réaction initiale quand José rend son devoir? Pourquoi, selon vous, est-ce que le professeur réagit de cette manière? Pourquoi, à votre avis, le professeur change-t-il d'opinion au sujet de José?

3. M'man Tine. Quelle importance donne-t-elle à l'éducation formelle? Donnez des exemples précis de son soutien envers son petit-fils. Que fait-elle pour qu'il réussisse?

4. Les leçons de Médouze. Quelles sont deux leçons très importantes qu'offre Médouze? Expliquez en détails.

Médouze et la tradition orale créole

1. Lisez le dialogue suivant entre Médouze et José et répondez aux questions ci-dessous.

   Médouze: *Il était une fois à la Martinique, un vieux Nègre triste et laid. Un menteur dirait: laid comme José. Mais moi qui suis pas menteur du tout, je dirais: laid comme Médouze. Tous les jours, tous les jours, le vieux Nègre parlait de ce pays. Et cric!*
   José: *Et crac!*
   Médouze: *Et misti cric!*
   José: *Et misti crac!*

   Selon vous, pourquoi José et Médouze disent-il les mots *cric, crac, misti cric* et *misti crac*? Cherchez la définition du mot **onomatopée**. Selon vous quel rôle ces mots, des onomatopées, jouent-ils dans la narration orale de Médouze?

2. Lisez le dialogue suivant entre Médouze et José et répondez aux questions ci-dessous.

   Médouze: *Et le vieux Nègre triste et laid qui toute sa jeunesse avait pleuré toutes les larmes de son corps, me disait comme ça tout le temps: Médouze mon fils, ton vieux papa va partir là-haut, et il va jamais comprendre ce que est arrivé quand les blancs ont débarqué ici. Et le vieux Nègre disait encore: J'avais un grand frère, Ousman, et une une petite sœur, Sorna. Les hommes blancs nous ont chassés, attrapés avec des* *lassos, et puis après des jours et des jours à travers la brousse, ils nous ont amenés au bord de la grande eau. Et puis un jour, on nous a débarqués ici, on nous a vendus pour couper la canne de ces Blancs qu'on appelle békés. Et cric!*

José: *Et crac!*

Médouze: *J'étais jeune garçon comme toi, Médouze, lorsque tous les Nègres marron étaient descendus des mornes avec des bâtons, des coutelas, des fusils, des flambeaux. Ils avaient envahi la ville de Saint Pierre, incendié toutes les habitations. Pour la première fois, les Nègres voyaient les Blancs trembler, s'enfermer dans leurs belles maisons et mourir. C'est comme ça que l'esclavage est fini. Et cric!*

José: *Et crac!*

Qui est *le vieux Nègre triste et laid qui toute sa jeunesse avait pleuré toutes ses larmes de son corps* en relation à Médouze?

Comment Médouze a-t-il appris l'histoire tragique de ses ancêtres? Comment José apprend-il l'histoire de ses ancêtres?

Observez l'expression de José quand Médouze lui explique l'esclavage? Décrivez en détail son expression: comment est son regard et sa voix?

3. Lisez ce que dit Médouze à José et répondez aux questions ci-dessous.

Médouze: *Et il disait: Ah, mon fils, j'ai couru, couru tellement, et je crois même que j'avais fait le tour de la Martinique, lorsque, mes pieds ont refusé d'aller plus loin. J'ai regardé devant, j'ai regardé derrière, et j'ai vu que j'étais revenu à la rue Cases-Nègres. Y'avait plus qu'à retourner à la canne. On était libre, mais on avait le ventre vide. Le maître était devenu le patron. Alors je suis resté comme toutes les autres Nègres dans ce maudit pays. C'est comme ça que parlait mon vieux papa. Et ça a pas changé mon fils, les békés gardent toutes les terres du pays. La loi leur interdit de nous fouetter, mais on ne les oblige pas à nous payer comme il faut.*

Selon Médouze, la situation pour les Afro-Antillais a-t-elle changé? Quel avenir José a-t-il s'il continue de travailler dans les champs de canne?

Les leçons du film

1. Quels messages Palcy communique-t-elle à travers le film *Rue cases-nègres*? Faites une liste détaillée des thèmes présentés dans ce film.

2. Décrivez la fin du film. Est-ce une fin positive ou négative?

3. Quels sont, selon vous, les aspects pédagogiques les plus importants de cette production cinématographique?

4. Ce film vous a-t-il plu? Justifiez votre réponse.

Présentations orales

Faites une recherche précise sur la tradition orale dans les Antilles francophones et plus particulièrement sur les contes.

- Quels sont les aspects typiques des contes antillais?
- Quels sont les thèmes courants?

Cherchez un conte antillais et présentez-le à vos camarades de classe. Comment allez-vous le réciter pour mettre l'emphase sur la tradition orale des Antilles françaises? Quelles onomatopées allez-vous utiliser? Comment allez-vous inviter votre public à participer?

PERSONNALITÉ PHARE

Joséphine de Beauharnais

Joséphine de Beauharnais, née Marie-Joseph-Rose de Tascher de la Pagerie, a vu le jour en 1763 dans la ville de Les Trois-Ilets en Martinique. Issue d'une famille de riches colons créoles (de race blanche, mais originaire des Antilles), Joséphine a grandi dans une grande plantation de canne à sucre (on y cultivait aussi le coton et le cacao) où travaillaient plus de trois cents esclaves. En 1776, la famille Beauharnais connaît la ruine à la suite d'un cyclone qui détruit la sucrerie. Il ne reste aujourd'hui de cette plantation de plus de 500 hectares qu'un musée, le musée de la Pagerie, entouré d'un parc qui abrite les ruines.

Joséphine de la Pagerie est née et a été élevée en Martinique mais elle a vécu la plupart de sa vie d'adulte en France métropolitaine. En 1779, elle quitte sa Martinique natale pour la métropole en vue d'épouser le vicomte Alexandre de Beauharnais. Malgré un mariage plutôt malheureux, Joséphine et Alexandre de Beauharnais auront deux enfants ensemble, Eugène Rose et Hortense Eugénie Cécile. En 1794, la vie de Joséphine tourne au tragique; Alexandre de Beauharnais est guillotiné pendant le règne de la Terreur mené par Robespierre. La Terreur fut une période répressive et sanglante de la Révolution française qui a été fatale à de nombreux nobles. Joséphine, quant à elle, est envoyée à la prison des Carmes à Paris. Dotée d'un destin plus favorable que son mari, Joséphine échappe à la guillotine. A sa sortie de prison, une Joséphine, appauvrie et veuve, réussit cependant à se refaire une santé financière grâce, entre autres, à son amant, l'homme politique Barras, qui l'entretient. C'est Barras qui présentera Joséphine à Napoléon Bonaparte ; ce dernier n'est alors qu'un simple officier. Napoléon Bonaparte, éperdument amoureux de Joséphine, l'épouse en 1796.

Comme on le sait, Napoléon Bonaparte a connu une carrière politique incomparable. Le 18 mai 1804, le Sénat vote pour l'instauration d'un gouvernement impérial et Napoléon Bonaparte est nommé l'Empereur des Français ; il devient alors Napoléon 1er. En outre, le couronnement de Joséphine a lieu en décembre 1804 ; Joséphine de Beauharnais devient l'Impératrice Joséphine. D'après les lettres d'amour que Bonaparte a écrites à Joséphine, on sait de Bonaparte qu'il était un mari passionné, jaloux, possessif, et romantique. Or, malgré la conception de deux enfants en première noce, l'Impératrice Joséphine n'est pas capable de donner un enfant à Napoléon qui, lui, pourtant, n'aura pas de difficultés à procréer avec ses maîtresses. En raison de stérilité supposée de Joséphine, Napoléon divorce de Joséphine en 1809 ; il épouse l'Archiduchesse Marie-Louise d'Autriche en 1810. Malgré le divorce, Joséphine bénéficiera des faveurs financières de Bonaparte jusqu'à sa mort en 1814 au Château de Malmaison, sa résidence de Rueil-Malmaison.

L'Impératrice Joséphine fut un personnage complexe qui a connu la pauvreté à un jeune âge, s'est faite une place dans la haute société en France métropolitaine malgré ses origines créoles martiniquaises, a survécu au règne de la Terreur et est devenue l'Impératrice des Français. L'attitude des Martiniquais envers Joséphine est toute aussi complexe. Certains sont fiers que leur Joséphine soit devenue impératrice de France. D'autres, comme en témoigne la photo ci-dessus de la statue de l'Impératrice Joséphine qui se trouve sur la place principale (Place de la Savane) de Fort-de-France, la capitale de la Martinique, ne sont pas fiers de compter l'impératrice parmi les leurs. La preuve en est qu'ils ont clandestinement décapité la statue en signe de protestation. Malgré les efforts répétitifs de la Mairie pour recoller la tête, la statue a été systématiquement décapitée, au point où la mairie a cessé d'intervenir. Il serait question dans un avenir plus ou moins proche de déplacer la statue au musée de la Pagerie.

Pour comprendre la signification de cette décapitation, il faut remonter à l'année 1794, quand Napoléon Bonaparte abolit l'esclavage dans toutes les colonies françaises, sauf en Martinique qui était occupée par l'Angleterre. Quelques années plus tard, au grand malheur des affranchis, Bonaparte change d'avis et rétablit l'esclavage en 1802 dans les autres colonies comme la Guadeloupe. Etant donné que Joséphine est issue d'une famille plantationaire propriétaire d'esclaves, et que, par conséquent, elle connaît intimement les bénéfices économiques de l'esclavage, les soupçons portent sur elle. Jusqu'à aujourd'hui, la rumeur court, à tort ou à raison, que Joséphine a influencé son mari pour qu'il rétablisse l'esclavage, d'où le ressentiment des Martiniquais à son égard, et d'où sa décapitation, une décapitation symbolique façon guillotine qui remplace celle à laquelle elle a échappé aux mains sanglantes de Robespierre.

Question de compréhension

1. De quel genre de famille est-ce que Joséphine est issue ?

2. Quel malheur a affecté la jeunesse de Joséphine en Martinique ?

3. Pourquoi Joséphine a-t-elle quitté la Martinique ?

4. Qui fut le premier mari de Joséphine ? Comment le mariage s'est-il terminé ?

5. Qui était le deuxième mari de Joséphine ? Comment le mariage s'est-il terminé ?

6. Pourquoi certains Martiniquais refusent d'accepter la statue de Joséphine dans leur île ?

7. La décapitation de la statue de Joséphine rappelle quelle autre décapitation que Joséphine a failli connaître ?

Et vous ?

Certains Martiniquais ont choisi de casser la tête de la statue de Joséphine et d'y rajouter une peinture rouge pour protester l'hommage fait à l'impératrice sur leur île. Pensez-vous que le vandalisme et la violence soient justifiés dans certains cas, ou y a-t-il toujours un meilleur moyen de se révolter contre les injustices de l'histoire ?

Bibliographie

Romans

L'homme-au-bâton (1992)

Tambour-Babel (1996)

Le tango de la haine (1999)

L'envers du décor (2006)

Toxic Island (2010)

Le griot de la peinture (2014)

Poésie

Au verso du silence (1984)

Salve et salive (1991)

Boucans de mots libres / Remolino de palabras libres (éd. bilingue) (1991)

LITTÉRATURE

Ernest Pépin (1950, Castel Lamentin, Guadeloupe)

Ernest Pépin est né en 1950 au Lamentin, en Guadeloupe. Ancien professeur de lettres, il est aujourd'hui chargé de mission culturelle au Conseil Général de la Guadeloupe. Il est aussi et surtout l'une des figures majeures de la littérature contemporaine des Antilles. Pépin a débuté sa carrière littéraire en 1984 avec un recueil de poésie, *Au verso du silence*. Mais c'est en 1992, avec la publication de *L'homme-au-bâton* (Prix des Caraïbes) que l'auteur se fera connaître du grand public. *L'homme-au-bâton* est un petit récit coloré et amusant au sujet d'un personnage quasi invisible et redouté des habitants car il donne du plaisir sexuel aux femmes à leur insu durant leurs sommeils. *L'homme-au-bâton* s'inspire des anciennes valeurs des Caraïbes, en particulier de la tradition orale créole et du réalisme magique. Pépin est un conteur traditionnel qui veut préserver l'héritage culturel de son île mais c'est aussi un écrivain très

moderne, soucieux des problèmes actuels de la Guadeloupe. *Le Tango de la haine* (1990), *L'envers du décor* (2006), et *Toxic Island* (2010) sont trois romans qui abordent les problèmes sociétaires d'une Guadeloupe accablée par les maux venus de l'Occident. Dans son écriture, Pépin s'attaque au matérialisme, à la consommation abusive, l'apathie générale, et les plaisirs faciles qui détruisent son pays. *Le Tango de la haine* est, en particulier, aussi un livre unique car il s'intéresse au sujet de l'amour entre deux femmes, une question encore taboue aux Antilles. Pépin est avant tout un chroniqueur de la Guadeloupe moderne, d'une sensibilité politique et poétique ouverte à son île, aux Antilles de façon plus générale, et au monde.

Babil du songer (1997)

Africa-Solo (2001)

Dit de la roche gravée (2008)

Le bel incendie (2012)

Marie-Galante: credo à contre-mer (2013)

Livres pour les jeunes

Coulée d'or (1995)

L'écran rouge (1998)

La Soufrière (2001)

Lettre ouverte à la jeunesse (2001)

Honneurs

Boucan de mots libres

Prix Casa de las Américas (1991)

L'homme au bâton

Prix des Caraïbes (1992)

Tambour-Babel

Prix RFO du Livre (1996)

Le Tango de la haine

Prix Arc-en-Ciel de Radio Media Tropical (2000)

L'écran rouge

Prix Casa de las Américas (2000)

Chevalier de l'Ordre National Mérite

Officier de l'Ordre des Arts et des Lettres

Avant de lire

A la maison (recherche à l'aide de l'internet, de l'encyclopédie, etc.)

1. Qu'est-ce qu'un département français (DOM) et un territoire français (TOM)? Pour chaque définition donnez au moins 3 exemples de DOM et de TOM.

2. Qui sont-ils? Cherchez des informations sur les personnages suivants: Saint-John Perse, Aimé Césaire, Édouard Glissant, Maryse Condé, et Patrick Chamoiseau. Ecrivez quelques mots d'informations pour chaque personne sur une feuille de papier.

Parlons un peu

1. Est-ce que vous avez déjà voyagé dans un pays étranger?

   a. Si oui, aviez-vous des idées préconçues sur le pays qui ont été confirmées ou non une fois sur placc?

   b. Si vous n'avez jamais voyagé à l'étranger, pensez à une ville que vous avez visitée et qui s'est avérée être très différente de ce que vous aviez imaginé.

2. Est-ce que vous avez déjà été victime ou témoin de racisme, de stéréotypes, de sexisme, ou d'idées préconçues? Décrivez votre expérience et vos impressions.

Mots difficiles

le balayeur   *road sweeper*
la baraque   *shack*
le blaff de burgaux   *an Antillean shell-fish stew*
le Blanc-pays   *White locals in Guadeloupe*
sans broncher   *without complaining*
le calalou   *an Antillean soup*
la convivialité   *friendliness*
avec dépit   *discontented, displeased*
le dombré   *Antillean dish, bread dough balls cooked in a red bean dish*

exorbitant   *outrageous*
fanfaronner   *to boast*
le métropolitain   *French from metropolitan France (as opposed to from the overseas 'départements')*
la moulure   *molding*
ostentatoire   *ostentatious*
penaud   *embarassed, sheepish*
la pénurie   *shortage*
le terroir   *homeland*

Activités de vocabulaire

1. Vrai ou faux?

    Le balayeur nettoie les rues très tôt le matin. _____
    La baraque est une très belle maison avec un beau jardin. _____
    Ma grand-mère fait de très beaux gâteaux. Sa spécialité est le calalou, un gâteau à base de noix de coco. _____
    Ma grand-mère est aussi spécialiste du poisson. Mon plat préféré est le dombré, un poisson des Antilles. _____
    Les gens qui ont beaucoup d'argent en général ont des problèmes de pénurie. _____

2. Reliez chaque mot avec son antonyme.

    avec dépit _____   a. avec modestie
    sans broncher _____   b. avec enthousiasme
    fanfaronner _____   c. désinvolte
    la convivialité _____   d. la méchanceté
    penaud _____   e. en se plaignant

3. Cherchez la recette des plats suivants et écrivez-la. Ces plats vous paraissent-ils appétissants?

    le calalou:

    le blaff de burgaux:

    le dombré:

*Vous allez lire un extrait d'une nouvelle d'Ernest Pépin qui se situe en Gua-
deloupe. Jean-Paul et Sylvie sont un couple de métropolitains qui ont décidé
de quitter la France métropolitaine pour s'installer en Guadeloupe. Ils ont l'intention d'ouvrir un restaurant sur cette belle île qu'ils imaginent paradisiaque.
Fraîchement débarqué dans l'île, le couple vient de trouver la villa de leur rêve
à louer et s'apprête à passer la soirée chez les propriétaires de cette villa.*

L'envers du décor

Ernest Pépin

Sans mentir, la villa combla leurs espérances. Toute blanche, couverte d'un toit bleu,
ouverte sur un magnifique jardin avec piscine, elle avait de quoi faire rêver. En dépit
du prix **exorbitant** du loyer, ils signèrent **sans broncher** le contrat de location. Elle
appartenait à un notable très aisé qui possédait par ailleurs des biens à Miami, à Paris
et à Montréal.

Pour la première fois de leur vie, un Nègre noir les intimidait par son assurance, sa
connaissance du monde et sa fortune. Ils n'avaient croisé jusque-là que des **balayeurs**
africains, des vendeurs d'amulettes, des infirmiers et des postiers antillais et ils s'ima-
ginaient que les *indigènes* étaient parqués dans une misère à peine décente. Bien sûr,
il y avait aussi les vedettes noires des États-Unis, mais c'était autre chose. Sortis de la
musique et du sport, les Antillais n'avaient rien à proposer. C'étaient les danseuses de
la France!

Ils revinrent tout **penauds** du dîner offert par leur propriétaire pour leur souhaiter
la bienvenue. Grand seigneur, il les avait invités chez lui.

Quelle **baraque**! Mon dieu, quelle baraque! Trois cents mètres carrés habitables
sans compter les dépendances! Un parc de cinq mille mètres carrés! Cinq ou six voitures dont une Mercedes décapotable, une Jaguar (pour madame), deux BMW (pour
les enfants), un 4×4 (pour les randonnées) et une voiture américaine de collection.

Ils furent bien accueillis par l'épouse. Une métisse indienne, extrêmement distinguée, et les quatre enfants.

Le salon, sans être **ostentatoire**, ajoutait le luxe au bien-être. Discrètement, Sylvie
détaillait les tapis, les meubles créoles, les lustres, les **moulures** du plafond, les objets
d'art. Elle fut attirée par un tableau aux couleurs de vitrail et de facture très moderne.
Ce que voyant, la maîtresse de maison commença à lui parler du peintre.

—C'est Joel Nankin! Un peintre de chez nous. Son histoire mérite d'être connue.
C'est en prison qu'il a commencé à peindre.

—En prison?

—Oui, il avait été arrêté à cause de ses activités d'indépendantistes…

—Indépendantistes? Il y a des indépendantistes ici?

—Mais oui, très chère! Il n'y a pas que la Corse!

—Je croyais que…

—On croit toujours beaucoup de choses! Je disais donc qu'il a commencé en prison. Ce fut pour lui comme une révélation. A sa sortie, il a décidé de vivre de son art. C'est maintenant un de nos meilleurs peintres!

Jean-Paul, de son côté, cachait son trouble en **fanfaronnant** un peu. Il essayait en vain de briser la glace. Cependant, malgré la grande **convivialité** de son hôte, il n'y arrivait pas. Il avait l'étrange sentiment de passer un test. Il se cachait derrière des blagues, des souvenirs de vacances et, de temps en temps, il lançait une question. Il fit part de son étonnement de découvrir qu'il y avait des Indiens en Guadeloupe.

—Après 1848, les esclaves noirs ont voulu fuir les habitations. La colonie fut confrontée à une **pénurie** de main d'œuvre. La France, après un accord passé avec l'Angleterre, importa des Indiens du sud de l'Inde. Ils sont arrivés munis d'un contrat qui n'a jamais été respecté, finalement, la plupart d'entre eux furent obligés de rester. Mais notre population est très variée. On y trouve des Syriens, des Libanais, des Chinois, des indiens, des **Blancs-pays**, des **métropolitains**, des Africains, tous guadeloupéens bien sur! Sans compter tous les mélangés!

—Pourquoi après 1848?

—Ah, mon compère, il faut étudier notre histoire. En 1848, grâce aux luttes des Nègres marron et au combat de Victor Schoelcher, l'abolition de l'esclavage fut décrétée.

—Victor Schoelcher? Qui est-ce?

—Un grand abolitionniste français, un Alsacien, ami de Lamartine, il repose au Panthéon.

—C'est la première fois que j'en entends parler.

—Eh oui, nous n'avons pas les mêmes livres d'histoire!

Après quelques coupes de champagne, ils passèrent à table.

Bien que succulent le repas leur parut étrange. Une soupe de **calalou**, suivi d'un **blaff de burgaux**, complété par des **dombrés** aux crevettes. Un délicieux sorbet aux fruits de la passion acheva le menu. M. et Mme Lounoir eurent la délicatesse de leur expliquer chaque plat avec force détails culinaires. Une servante, en costume créole, servait et desservait la table avec discrétion et efficacité. Ce fut l'occasion pour eux d'entendre parler de l'association des cuisinières et de leur messe traditionnelle.

Sylvie et Jean-Paul s'étonnèrent de l'excellente qualité du français parlé par leurs hôtes, de la richesse et de la précision de leur savoir à propos de la culture de la France. Dans leur bouche, les produits des **terroirs**, les châteaux de la Loire, les églises et les cathédrales, les rues de Paris, les paysages des différentes régions, les villes et les villages prenaient un aspect familier. Ils avaient eux-mêmes du mal à les surprendre. Pourtant ils devinaient, derrière leur façon de faire, une personnalité différente de celle des « Français de France ». Ils s'avouèrent ignorants devant les noms de Saint-John Perse, Aimé Césaire, Édouard Glissant, Maryse Condé. Ils n'avaient entendu parler que de Patrick Chamoiseau à cause de son prix Goncourt. Pour le reste, ils n'avaient rien lu et rien appris des Antilles. C'est ainsi qu'ils rentrèrent chez eux avec le sentiment d'avoir été diminués.

—Ils font les malins, conclut avec **dépit** Jean-Paul pour tenter de rassurer Sylvie. Et puis, ce ne sont pas des Guadeloupéens comme les autres!

—Tu sais, toi, ce que c'est qu'un Guadeloupéen?

—Un Français bronzé!

—Je me demande s'ils sont si français que ça!

—Nous verrons bien! Ils parlent français, c'est déjà ça!

—Les Québécois aussi parlent français!

—Massacrent le français, tu veux dire!

—Et les jeunes des banlicues, qu'est-ce qu'ils font?

—Les banlieues, c'est pas la France!

—Alors c'est quoi la France!

—Tu me fatigues!

Pour la première fois, ils rentrèrent non seulement épuisés mais encore légèrement angoissés par tout ce qui les attendait.

Questions de compréhension

1. Les hôtes antillais de la soirée se nomment Mr. et Mme Lounoir, où est l'ironie dans ce nom choisi par l'auteur?

2. Avant de rencontrer les Lounoir, quelle image est-ce que Jean-Paul et Sylvie avaient des Noirs? D'où venait cette image, de métropole ou de Guadeloupe?

3. D'après la description des nombreuses maisons de Mr. et Mme Lounoir, celle que Jean-Paul et Sylvie vont louer, celle où les Lounoir habitent et celles à l'étranger, à quel milieu social et culturel est-ce que les Lounoir appartiennent? Justifiez votre réponse avec des passages du texte.

4. Qui est Joël Nankin? Pourquoi était-il en prison?

5. Que s'est-il passé en 1848 en Guadeloupe (et Martinique)? Pourquoi est-ce qu'une population indienne s'est installée en Guadeloupe après 1848?

6. Pendant le dîner, Jean-Paul et Sylvie découvrent que les Lounoir possèdent une culture semblable et différente de leur culture métropolitaine; faites une liste de ce qui est semblable et différent.

Questions d'interprétation

1. Qui est Victor Schoelcher? Pourquoi est-ce que Sylvie n'a jamais entendu parler de Schoelcher? Qu'est-ce que cela veut dire: « nous n'avons pas les mêmes livres d'histoire »?

2. Qu'est-ce que ce texte révèle sur les connaissances historiques et culturelles d'un Français de métropole et d'un Français de Guadeloupe? Essayez d'expliquer pourquoi est-ce qu'il y a ces différences de connaissance entre ces deux types de Français.

3. « Pour la première fois de leur vie, un Nègre noir les intimidait par son assurance, sa connaissance du monde et sa fortune ». Expliquez pourquoi Sylvie et Jean-Paul se sentent intimidés par le propriétaire de la maison *pour la première fois de leur vie*. Pourquoi Pépin utilise-t-il le terme « un Nègre noir » ?

4. Dans le contexte historique du passé esclavagiste de la Guadeloupe, expliquez l'ironie du terme « leur propriétaire » et « grand seigneur » dans la phrase suivante: « Ils revinrent tout penauds du dîner offert par leur propriétaire pour leur souhaiter la bienvenue. Grand seigneur, il les avait invités chez lui ». Aussi, où se trouve l'ironie dans l'adjectif « penauds » ? Pour répondre à cette question, pensez à l'image initiale que Jean-Paul et Sylvie avaient du Noir.

5. D'après vous, pourquoi Jean-Paul dit-il que la banlieue n'est pas la France ?

6. « Indépendantistes ? Il y a des indépendantistes ici ? ». Qu'est-ce qu'un indépendantiste ? Pourquoi est-ce que Sylvie est surprise qu'il y ait des indépendantistes en Guadeloupe ? Etes-vous surpris ? Expliquez votre réponse.

7. « Tu sais, toi, ce que c'est qu'un Guadeloupéen ? Un Français bronzé ! ». Etes-vous d'accord avec cette description du Guadeloupéen ? Justifiez votre réponse avec des exemples précis du texte.

8. « Pour la première fois, ils rentrèrent non seulement épuisés mais encore légèrement angoissés par tout ce qui les attendait ». Essayez d'imaginer pourquoi Sylvie et Jean-Paul se sentent nouvellement angoissés de ce qui les attend en Guadeloupe ?

Questions de discussion

1. La Guadeloupe est un département français. En France, l'éducation est publique, ce qui veut dire que l'éducation nationale est censée offrir la même éducation à tous les Français, sans distinction de race, culture, lieu géographique, et histoire. Comme ce texte le démontre, la France privilégie sa culture du terroir et ignore en grande partie la culture de ses anciennes colonies devenues départements français. Pensez-vous que la France devrait s'adapter davantage à sa diversité culturelle ou est-il normal qu'elle protège sa culture de « Lamartine », des « châteaux de la Loire » et des « produits du terroir » ?

2. Pépin écrit: « Sortis de la musique et du sport, les Antillais n'avaient rien à proposer ». Cette phrase résume l'image que Jean-Paul et Sylvie, qui viennent de France, ont du Noir. Est-ce que l'on trouve aussi cette image stéréotypée aux Etats-Unis ? Justifiez votre réponse en comparant la situation raciale aux Etats-Unis avec ce que vous savez et venez d'apprendre sur l'image du Noir en France.

3. A quoi vous fait penser le paragraphe: « Sylvie et Jean-Paul s'étonnèrent de l'excellente qualité du français parlé par leurs hôtes, de la richesse et de la précision de leur savoir à propos de la culture de la France…. C'est ainsi qu'ils rentrèrent chez eux avec le sentiment d'avoir été diminués ». Pensez à la nouvelle de Maryse Condé pour répondre à cette question.

Expression écrite

1. Mr. et Mme Lounoir écrivent un courriel à leurs cousins qui vivent en Martinique. Ils décrivent Jean-Paul et Sylvie. Comment les décrivent-ils?

2. Jean-Paul et Sylvie téléphonent à leurs parents en France et expliquent leur surprenant dîner chez les Lounoir. Comment décrivent-ils les Lounoir à leurs parents?

ARTS CULINAIRES

Le rhum

Le rhum est un dérivé de l'eau-de-vie fabriqué aussi par fermentation et distillation. A son origine, on l'appelait guildive (de l'anglais *kill-devil*, tue-diable) ou tafia. Contrairement à l'eau-de-vie, qui est préparée à base de fruits, le rhum est un alcool issu de la canne à sucre. Il est, de ce fait, un des plus grands produits régionaux des trois départements d'outre-mer (DOM), la Guadeloupe, la Martinique et la Réunion. D'après les recensements de 2009, les trois DOM ont une production annuelle de plus de 260 000 tonnes de sucre et de 271 000 hectolitres de rhum grâce à la culture de la canne à sucre. La canne à sucre, originaire d'Asie, est de l'espèce des plantes graminées. On extrait le sucre de sa tige. C'est Christophe Colomb, lors de son deuxième voyage aux Amériques en 1493, qui importe la canne à sucre sur l'île d'Hispaniola (l'île qui deviendra par la suite Santo Domingo et Saint-Domingue, puis la République Dominicaine et Haïti). C'est donc à Haïti que la culture due sucre commence dans les Caraïbes mais elle se répand très vite dans les Antilles françaises, en Martinique et en Guadeloupe. Le rhum est produit par une technique de fermentation, puis de distillation de la canne à sucre. La distillation s'effectue par chauffage du jus de canne pur afin de séparer l'alcool de l'eau. Les vapeurs d'alcool sont ainsi récoltées séparément pour produire le rhum.

Lors de son séjour aux Antilles, de 1693 à 1705, le missionnaire dominicain Jean-Baptiste Labat, connu sous le nom du « Père Labat », développe la technique de distillation du rhum. Il introduit et adapte l'alambic à la production du rhum aux Antilles, une technique de distillation raffinée qui produit un rhum de qualité. A la suite du

Père Labat, le rhum se développe prodigieusement aux Antilles et commence à s'exporter vers l'Europe. Aujourd'hui, l'alambic porte son nom, les « alambics du Père Labat ». Un rhum important porte aussi son nom dans l'île de Marie-Galante, une petite île des Antilles. La rumeur prétend que le Père Labat s'était intéressé à la fabrication de rhum alors qu'il entreprenait de concocter une infusion pour guérir la fièvre. Tout comme le moine bénédictin Don Pérignon qui est, dit-on, à l'origine de l'invention du champagne au dix-huitième siècle, c'est encore un ecclésiastique, le Père Labat, qui serait à l'origine de la fabrication du rhum dans les Antilles françaises.

Il faut distinguer deux types de rhum aux Antilles. Le rhum agricole est obtenu par la fermentation du jus naturel de la canne pressée (aussi appelé le vesou). Le rhum industriel, quant à lui, est issu de la fermentation d'un jus composé de mélasse et d'eau. La mélasse est le résidu sirupeux (un sirop épais noir) obtenu lors du raffinage du sucre. Il faut aussi pouvoir distinguer le rhum blanc du rhum brun. Le rhum blanc est un rhum jeune alors que le rhum brun est vieilli dans des fus de chêne, d'où sa couleur brune et son parfum ambré. Comme le rhum brun est plus aromatisé, il s'adapte très bien à la confection des pâtisseries. Le rhum blanc, quant à lui, est utilisé dans les cocktails et les punchs planteurs, ces derniers étant une boisson à base de rhum très prisée aux Antilles. En Guadeloupe, on y trouve le rhum Bologne et Damoiseau, en Martinique vous pouvez déguster le rhum Trois Rivières et le rhum La Mauny, à Marie-Galante le rhum du Père Labat y est célèbre, et à la Réunion, vous aurez le rhum Charrette. Il y en a pour tous les goûts et les couleurs, ainsi que toutes les teneurs en alcool. La moyenne de la teneur en alcool du rhum blanc est de 40 %. Ceci dit, vous trouverez en Guadeloupe du rhum Damoiseau à 50%.

Questions de compréhension

1. De quelle région du monde vient la canne à sucre?

2. Qui importe la canne à sucre dans les Caraïbes? Et à quelle époque?

3. Qui développe la fabrication du rhum aux Antilles?

4. Quel lien existe-t-il entre le champagne et le rhum?

5. Quelles sont les deux grandes étapes de la fabrication du rhum?

6. Quelle est la différence entre le rhum agricole et le rhum industriel?

7. Quelle est la différence entre le rhum blanc et le rhum brun? Quelles en sont leurs utilisations?

Le Ti'Punch

Le mot « Ti'Punch », un diminutif de « Petit Punch », est la boisson traditionnelle des Antilles françaises. Elle se boit toute la journée, bien qu'on la trouve plus souvent à l'heure de l'apéritif. La tradition veut que chacun prépare son propre Ti'Punch à sa façon. Si vous allez chez des amis ou au restaurant, votre hôte ou le serveur vous mettrons les ingrédients nécessaires à la confection de votre Ti'Punch sur la table, vous laissant libre de préparer votre boisson à votre goût.

Le Ti'Punch traditionnel est composé de:
- Rhum agricole blanc
- Sirop de canne
- Un morceau de citron vert

Le Punch Planteur

Le punch planteur est un cocktail traditionnel des Antilles composé de rhum blanc, de sirop de canne et de jus de fruits, et d'épices. Le punch est une coutume associée aux fêtes, telles que les anniversaires, les mariages, les communions, etc. Son mélange de boisson sucrée et d'alcool a tendance à vite monter à la tête pour ceux qui n'y prendraient garde !

Mélangez

1 litre de rhum blanc
200 ml de jus de canne
2 litres de jus dc fruits exotiques
Le jus de deux citrons verts
1 gousse de vanille
1 bâton de cannelle coupé sur la longueur
3 cloues de girofles

Recommandation: à préparer la veille et laisser mariner afin de mieux faire ressortir les parfums.

Le Grog

Le grog est une infusion à base de rhum utilisée pour soigner les rhumes. Cette infusion qui était destinée à l'origine au *Royal Army* et a été inventée par le Vice-Amiral Edward Vernon en 1740. Le nom « grog » est une référence au tissu du manteau du Vice-Amiral, un tissu épais appelé « grogram ». Aujourd'hui le whiskey et le cognac peuvent se substituer au rhum dans la confection de cette infusion.

Ingrédients à infuser
- eau bouillante
- rhum
- jus de citron
- miel (facultatif)

MUSIQUE

Kassav' (1979, Paris)

Ce groupe antillais de zouk est fondé à Paris en 1979 par Pierre Edouard Décimus et Freddy Marshall, deux musiciens de musique guadeloupéenne. Ils recrutent Georges Décimus (le frère de Pierre Edouard), Jacob Desvarieux et d'autres musiciens pour fonder le groupe. Les membres d'origine martiniquaise et guadeloupéenne sont Jocelyne Béroard, Jacob Desvarieux, Jean-Philippe Marthély, Patrick St. Eloi, Jean-Claude Naimro, Claude Vamur et Georges Décimus. Les chansons sont en créole français, un créole typique de la Martinique et la Guadeloupe. Le nom Kassav' fait référence à l'aliment typiquement caribéen, cassave (galette de manioc) en créole.

Dans les années 80, Kassav' popularise en France un style musical déjà existant en Guadeloupe et Martinique: le zouk. Le zouk est une musique très rythmée née aux Antilles. En 2009, Kassav' a fêté ses 30 ans. Ce groupe a produit une trentaine d'albums et a reçu de nombreux Disques d'Or et de Platine.

Les différents styles de Zouk

Depuis les années 80 jusqu'à aujourd'hui, beaucoup de styles de zouk se développent:

- le Zouk Béton ou Chiré: un zouk rapide et très rythmé qui vient de la musique de carnaval des Antilles. Le Zouk Béton est le style de musique que Kassav' a popularisé en France dans les années 80.
- le Zouk Love: un rythme plus lent et plus doux que le Zouk Béton. Le Zouk Love se danse à deux.
- Le Ragga-Zouk fait son apparition dans les années 90. Il est influencé par le reggae de Jamaïque.
- Le Rap-Zouk est comme le Ragga-Zouk un phénomène des années 90. Le Rap-Zouk est le résultat d'une forte influence du rap sur le zouk.
- Le Zouk R'n'B ou Nouvelle Génération est le zouk qui fait tabac en France depuis les années 2000. Ce zouk est fortement influencé par le R'n'B américain.

Discographie de *Kassav'*

Albums

Love and kadance (1979)

Lagué mwen (1980)

Kassav' n°3 (1981)

Kassav' (1983)

Kassav' n°5 (1983)

Passeport (1983)

Ayé (1984)

An-ba-chen'n la (disque d'or) *(1985)*

Vini pou (Or) & *(Platine) (1987)*

Majestik Zouk (2 disques d'or)(1989)

Tékit izi (2 disques d'or) (1992)

Difé (1995)

Nou la (2000)

Ktoz (2004)

All U Need Is Zouk (2007)

Compilations

Les grand succès de Kassav' vol.1(1987)

- SoulZouk—Zouk freestyle ou Zouk brésilien. Ce style de zouk qui a été créé vers 2009 vient du Brésil.
- Le Spicy Zouk—Zouk Electro. C'est un nouveau style de zouk qui a été créé en 2010. Il mélange le zouk au Kizomba (un style de zouk originaire de l'Angola), le Hip-Hop et le R'n'B.

Expressions utiles

le tube   *a hit*

faire un tabac   *a song that is very successful*

Les grand succès de Kassav' vol.2 (1987)

Kassav' gold (1998)

Un toque latino (1998)

Le meilleur de Kassav': Best of 20e anniversaire (1999)

Les indispensables de Kassav' (2002)

Légendes Kassav' (2003)

Best of (2006)

Kassav': Les années sonodisc (2006)

Saga 3 (2009)

Le meilleur de Kassav' (2012)

« Zouk La Se Sel Medikaman Nou Ni »

Kassav'

Ecoutez le tube « Zouk La Se Sel Medikaman Nou Ni » de Kassav' sur le lien inclus sur le site http://www.hackettpublishing.com/la-culture-francophone-title-support-page. Dans les années 80, ce tube a fait un tabac.

Les mots créoles. Reliez les mots et les phrases suivants avec leur équivalent en français:

A.   *Pa ni pwoblém'*   _____ si jamais un jour

B.   *médikaman*   _____ pourtant vous savez

C.   *Mwen tonbé malad*   _____ pas de problèmes

D.   *Si janmé on jou*   _____ je tombe malade

E.   *Poutan zot sav'*   _____ le médicament

Les paroles de la chanson. Reliez chaque phrase avec sa traduction en français:

A.   Kijan zot fé   _____ vous vivez comme si

B.   M'pa ka konpran'n   _____comment faites-vous

C.   Zot ka viv' kon si   _____ je ne comprends pas

D.   Pa ni pwoblém'   _____ pas de problèmes

A. Poutan zot sav'   _____ pour tenir le coup

B. Lavi la réd   _____ comment faites-vous

C. Kijan zot fé   _____ que la vie est dure

D. Pou pé sa kenbé   _____ pourtant vous savez

Zouk la sé sel médikaman nou ni (sa kon sa): le zouk est le seul médicament que nous ayons.

A. M'pa té konnet   _____ je ne connaissais pas

B. Sécré lasa   _____ ce secret

C. Ban mwen plan la   _____ pour que je puisse comprendre

D. P'mwen pé sa konpran'n   _____ donnez-moi le plan

A. Ban mwen plan   _____ si jamais un jour

B. M'poko sézi'i   _____ donnez-moi le plan

C. Si janmé on jou   _____ je n'ai pas encore compris

D. Mwen tonbé malad   _____ je tombe malade

Parlons-en !

1. Quel est le thème et le ton de cette chanson ?

2. Les paroles et la musique vous plaisent-elles ?

3. Quels instruments entendez-vous dans cette chanson ?

4. Connaissez-vous une autre chanson qui ait un thème similaire ?

PERSONNALITÉ PHARE

La Mulâtresse Solitude

La Mulâtresse Solitude est un personnage historique de l'époque de la traite des Noirs en Guadeloupe. Bien que les archives confirment son existence, nous ne connaissons que très peu de choses sur sa vie, excepté le fait qu'elle fut une Nègre Marronne ayant participé à la révolte des esclaves noirs et qu'en 1802, en réponse à sa participation dans le soulèvement des esclaves, elle fut menée à l'échafaud et pendue au lendemain de son accouchement. En collaboration avec sa femme, la guadeloupéenne Simone Schwarz-Bart, André Schwarz-Bart, l'auteur du roman culte français *Le dernier des justes*, Prix Goncourt 1959, a reconstitué fictivement l'histoire vécue de la Mulâtresse Solitude dans un langage poétique et lyrique rendant ainsi hommage à la résistance des (nègres) marrons.

La Mulâtresse Solitude serait le fruit d'un viol commis par un blanc sur une africaine captive sur un bateau négrier en route vers les Antilles. La Mulâtresse Solitude serait née en 1772 en Guadeloupe. Elle serait donc une créole, c'est-à-dire qu'elle serait née non en Afrique, comme sa mère, mais sur la terre des Antilles. D'après Schwarz-Bart, la Mulâtresse Solitude aurait grandi sur une plantation au service de ses maîtres. Elle n'aurait pas travaillé dans les champs, comme la plupart des esclaves. Elle aurait eu une position tant soit peu privilégiée due à son teint clair de métisse. Mais son métissage—mi-blanche, couleur des maîtres, et mi-noire, couleur des esclaves—n'aurait en rien affaibli son esprit de militantisme pour la cause des esclaves.

Pour comprendre le rôle historique de la Mulâtresse Solitude, il nous faut retourner à la première abolition de l'esclavage en Guadeloupe en 1794, au lendemain de la Révolution française. Après son abolition en 1794, nous savons que Bonaparte réinstaure l'esclavage dans les colonies en 1802. La Mulâtresse Solitude prend alors la fuite et rejoint la lutte contre l'esclavage des Nègres Marrons. Les Nègres Marrons étaient des esclaves récalcitrants qui s'opposaient à leur condition de sujétion et qui s'organisaient en bandes pour mener un combat contre leurs tortionnaires. La

Mulâtresse Solitude aurait été un des leaders de la lutte des esclaves et son ventre grossissant n'aurait en rien affecté sa témérité. Une fois capturée par les forces françaises de Bonaparte, elle subit le sort de ses compagnons de lutte ; à la différence que sa pendaison fut retardée de six mois pour lui laisser le temps de donner naissance à un bébé qui sera, lui, né en esclavage et qui viendra donc s'ajouter à la masse des esclaves de la Guadeloupe.

La Mulâtresse est devenue un emblème de la résistance de l'esclavage. En 1999, une statue a été érigée en son honneur dans la commune de Pointe-à-Pitre en Guadeloupe. La statue représente une Solitude enceinte, fière et rebelle, qui regarde au loin. En 2007, la ville de Bagneux, en Hauts-de-Seine en France, inaugure sa propre statue en mémoire de la Mulâtresse Solitude. La statue serait la première statue en l'honneur des esclaves résistants érigée en France.

Questions de compréhension

1. Est-ce que le livre d'André Schwarz-Bart est un récit historique ? Expliquez votre réponse.

2. Qui est Simone Schwarz-Bart ? D'où est-elle originaire ?

3. En quelle année serait née la Mulâtresse Solitude ? Et quelle est l'année de sa mort ?

4. Qui est la mère de la Mulâtresse Solitude ? Et qui est son père ?

5. Que s'est-il passé en 1794 ? Et en 1802 ?

6. Que veut dire « Nègres Marrons » ?

7. Pourquoi est-ce que la Mulâtresse Solitude a rejoint la résistance des Nègres Marrons ?

8. Est-ce que la Mulâtresse Solitude a été pendue enceinte ? Expliquez votre réponse.

AU CAFÉ

Les grèves en Guadeloupe

Ecoutez le dialogue sur le site http://www.hackettpublishing.com/la-culture-francophone-title-support-page entre Sophie et Clothilde et répondez aux questions suivantes.

Le 24 février 2009 au café Marly à Paris

Sophie revient d'un séjour en Guadeloupe. Elle prend un café avec sa meilleure amie, Clothilde, pour lui raconter son expérience de la grève générale qui a paralysé la Guadeloupe et la Martinique en hiver 2009.

Vocabulaire

Faire la grève	*to be on strike*	**La prime**	*bonus*
Etre en grève	*to be on strike*	**L'assistanat**	*charity*
Le fonctionnaire	*civil servant*	**Tu y vas un peu fort !**	*you go too far!*

Exercices de compréhension orale

1. Vocabulaire

   Remplissez chaque phrase ci-dessous avec le mot approprié du dialogue.

   1. Tu aurais dû voir ça, toutes les stations-services étaient _____, plus moyens de se déplacer.

      a. chères   b. en panne   c. en grève   d. fermées

   2. En tant que touriste, tu ne peux même pas remplir ton frigo sans dépenser une fortune au _____.

      a. restaurant   b. supermarché   c. resto   d. métro

   3. La Guadeloupe et la Martinique sont en perfusion constante ; elles se font _____ tous les produits de la métropole.

      a. envoyées   b. données   c. injectées   d. vendre

   4. C'est un collectif de syndicats qui se bat contre les _____ qui contrôlent l'île.

      a. les békés   b. les capitalistes   c. les blancs   d. les monopoles

   5. Moi, je crois que la situation actuelle de la Guadeloupe et de la Martinique est une forme de _____ moderne.

      a. esclavage   b. colonisation   c. abus   d. contrôle

   6. L'histoire _____ joue un rôle important dans cette politique d'exploitation.

      a. antillaise   b. moderne   c. coloniale   d. caribéenne

2. Dans quel ordre? Ecoutez le dialogue de nouveau et mettez les extraits suivants dans l'ordre qui convient.

Clothilde: Quoi? 50 %??? Tu ne crois pas que tu exagères un peu?_____

Clothilde: La solution serait de liquider ces monopoles afin d'éviter cette exploitation des consommateurs antillais._____

Clothilde: Pour ce qui est de prendre des vacances, ce n'était pas la destination idéale, Sophie _____

Sophie: Tu as raison sur ce point. J'ai été étonnée de voir au supermarché Carrefour en Guadeloupe des tomates en provenance de la France alors qu'elles poussent toutes seules dans n'importe quel jardin là-bas. _____

Clothilde: Bon après tout, la prime « 53 % vie chère » s'explique. Tout est importé de la métropole aux Antilles, non? Ça doit coûter cher. _____

3. Qui dit quoi? Clothilde ou Sophie. Pour chaque citation précisez qui parle.

_____: Non, à mon avis, l'indépendance serait trop radicale. Ne penses-tu pas que l'autonomie, plus d'autonomie, serait peut-être plus appropriée à la situation? On ne peut pas soudainement lâcher des îles qui ont été, « sous perfusion », comme tu dis, pendant si longtemps, elles s'écrouleraient.

_____: C'est le LKP, *Liyannaj Kont Pwofitasyon*, excuse mon accent en créole, ça veut dire « alliance contre la profitation ». C'est un collectif de syndicats qui se bat contre les monopoles qui contrôlent l'île et imposent des prix abusifs.

_____: Oui, tu as raison, mais comme tu imagines, ce n'est pas qu'un problème économique, c'est aussi historique. L'histoire coloniale joue un rôle important dans cette politique d'exploitation.

_____: Tu sais, de la métropole, on ne se rend pas toujours compte des problèmes auxquels font face la Guadeloupe et la Martinique. La vie est chère là-bas.

Questions de compréhension

1. La vie en Guadeloupe est combien de fois plus chère qu'en métropole?

2. Qu'est-ce que touche le fonctionnaire qui vient habiter et travailler en Guadeloupe et en Martinique?

3. Quelles sont les revendications des Guadeloupéens? Donnez trois exemples.

4. Qu'est-ce que Sophie a remarqué au supermarché Carrefour?

5. Qui est à l'origine de la grève ?

6. Qu'est-ce que le LKP ?

7. Qu'est-ce que la profitation ?

8. Pourquoi Sophie dit-elle que « La Guadeloupe et la Martinique sont en perfusion constante » ? Qu'est-ce qu'elle veut dire ?

9. Pour Sophie, le problème n'est pas seulement économique. Quelle est la nature du problème ?

Haïti

Sa géographie

Haïti, d'une superficie de 27 750km², occupe le tiers occidental de l'île anciennement connu sous le nom d'Hispaniola. A l'est d'Haïti, se trouve la République Dominicaine ; celle-ci occupe les deux tiers de l'île. La république d'Haïti fait partie des grandes Antilles. D'autres îles et archipels s'ajoutent au territoire haïtien, la Gonâve, l'île de la Tortue, les Cayemites et l'Ile-à-Vache.

Haïti est un territoire montagneux formé de deux massifs: l'un au nord et l'autre au sud. Les deux chaînes montagneuses sont séparées au centre par la plaine dénommée Plaine du Cul-de-Sac.

En 2012, on estime que sa population est de 9 801 664 habitants. Sa capitale est Port-au-Prince.

Un peu d'histoire

Christophe Colomb débarque sur l'île le 5 décembre 1492 et la nomme *Hispaniola*. Les Tainos, les Caraïbes et les Arawak, peuples autochtones qui vivent sur l'île au moment de l'arrivée de l'Amiral italien, ont baptisé leur île *Ayiti, Quisqueya* et *Bohio. Ayiti* signifie « terre des hautes montagnes » ou « la montagne dans la mer ». Malheureusement, à cause des fréquents massacres, de l'esclavage et des nouvelles maladies apportées par les européens, les 100 000 habitants indigènes disparaissent assez rapidement.

Les Espagnols, ayant besoin d'esclaves, font venir d'Afrique des esclaves noirs. La traite des esclaves commence en 1517 avec l'autorisation du monarque espagnol Charles Quint. Les Espagnols concentrent leur recherche d'or surtout dans la partie orientale de l'île, laissant la région occidentale à la merci des chasseurs et des corsaires français. Ceux-ci s'y installent. Elisant d'abord domicile sur l'île de la Tortue, une petite île adjacente à Hispaniola, les flibustiers fondent une première ville, Petit-Goâve. Bertrand d'Ogeron, est nommé premier gouverneur en 1665.

Après 1665

- La production de canne à sucre augmente et Colbert rédige le Code Noir, un code qui réglemente l'esclavage. Ce code sera promulgué en 1685.
- L'Espagne laisse la partie occidentale d'Hispaniola à la France après le traité de Ryswick de 1697. Ce territoire est officiellement baptisé Saint-Domingue.

- Arrivée de 30, 000 colons français de 1713 à 1787.
- Vers 1790, Saint-Domingue devient la colonie française la plus riche de l'Amérique. Presque un demi-million d'esclaves africains sont amenés à Saint-Domingue contre leur gré et reçoivent un traitement atrocement sévère.

Révolution française, révolte des esclaves et l'abolition de l'esclavage

- La révolution française éclate en 1789.
- La révolte des esclaves en 1793 aboutit à l'abolition de l'esclavage .

Toussaint L'ouverture

- Né esclave en 1743 il est le grand leader de la Révolution de Saint-Domingue (1791-1804) qui aboutit à l'abolition de l'esclavage.
- Gouverneur de la République d'Haïti, la première république noire du monde

Succession de dirigeants de 1804 à 1843

- Jean-Jacques Dessalines: gouverneur du 1er janvier 1804 au 2 septembre 1804. Il devient Jacques 1er, Empereur d'Haïti du 2 septembre 1804 au 17 octobre 1806.
- Henri Christophe: président par intérim du 17 octobre 1806 au 27 janvier 1807. Lors de la séparation entre le nord et le sud, il devient Président du Nord du 17 février 1807 au 28 mars 1811. Il devient Roi du Nord d'Haïti, Henri Ier, du 28 mars 1811 au 8 octobre 1820.
- Alexandre Pétion est Président de l'Etat du Sud du 10 mars 1807 au 29 mars 1818.
- Jean-Pierre Boyer, est élu quatrième Président de la République d'Haïti du 31 mars 1818 au 13 février 1843. Initialement, il est président de l'Etat du Sud du 31 mars 1818 au 8 octobre 1820. Il devient Président d'Haïti du 8 octobre 1820 au 9 février 1921. Après son invasion de la région orientale de l'île d'Hispaniola, il devient président d'Hispaniola du 9 février 1921 au 18 mars 1843.
- Charles Rivière Hérard est à la tête d'une insurrection qui renverse le gouvernement de Boyer. Il sera président et sera lui-même renversé par une insurrection en 1844.
- Entre 1843 et 1915, de nombreuses insurrections et révolutions dominent l'atmosphère politique.
- Entre 1915 à 1934, les Etats-Unis occupent la république d'Haïti. Ils construisent routes et écoles.

Les Duvaliers: 1957–1986

- François Duvalier surnommé « Papa Doc » est Président de la République d'Haïti de 1957 à 1971. En 1964, il se nomme « Président à vie ». Ce dictateur utilisera des milices privées et *les tontons macoutes*. Ces militants assassinent et torturent des milliers d'Haïtiens.
- Jean-Claude Duvalier dit « Baby Doc » devient Président de la République d'Haïti de 1971 à 1986 après le décès de son père, François Duvalier. Comme son père, il instaure une dictature sévère qui provoquera l'exile de nombreux citoyens haïtiens. Le 7 février 1986, les Haïtiens, fatigués des difficultés économiques du pays et de son système dictatorial, s'insurgent et le force à fuir le pays. Il s'exile en France.

Jean-Bertrand Aristide

- Ancien Président de la République d'Haïti
- Il est élu le 7 février 1991. Le 30 septembre 1991, un coup d'état organisé par les militaires lui arrache le pouvoir. Il doit s'exiler.
- Président de nouveau de 1994 à 1996. L'administration de Clinton le remet au pouvoir dans l'espoir de restaurer une démocratie stable à Haïti.
- Président de nouveau de 2001 à 2004. Le 29 février 2004, un coup d'état est monté contre lui. Il quitte l'île dans un avion américain.

René García Préval

- Président de la République du 7 février 1996 au 7 février 2001.
- Il est élu de nouveau le 14 mai 2006 jusqu'au 14 mai 2011.

Michel Martelly

- Elu président de la république d'Haïti le 14 mai 2011.

Le séisme du 12 janvier 2010

Le 12 janvier 2010 à 16 h 53, un tremblement de terre d'une magnitude de 7,3 frappe l'ouest d'Haïti et notamment sa capitale, Port-au-Prince. On confirme plus 300 000 morts, 300 000 blessés et 1,2 million de sans-abris. Au moins six secousses suivent le séisme initial. Le 20 janvier 2010, un autre séisme se produit à Haïti. Sa force est de 6,1 sur l'échelle de Richter. On estime que le coût de reconstruction de Port-au-Prince et de ses environs est entre huit et quatorze milliards de dollars.

LITTÉRATURE

Dany Laferrière (1953, Port-au-Prince, Haïti)

Dany Laferrière est né à Port-au-Prince (Haïti) et a grandi à Petit-Goâve, une petite ville côtière du sud-ouest. Au début des années 70, Laferrière commence une carrière journalistique au *Petit Samedi Soir*, un journal qu'il a co-fondé. Après la mort de son collègue en 1976, assassiné sous le régime corrompu du dictateur Jean-Claude Duvalier (surnommé « Bébé Doc »), le jeune Laferrière âgé de 23 ans se voit forcé de quitter Port-au-Prince pour Montréal. A Montréal, il vit de petits contrats, notamment dans une usine de tannerie. Pendant son temps libre, il écrit son premier roman, *Comment faire l'amour avec un nègre sans se fatiguer,* qui sera publié en 1985. Le roman semi-autobiographique relate la vie d'un jeune Haïtien fraîchement débarqué à Montréal et sur le point d'achever son premier roman. Comme le titre provocateur le suggère, le roman s'attaque au sujet tabou de la sexualité entre l'homme noir et la femme blanche, un sujet qui permettra à son auteur d'aborder aussi la question plus générale de l'idéologie raciale et sexuelle en Occident. Le livre, un succès critique et commercial, sera par la suite adapté au grand écran par Jean-Jacques Binamé (1996).

A ce jour, Laferrière a publié plus d'une quinzaine de livres. Certains de ses livres sont autobiographiques et rendent hommage avec une poésie mélancolique à son enfance haïtienne (*L'odeur du café,* 1991, et *Le charme des après-midi sans fin,* 1997). D'autres sont construits autour du thème plus classique du retour au pays natal (*Pays sans chapeau,* 1996, et *L'énigme du retour,* 2009). D'autres enfin reprennent le thème sulfureux de la liberté sexuelle des années Bébé Doc à Haïti (*Le goût des jeunes filles,* 1992) et de la sexualité interraciale (*Eroshima,* 1987 ; *Cette grenade dans la main du jeune nègre est-elle une arme ou un fruit?,* 1993, *La chair du maître,* 1997 ; et *Vers le sud,* 2006).

En 2009, Laferrière reçoit le très prestigieux Prix Médicis pour *L'énigme du retour,* ce qui consacre son statut exclusif de grand écrivains contemporains. L'auteur revendique ses deux racines: Haïti et le Québec. Il est écrivain haïtien et canadien de langue française. De talents multiples, Laferrière est aussi chroniqueur et réalisateur.

Œuvres Littéraires

Comment faire l'amour avec un nègre sans se fatiguer (1985)

Eroshima (1987)

L'odeur du café (1991)

Le goût des jeunes filles (1992)

Cette grenade dans la main du jeune nègre est-elle une arme ou un fruit? (1993)

Chronique de la dérive douce (1994)

Pays sans chapeau (1996)

La chair du maître (1997)

Le charme des après-midi sans fin (1997)

Dans l'œil du cyclone (1999)

Le cri des oiseaux fous (2000)

Je suis fatigué (2000)

Vers le sud (2006)

Je suis un écrivain japonais (2008)

L'énigme du retour (2009)

Tout bouge autour de moi (2010)

L'art presque perdu de ne rien faire (2011)

Journal d'un écrivain en pyjama (2013)

Honneurs

1991

Prix Carbet de la Caraïbe pour *L'odeur du café*.

1993

Prix Edgar-l'Espérance pour *Le goût des jeunes filles*.

2000

Prix Carbet des Lycéens, pour *Le cri des oiseaux fous*.

2001

Prix Gouverneur de la Rosée du Livre et de la Littérature.

2002

Prix du Livre RFO pour *Cette grenade dans la main du jeune nègre est-elle une arme ou un fruit?*

2006

Prix du Gouverneur Général (littérature jeunesse) pour *Je suis fou de Vava*.

2009

L'énigme du retour:

Prix Médicis

Grand Prix du livre de Montréal

Prix des libraires (2010)

Grand Prix littéraire international du festival Métropolis Bleu (2010)

Il a réalisé un long-métrage sur l'Amérique intitulé *Comment conquérir l'Amérique en une nuit*. De plus, trois de ces romans (*Comment faire l'amour* [...], *Vers le Sud* et *Le goût des jeunes filles*) sont adaptés au cinéma. En 2013, Laferrière a été élu à l'Académie française. Il occupe le siège, entre autres, d'Alexandre Dumas fils.

Avant de lire

A la maison (recherche à l'aide de l'internet, de l'encyclopédie, etc.)

1. Cherchez des informations sur la Révolution Haïtienne de 1804. Qui étaient les grands acteurs de cette révolution et contre qui était-elle orchestrée? Qu'en a été la conclusion?

2. Qui sont Jean-Claude et François Duvalier? Quel type de régime ont-ils imposé en Haïti? Pendant combien d'années ont-ils dirigé le pays?

3. Cherchez quelques informations sur la situation écologique et économique d'Haïti.

Parlons un peu

1. Connaissez-vous des personnes célèbres haïtiennes ou d'origines haïtiennes? (politiciens, écrivains, philosophes, artistes, chanteurs/ses, acteurs, sportifs…)?

2. Quels sont les adjectifs qui vous viennent à l'esprit pour décrire Haïti?

Mots difficiles

s'acharner   *to persevere*
la bravoure   *bravery*
déployer   *to display*
désemparé   *distraught, at a loss*
germé   *formed, born (an idea, a concept)*
la gifle   *slap in the face*
maudit   *cursed*

poindre   *to dawn*
le qualificatif   *qualifier*
pompeux   *pompous*
renflouer ses caisses   *replenish one's bank account*
ressasser   *to brood over, to dwell on*

1. Reliez chaque mot avec son synonyme.

   ____ s'acharner   a. courage
   ____ poindre   b. voué à la malédiction
   ____ maudit   c. répéter sans cesse
   ____ désemparé   d. apparaître

___ ressasser   e. s'obstiner

___ la bravoure   f. une caractéristique

___ le qualificatif   g. qui ne sait plus où il en est

2. Vrai ou faux?

     1. Une personne têtue s'acharne assez souvent. _____

     2. La bravoure est une qualité négative. _____

     3. Une personne pauvre renfloue ses caisses fréquemment. _____

     4. Ma grand-mère ressasse en général les événements. _____

     5. Si une personne perd tout, elle se sent désemparée. _____

3. Créez une phrase en français avec chaque mot de vocabulaire. Votre phrase doit montrer que vous comprenez le sens du mot.

     la gifle   déployer   pompeux   germé

*Vous allez lire un extrait tiré du livre-témoignage de Dany Laferrière (*Tout bouge autour de moi*) au sujet du tremblement de terre du 12 janvier 2010 en Haïti. Le passage ci-dessous se situe quelques jours après la secousse. Laferrière est à l'aéroport de Port-au-Prince, sur le point d'être rapatrié à Montréal par l'ambassade du Canada. Des journalistes sont à l'aéroport, prêts à recueillir le témoignage des rapatriés.*

« La guerre sémantique »

Dany Laferrière

Déjà, sur le terrain de l'aéroport, la bataille a débuté. À une question d'un journaliste, j'ai senti qu'on venait d'ajouter un nouveau **qualificatif** à Haïti. Pendant longtemps, Haïti a été vu comme la première république noire indépendante du monde, et la deuxième en Amérique après les États-Unis. Cette Indépendance ne nous pas été accordée entre deux martinis et des discours **pompeux** sur une pelouse couverte de confettis, elle a été conquise de haute lutte à la plus grande armée européenne, celle de Napoléon Bonaparte. Mon enfance a été bercée par des histoires d'esclaves qui n'avaient pour toute arme que leur désir de liberté et une **bravoure** insensée. Ma grand-mère me racontait, les soirs d'été, les exploits de nos héros qui devaient tout prendre à l'ennemi: les armes comme les techniques de combat. Et brusquement, vers la fin des années

2010

L'ensemble de son œuvre:

Personnalité de l'année La Presse-Radio-Canada de son œuvre.

2013

L'Académie française

1980, on a commencé à parler d'Haïti uniquement en termes de pauvreté et de corruption. Un pays n'est jamais corrompu, ce sont les dirigeants qui le sont. Les trois quarts de la population qui, malgré une misère endémique, parviennent à garder leur dignité, ne devraient pas recevoir cette sale **gifle**. Quand on dit Haïti, ils se sentent visés. Pays le plus pauvre, c'est surement vrai—les chiffres le disent. Mais cela efface-t-il l'histoire? On nous accuse de trop la **ressasser**. Pas plus qu'aucun autre pays. Quand la télé française, par exemple, veut **renflouer ses caisses**, elle programme une série sur Napoléon. Que de films et de livres sur l'histoire de France, d'Angleterre ou encore sur la guerre du Vietnam, alors qu'il n'y a pas un seul film sur la plus grande guerre coloniale de tous les temps, celle qui a permis à des esclaves de devenir des citoyens par leur seule volonté. Et là, je vois **poindre** un nouveau label qui s'apprête à nous enterrer complètement: Haïti est un pays **maudit**. Il y a même des Haïtiens **désemparés** qui commencent à l'employer. Faut être vraiment désespéré pour accepter le mépris de l'autre sur soi. Ce terme ne peut être combattu que là où il a **germé**: dans l'opinion occidentale. Mon seul argument: Qu'a fait de mal ce pays pour mériter d'être maudit? Je connais un pays qui a provoqué deux guerres mondiales en un siècle et proposé une solution finale et on ne dit pas qu'il est maudit. Je connais un pays insensible à la détresse humaine, qui n'arrête pas d'affamer la planète depuis ses puissants centres financiers et on ne le dit pas maudit. Au contraire, il se présente comme un peuple béni des dieux. Alors pourquoi Haïti serait-il maudit? Je sais que certains l'emploient de bonne foi, ne trouvant d'autres termes pour qualifier cette cascade de malheurs qui **s'acharnent** sur un peuple démuni. Je dis ici fermement que ce n'est pas le bon mot, surtout quand on peut constater l'énergie et la dignité que ce peuple vient de **déployer** devant l'une des plus difficiles épreuves de notre temps.

Questions de compréhension

1. Laferrière retrace trois étapes importantes dans l'histoire d'Haïti. Citez ces trois étapes.

   - A partir de 1804,…
   - A partir de la fin des années 1980,…
   - A partir du 12 janvier 2010,…

2. Trouvez un mot dans le texte qui qualifie (décrit) chacune de ces trois étapes.

3. Une fois que vous avez trouvé ces trois mois, décidez si l'image d'Haïti est plus positive ou plus négative aujourd'hui qu'il y a deux cents ans. Pourquoi?

4. Quelles histoires est-ce que la grand-mère racontait au petit Laferrière les soirs d'été? Quelle image est-ce que l'opinion occidentale a d'Haïti aujourd'hui?

Questions d'interprétation

1. Laferrière explique pourquoi les conditions d'indépendance d'Haïti (1804) ont été uniques par rapport à d'autres pays ou îles colonisés. Il utilise l'image suivante pour expliquer cette différence:

   Cette Indépendance ne nous pas été accordée entre deux martinis et des discours **pompeux** *sur une pelouse couverte de confettis.*

   Expliquez cette image en faisant une comparaison entre l'histoire de la Guadeloupe (Victor Schoelcher) et celle d'Haïti (Toussaint Louverture).

2. Essayez d'imaginer pourquoi est-ce que les Français aiment regarder des séries télévisées sur Napoléon Bonaparte. Que représente ce personnage historique pour la France?

3. Que représente Napoléon Bonaparte pour les Haïtiens?

4. Quels sont les deux pays auxquels Laferrière fait référence dans le passage suivant?:

   Je connais un pays qui a provoqué deux guerres mondiales (…) comme un peuple béni des dieux.

   Etes-vous d'accord avec la vision de l'auteur? Justifiez votre opinion.

5. Pourquoi est-ce qu'après le tremblement de terre du 12 janvier 2010, certaines personnes ont commencé à dire qu'Haïti était un pays maudit? (Pensez à la situation politique, économique et maintenant naturelle d'Haïti depuis la fin des années 1980.)

6. Laferrière rejette le terme « maudit » pour décrire Haïti. Quels arguments à la fin du texte utilise-t-il pour défendre l'image d'Haïti?

7. Quelles émotions se dégagent de ce texte: l'optimisme, la peur, la colère, la rancune, la fierté, la désillusion …? Justifiez vos choix avec des passages du texte.

Questions de discussion

1. Dans l'histoire haïtienne, Napoléon Bonaparte est l'ennemi à combattre et dans l'histoire de France, Bonaparte est un héros à célébrer. La France renonce à considérer le rôle que Bonaparte a joué dans l'histoire de l'esclavage des Antilles. Trouvez-vous normal qu'une nation ait une mémoire sélective? Ou pensez-vous que chaque nation devrait faire face à son histoire dans son ensemble? Répondez à cette question en utilisant des exemples d'autres pays de votre choix.

2. Laferrière condamne la vision que l'occident porte sur Haïti aujourd'hui. Il compare cette vision avec celle que les Haïtiens ont d'eux-mêmes (peuples fiers, courageux, descendants de révolutionnaires). D'après vous, qu'est-ce qui est le plus important: la vision que l'autre porte sur sa nation ou la vision que la nation porte sur elle-même? Peut-on ignorer le regard de l'autre? Répondez à cette question en tenant aussi compte de l'histoire coloniale.

Expression écrite

1. Vous lisez dans le journal *L'opinion* un article qui décrit Haïti comme un pays « maudit », pauvre et sans espoir. Après avoir lu le texte « La guerre sémantique » de Dany Laferrière et après l'avoir discuté dans votre cours de littérature francophone, vous vous sentez moralement obligé d'écrire un article et de l'envoyer au journal *L'Opinion*. Dans votre article, expliquez votre vision d'Haïti. A-t-elle changé ou pas depuis que vous avez lu l'article de Dany Laferrière? Pensez-vous qu'on puisse dire qu'Haïti est un pays « maudit »?

2. Ecrivez un poème dans lequel vous exprimez vos sentiments face au tremblement de terre qui a affecté des millions de personnes à Haïti et dans le monde entier.

ARTS CULINAIRES

La cuisine haïtienne

La cuisine haïtienne, surnommée « manjé kréyol » (du verbe « manger » et de l'adjectif « créole »), reflète la diversité et la richesse de l'histoire de l'île Hispaniola, cette île unique composée d'Haïti et de la République Dominicaine. Cette cuisine métisse est tout d'abord la conséquence de la rencontre de l'Afrique et de l'Europe à travers son histoire d'esclavage. Fruit d'un brassage d'influences multiples—amérindiennes (du peuple Taïno Arawak), africaines, françaises, et espagnoles—la cuisine haïtienne a beaucoup en commun avec celle des îles voisines des Caraïbes. Comme la Guadeloupe et la Martinique, Haïti offre une cuisine à base de riz, de tubercules (malanga), de viandes grillées au feu de bois (bœuf, poulet, porc), de légumes (aubergine, mirliton), de poissons (la morue, le rouget), d'autres spécialités de la mer tel que le lambi et la tortue, et de fruits (bananes, noix de coco, ananas). Comme toute cuisine créole de la Nouvelle-Orléans aux Caraïbes, son trait distinctif est la finesse de ces parfums et son goût épicé dû à l'utilisation du piment rouge ou vert.

Malgré ses traits communs avec les autres cuisines créoles, la cuisine haïtienne a sa propre histoire culinaire, ainsi que sa propre histoire sémantique. Saviez-vous par exemple que le mot « maïs » vient de *maiz* en espagnol, qui vient lui-même de la langue Taïno, le peuple arawak de l'Hispaniola ? Ou encore, saviez-vous que le mot « barbecue » a comme origine le mot Taïno « barbacoa » ? Le « barcacoa » a aussi donné le mot argotique français « la barbaque » qui signifie « viande ». Le « barcacoa » est aussi un dérivé du « boucané », une méthode de cuisson (particulièrement du poulet) à la fumée très populaire dans l'ensemble des Antilles. Un des ingrédients favoris de la cuisine haïtienne est la kalalou (okra, gumbo), une forme de plante exotique importée par les esclaves en Hispaniola au XVIIe siècle. N'oublions pas bien sûr que, bien que la cuisine haïtienne soit une sœur des cuisines des autres îles des Caraïbes francophones, elle porte aussi une influence espagnole dont la Martinique et la Guadeloupe en sont dépourvues.

Bien que le riz ne soit pas d'origine amérindienne mais bel et bien asiatique, c'est une des bases de la cuisine haïtienne. En tête de liste, nous trouvons le « riz djon-djon », un riz noir qui doit sa couleur à l'utilisation de champignons noirs des Caraïbes que l'on nomme plus précisément « champignons djon-djon ». Un autre favori des Haïtiens est le *diri kolé ak pwa* (riz colé aux pois). La phrase créole *Diri kolé ak pwa* peut se comprendre facilement phonétiquement: du riz (*diri*) collé (*kolé*) avec (*ak*) des pois (*pwa*). Le *Diri kolé ak pwa* est certainement le plat traditionnel des Antilles. Grâce à ses saveurs parfumées et légèrement épicées et sa teneur en protéines qui permet de se passer de viandes le cas échéant, ce riz aux pois rouges mérite sa popularité chez les Haïtiens. *Bon apeti*, comme disent les Haïtiens !

Questions de compréhension

1. Quelle est l'origine de la diversité de la cuisine haïtienne ?

2. Qu'est-ce qui différencie la cuisine haïtienne de celle de la Martinique et de la Guadeloupe ?

3. Donnez des exemples d'ingrédients typiques de la cuisine créole.

4. Quelle est l'origine du mot « maïs » ? Et « barbecue » ?

5. Pourquoi est-ce que le « riz djon-djon » est noir ?

6. Que veut dire « diri » en français?

7. Pourquoi est-ce que le *diri kolé ak pwa* peut être accessoirement considéré comme un plat complet ?

Recette du *Diri kolé ak pwa*

Ingrédients

200 grammes de haricots rouges
50 grammes de poitrine salée
1 oignon
2 échalotes
2 gousses d'ail
5 clous de girofle
Huile de tournesol
300 grammes de riz basmati
Thym et laurier
1 piment antillais rouge ou vert
Sel et poivre

Faire tremper les haricots rouges dans une basse d'eau froide la veille.

Faire cuire les haricots rouges (qui ont trempés toute la nuit) dans une marmite d'eau bouillante. Les haricots sont cuits quand ils commencent à se fissurer.

Couper la poitrine salée en morceaux. Eplucher et hacher l'oignon, l'ail et les échalotes. Faire revenir la poitrine, l'ail, les oignons et les échalotes dans deux cuillères à soupe d'huile jusqu'à ce que le tout dore légèrement.

Ajouter le riz, les haricots rouges, les clous de girofles, le piment et de l'eau qui recouvre le tout.

Saler et poivrer.

Laisser mijoter pendant 20 minutes. Rajouter de l'eau si nécessaire pendant la cuisson.

MUSIQUE

Mizic Rasin (1987)

Le Mizic Rasin est un style de musique typique d'Haïti qui combine le rock et la musique traditionnelle des rites religieux du voudou. Ce style musical, né en 1987, est appelé *Mizic Rasin* en créole et *musique racine* en français. Les groupes suivant produisent ce style de musique: Ayibobo; Azor; Boukan Ginen; Boukman Eksperyans; Chandel; Kalfou Lakay; Kanpech; Koudjay; Racine Figuier; RAM; Rasin Kanga; Simbi; Tokay; Wawa; Zobop et A.J. Garski's Backyard Garden & Grill.

Ecoutez la chanson « Pale Yo » du groupe Kanpech et regardez la vidéo sur le site http://www.hackettpublishing.com/la-culture-francophone-title-support-page.

1. Pouvez-vous comprendre les paroles ? En quelle langue, selon vous, cette chanson est-elle chantée ?

2. Comment est le rythme de cette chanson ? Quels instruments de musique pouvez-vous identifier ?

3. Qui apparaît sur la vidéo ? Que font les personnes sur la vidéo ?

4. Aimez-vous cette chanson ? Justifiez votre opinion.

5. Dans quel contexte pourriez-vous écouter cette chanson ?

Ecoutez la chanson «Ram » du groupe Simbi et regardez la vidéo sur le site http://www.hackettpublishing.com/la-culture-francophone-title-support-page.

1. Comment est le rythme de cette chanson ? Quels instruments de musique pouvez-vous identifier ?

2. Qui apparaît sur la vidéo ? Que font les personnes sur la vidéo ?

3. Comparez cette chanson avec « Pale Yo » du groupe Kanpech. Pourquoi ces deux chansons sont-elles différentes (thème de la chanson, rythme, instruments de musique)? (thème de la chanson, rythme, instruments de musique)

4. Quelle chanson vous plaît le plus ? Justifiez votre opinion.

PERSONNALITÉ PHARE

Toussaint Louverture

Toussaint Louverture est né esclave en 1743 en Haïti (anciennement Saint-Domingue). Connu comme étant le grand leader de la Révolution de Saint-Domingue (1791–1804), il fut le dirigeant principal de la seule révolte d'esclaves qui a abouti à l'abolition de l'esclavage. Il fut par la suite le gouverneur de la république d'Haïti, la première république noire du monde.

Toussaint Louverture est né François-Dominique Toussaint de Bréda. Le nom Bréda fait référence à la Plantation Bréda, le lieu supposé de naissance de Toussaint Louverture. Malgré son statut d'esclave, Louverture a reçu une éducation succincte

et d'après certains documents historiques retrouvés, il semblerait aussi qu'il était capable d'écrire (phonétiquement). Dans la plantation, il travailla vraisemblablement au service des maîtres comme domestique, ce qui démontre sa position privilégiée comparée aux esclaves qui travaillaient à la dure dans les champs de canne. D'après certains historiens, Louverture aurait été affranchi à l'âge de trente-trois. Une fois affranchi, il devint lui-même brièvement colon à la commande d'une plantation de treize esclaves. Il se maria avec une esclave libre ou affranchie nommée Suzanne Simon-Baptiste. Louverture dit avoir eu beaucoup d'enfants, dont certains légitimes avec Suzanne. Quand la Révolution française éclate en 1789, Saint-Domingue n'est pas immédiatement affectée par l'esprit de révolte français. Il faut attendre 1791, lors d'une cérémonie vaudou d'esclaves, pour que les esprits s'échauffent en Haïti. Pendant la cérémonie du Bois-Caïman, le maître de la cérémonie vaudou, Dutty Boukman, ordonne aux esclaves un soulèvement général contre le système esclavagiste à la suite duquel un nombre impressionnant de plantations fut brulée et un millier de Blancs tués. Le leader Dutty Boukman périt pendant ce soulèvement mais la relève ne se fait pas attendre. Louverte est célèbre pour son mot d'ordre lancé en 1793 aux esclaves:

> *Frères et amis. Je suis Toussaint L'ouverture ; mon nom s'est peut-être fait connaître jusqu'à vous. J'ai entrepris la vengeance de ma race. Je veux que la liberté et l'égalité règnent à Saint-Domingue. Je travaille à les faire exister. Unissez-vous, frères, et combattez avec moi pour la même cause. Déracinez avec moi l'arbre de l'esclavage.*

Toussaint n'est pas né « Louverture » ; il a acquis ce nom lors de sa renommée en tant que grand leader militaire. Toussaint Louverture a débuté sa carrière militaire en tant que Général des armées du roi d'Espagne avant de se rallier à la République française abolitionniste. Il tient son nom « Louverture » de sa capacité militaire à créer des ouvertures pour son armée pendant les combats. Progressivement, il obtient le contrôle complet de l'île, c'est-à-dire non seulement le contrôle de Saint-Domingue mais aussi celui de Santo-Domingo, la partie espagnole de l'île Hispaniola. Avec la fin de la Révolution française, c'est-à-dire après le coup d'état de Napoléon Bonaparte en 1799, Toussaint Louverture prend ses distances avec la France qui a alors cessé son ère révolutionnaire abolitionniste. En 1801, Louverture instaure une constitution autonome en Haïti et se déclare gouverneur à vie. En 1802, Louverture est forcé à démissionner sous la pression militaire de Bonaparte, ce dernier ayant réussi à rétablir son autorité sur Haïti. Avant sa démission, Louverture signe un traité avec les Français lui assurant que l'esclavage ne sera pas rétabli sur l'île. Toussaint se retire alors sur ses terres, dans sa plantation. Après une tentative de reprise de pouvoir en 1802, Louverture est arrêté et envoyé en France où il est emprisonné. Il meurt en prison le 7 Avril 1803. Après la déportation de Louverture, Jean-Jacques Dessalines, un dirigeant de la Révolution haïtienne qui s'est battu aux côtés de Louverture, reprend la lutte avec succès contre les

Français et proclame l'indépendance d'Haïti le 1er janvier 1804. Dessalines deviendra empereur d'Haïti.

Louverture est aujourd'hui une figure emblématique de la fierté noire, tout comme Dessalines. La détermination, l'audace et l'expertise militaire de Louverture a mené au premier état indépendant noir de l'histoire. Louverture est une source d'inspiration pour nombreux pays et minorités noirs.

Questions de compréhension

1. Dans quelles conditions et où serait né Toussaint Louverture ?

2. Pour quelle raison est-il surnommé « Louverture » ?

3. Comment est-ce que la Révolution haïtienne a commencé, par quel événement qui a eu lieu sur l'île ?

4. Quel rôle idéologique est-ce que la Révolution française a joué dans le désir d'émancipation des esclaves ?

5. Qu'est-ce que Louverture a obtenu des Français avant de démissionner ?

6. Où est mort Louverture ?

7. Qui a succédé à Louverture ?

8. En quoi est-ce que l'exploit de Louverture est exceptionnel dans l'histoire de l'esclavage ?

Et vous ?

Certains historiens affirment que quand Louverture envoyait des missives à Bonaparte, il écrivait, « Du premier des Noirs au premier des Blancs », affirmant ainsi son statut d'égal à égal avec Bonaparte. Pensez-vous à d'autres figures ou événements historiques qui ont permis aux noirs de revendiquer leurs droits d'égalité ? Si oui, donnez des précisions sur ces figures/événements et comparez-les à l'histoire de Louverture.

AU CAFÉ

Le tremblement de terre du 12 janvier 2010

Ecoutez le dialogue qui est sur http://www.hackettpublishing .com/la-culture-francophone-title-support-page entre Clothilde et Sophie et répondez aux questions suivantes.

28 août 2012 au café Chez Pierre, à Paris. Clothilde revient d'un séjour à Haïti où elle est allée rendre visite à sa famille qui habite à Port-au-Prince. Elle prend un café avec sa meilleure amie Sophie pour lui raconter son séjour.

Questions de vocabulaire

1. *Remplissez chaque phrase ci-dessous avec le mot approprié du dialogue.*

    1. Tu as dû entendre parler de la tempête _____ Isaac dans les Caraïbes.

    2. Il y a encore des centaines de milliers d'Haïtiens qui vivent dans des _____.

    3. Il y a eu plus de _____ victimes.

    4. A Léogâne, 90% des habitations ont été _____.

    5. [C'est] un tremblement de terre d'une _____ de 7 sur l'échelle de Richter.

    6. Il faut reconstruire maintenant avec une _____ anti-cyclonique.

    7. Haïti est censé recevoir approximativement 5 milliards de dollars d'_____.

    8. Les aides veulent être sûres que l'argent est utilisé pour le peuple et la _____ et non pour la _____.

2. *Dans quel ordre? Écoutez le dialogue de nouveau et mettez les extraits suivants dans l'ordre qui convient.*

Sophie: En effet, c'est énorme. _____

Clothilde: Il faut reconstruire maintenant avec une architecture anti-cyclonique, c'est-à-dire une structure qui peut résister à un cyclone. _____

Clothilde: Tu sais, le problème est que beaucoup de structures ne pouvaient pas résister à un gros tremblement de terre, et particulièrement à un tremblement de terre d'une magnitude de 7 sur l'échelle de Richter. _____

Sophie: Et ils n'ont pas eu le temps de reconstruire depuis les deux dernières années? _____

Clothilde: Oui, tu sais, le tremblement de terre du 12 janvier 2010 a été la plus grande catastrophe naturelle de l'histoire d'Haïti. Il y a eu plus de 300 000 victimes. Tiens par exemple, à Léogâne, à 25 kilomètres de Port-au-Prince, on dit que 90 % des habitations ont été détruites. _____

Questions de compréhension

1. Où était Clothilde pendant la tempête Isaac, en France ou à Haïti?

2. Pourquoi est-ce qu'il y a des centaines de milliers d'Haïtiens qui n'ont pas de maisons à Haïti?

3. Quelle a été la plus grande catastrophe naturelle de l'histoire d'Haïti?

4. Que veut dire une architecture « anti-cyclonique »?

5. Combien d'argent est-ce qu'Haïti doit recevoir des aides internationales?

6. Pourquoi est-ce qu'Haïti n'a pas encore reçu tout l'argent?

L'AMÉRIQUE DU NORD

Le Québec

www.theodora.com/flags

Sa géographie

Le Québec, d'une superficie de 1 667 926 km², est situé dans la partie nord-est du Canada. Son vaste territoire est varié: il se compose de nombreuses forêts, de rivières et de lacs. En direction du nord, les arbres à feuilles caduques laissent la place aux conifères dans la taïga et aux arbustes dans la toundra.

Le Québec est la deuxième province canadienne la plus peuplée avec une population de 7 903 001 en 2011. Son fleuve le plus important est le Saint-Laurent. D'une longueur de 3 200 km, le Saint-Laurent naît dans les grands lacs et son embouchure se trouve au détroit de Cabot. C'est un des plus grands fleuves navigables du monde.

www.theodora.com/maps

Un peu d'histoire

Il y a à peu près 10,000 ans, les premières populations paléo-américaines arrivent sur le territoire connu aujourd'hui sous le nom de Québec. Il y a 8 000 ans, les Iroquois et les Algonquins s'installent dans la région sud du territoire.

La Nouvelle-France (1508–1763)

Trois explorateurs

- En 1508, Thomas Aubert, navigateur français, arrive au Québec pour une expédition de pêche. Il capture sept Amérindiens de la tribu des Micmacs (peuple algonquien) et les ramène en France où ils sont baptisés par l'église catholique.
- Vers la fin de 1523, Giovanni da Verrazzano, un explorateur italien, est engagé par le roi français François Ier, pour trouver l'accès à l'océan pacifique entre Terre-Neuve et la Floride. Il retourne en France sans avoir trouvé l'ouverture géographique.

- Jacques Cartier entreprend trois voyages au Québec:

  - ✓ En 1534, il explore le golfe du fleuve Saint-Laurent.
  - ✓ En 1535, lors de son deuxième voyage, Cartier remonte le Saint-Laurent jusqu'à Hochelaga (actuellement Montréal). Il grimpe la montagne située à Hochelaga qu'il nomme Mont Royal.
  - ✓ En 1541, lors de son troisième voyage, Jacques Cartier fonde la colonie de Charlesbourg-Royal.

La colonisation de la Nouvelle-France

- N'ayant pas trouvé de métaux précieux, ni de passage vers l'Asie, la colonisation de la Nouvelle-France prend place lentement.
- En 1608, Samuel de Champlain fonde la ville de « Kébec », un nom qui signifie « là où le fleuve se rétrécit ».[1]
- Les villes de Trois-Rivières et de Montréal sont fondées en 1634 et en 1642.
- En 1663, le monarque français Louis XIV nomme Jean Talon Premier Intendant de la Nouvelle-France. Grace à la politique de Jean Talon, un nombre croissant de colons émigre en Nouvelle-France en dépit du climat et de l'hostilité iroquoise. La population européenne de la Nouvelle-France augmente de 3 215 habitants en 1666 à 70 000 en 1760.
- Entre 1534 et 1763, la colonie de la Nouvelle-France s'étend de Terre-Neuve aux montagnes rocheuses et de la Baie d'Hudson jusqu'au Golf du Mexique. Le territoire est divisé en cinq colonies: le Canada, l'Acadie, la Baie d'Hudson, la Terre-Neuve et la Louisiane.

La Nouvelle-France sous la domination britannique 1763–1867

- En 1763, Louis XV, le roi de France, est obligé de céder la Nouvelle-France aux Britanniques sous le Traité de Paris.
- Après le *Boston Tea Party* de décembre 1773, les Britanniques, par mesure de sécurité et pour se protéger d'une insurrection de la part des francophones, instaurent *l'Acte de Québec* en avril 1774. Cet acte, qui a pour but de calmer les francophones, leur redonne les droits dont ils jouissaient sous la couronne française.
- Après la victoire des Etats-Unis sur les Anglais dans la guerre d'indépendance des États-Unis, 7 000 colons anglophones qui montrent leur soutien pour les Britanniques s'installent au Québec. Cependant ces anglophones, dits *les loyalistes*, se sentent en minorité culturelle et linguistique face aux colons francophones qui jouissent de privilèges offerts par *l'Acte de Québec*. Pour protéger les anglophones, le gouvernement britannique divise le territoire canadien en deux parties, le

---

1. Information recueillie sur le site www.bonjourquebec.com.

Bas-Canada (francophone) et le Haut-Canada à l'ouest de la rivière des Outaouais (anglophone). Cet acte est l'Acte constitutionnel de 1791.

- Les francophones se sentent minoritaires et se révoltent, ce qu'on appelle *la rébellion des patriotes* (1837–1838). Cette révolte est sévèrement réprimée par l'armée britannique.
- Les Britanniques instaurent *l'Acte d'Union* en 1840. Cet acte unit le Bas-Canada au Haut-Canada et met en place une politique d'assimilation pour les Canadiens français.
- Après 1867, bien que le Canada soit maître de ses finances, de sa politique intérieure et de son commerce, il reste néanmoins sous le contrôle de l'Angleterre pour sa politique extérieure et son armée.

Le Québec aux XXème et XXIème siècles

- Maurice Duplessis est nommé premier ministre du Québec (1945–1960)
- Pendant *la révolution tranquille* des années 1960, le Québec sépare l'église de l'état. De plus, un mouvement nationaliste québécois grandit.
- De 1976 à aujourd'hui, deux partis politiques se partagent le pouvoir: le Parti québécois (indépendantiste) et le Parti libéral du Québec (non indépendantiste).

LITTÉRATURE

Michel Tremblay (1942, Montréal, Québec)

Dramaturge et romancier québécois, Michel Tremblay a grandi dans le Plateau Mont-Royal, un quartier montréalais connu pour son dialecte joual. Dès un très jeune âge, Michel Tremblay est un avide lecteur et rêve de devenir auteur un jour. A l'âge de treize ans, il lit le roman *Bonheur d'occasion* de Gabrielle Roy que sa mère, également avide lectrice, lui recommande. Ce roman, dans lequel Roy présente les problèmes quotidiens des Québécois, remplit Michel Tremblay d'enthousiasme pour l'écriture. En 1960, Michel écrit sa première pièce de théâtre, *Le Train*, grâce à laquelle il remporte le premier prix du Concours des Jeunes Auteurs organisé par Radio-Canada en 1964.

En 1965, Michel Tremblay écrit sa deuxième pièce de théâtre, *Les belles-sœurs*. Le succès de cette pièce est énorme car elle diffère des thèmes traditionnels du théâtre québécois, c'est-à-dire, de la morale catholique. De plus, il utilise *le joual*, dialecte québécois, ce qui est complètement innovateur. Ses personnages appartiennent à la classe ouvrière québécoise, ils sont homosexuels, travestis ou sont atteints de maladie

Œuvres littéraires

Contes pour buveurs attardés (1966)

La cité dans l'œuf (1969)

C't'à ton tour, Laura Cadieux (1973)

Chroniques du Plateau Mont-Royal: série de six romans:

La grosse femme d'à côté est enceinte (1978)

Thérèse et Pierrette à l'école des Saints-Anges (1980)

La duchesse et le roturier
(1982)

Des nouvelles d'Édouard
(1984)

Le premier quartier de la lune (1989)

Un objet de beauté
(1997)

Le Gay Savoir, série de cinq romans:

La nuit des princes charmants (1995)

Quarante-quatre minutes, quarante-quatre secondes (1997)

Le cœur découvert
(1986)

Le cœur éclaté (1993)

Hôtel Bristol New York, N.Y (1999)

Les vues animées (1990)

Douze coups de théâtre: récits (1992)

Un ange cornu avec des ailes de tôle (1994)

Le fantôme de Don Carlos (1996)

L'homme qui entendait siffler une bouilloire (2001)

Bonbons assortis (2002)

Le cahier noir (2003)

Le cahier rouge (2004)

Le cahier bleu (2005)

Le trou dans le mur (2006)

La traversée du continent (2007)

La traversée de la ville (2008)

La traversée des sentiments (2009)

mentale. Michel Tremblay critique l'église catholique qui, selon lui, contrôle la classe ouvrière québécoise, ainsi que l'élite anglophone vivant au Québec. Ainsi, parallèlement à la révolution tranquille[2] des années 60 au Québec, Michel Tremblay crée une œuvre dans laquelle il brise les idées et les valeurs conservatrices établies auparavant au Québec. Aujourd'hui, Michel Tremblay a écrit plus de 20 pièces, 3 comédies musicales, 9 romans et 7 scénarios de films.

Avant de lire

A la maison (recherche à l'aide de l'internet, de l'encyclopédie, etc.)

1. Faites des recherches sur le quartier populaire de Montréal, le Plateau Mont-Royal.

2. Faites des recherches sur le dialecte Joual.

3. Faites des recherches sur la Saint-Jean-Baptiste et la fête des Rois.

Parlons un peu

Dans votre région, votre ville ou votre quartier, utilisez-vous des expressions idiomatiques spécifiques? Ecrivez cinq expressions que vous utilisez.

Mots difficiles

la berçante *rocking chair*
la broche *knitting needle*
broncher *without a murmur*
le cliquetis *clicking*
le craquement *creaking sound*
décamper *to run off*
désappointé *disappointed*
endurer *to put up with*
entrebâillé *half open*

à jeûne *on an empty stomach*
lousse *loose*
l'ouvrage *work*
la patte *flap*
la ruelle *alleyway*
les savates *slouch*
les souliers *shoes*
la verroterie *glass jewerly*

---

2. *La révolution tranquille*: Période de l'histoire moderne du Québec (pendant la décennie de 1960) pendant laquelle, la connexion politique entre l'église catholique et l'état est rompue. L'Etat québécois est complètement réorganisé. De plus, pour la première fois, l'Etat québécois développe une identité nationale québécoise. Visitez le site de la révolution tranquille http://www.revolutiontranquille.gouv.qc.ca/.

Activités de vocabulaire

1. Cherchez dans l'extrait « 2 mai 1942 » qui apparait ci-joint toutes les expressions, les noms et les formes verbales typiques du dialecte joual du quartier montréalais du Plateau Mont-Royal.

   Ecrivez-les ici:

2. Visitez le site http://www.hackettpublishing.com/la-culture-francophone-title-support-page et faites une liste de cinq expressions qui vous intéressent avec une traduction approximative en anglais.

   ➢

   ➢

   ➢

   ➢

   ➢

3. Reliez chaque mot à son synonyme ou sa définition.

   ____décamper   a. on tricote avec
   ____ les souliers   b. supporter
   ____ la broche   c. la venelle
   ____ endurer   d. les chaussures
   ____ la ruelle   e. partir rapidement
   ____ la berçante   f. une personne qui n'a pas mangé
   ____ à jeûne   g. chaise dans laquelle on peut se balancer

Vous allez lire un extrait tiré du roman La grosse femme d'à côté est enceinte *de Michel Tremblay (1978). Dans ce texte vous allez découvrir la richesse culturelle et linguistique (le joual) du quartier populaire de Montréal, le Plateau Mont-Royal.*

Le passage obligé (2010)

La grande mêlée (2011)

Au hazard la chance (2012)

Les clefs du paradise (2013)

Survivre!, survivre! (2014)

Théâtre

Le train (1964)

Les belles-sœurs (1965)

En pièces détachées (1970)

À toi, pour toujours, ta Marie-Lou (1970)

Trois petits tours (1971)

Demain matin, Montréal m'attend (1972) Comédie musicale

Hosanna (1973)

La Duchesse de Langeais (1973)

Bonjour, là, bonjour (1974)

Les héros de mon enfance (1976)

Sainte Carmen de la Main (1976)

Surprise ! Surprise ! (1976)

Damnée Manon, sacrée Sandra (1977)

L'impromptu d'Outremont (1980)

Les anciennes odeurs (1981)

Albertine en cinq temps (1984)

Le vrai monde? (1987)

Nelligan (1990)

Honneurs

La grosse femme d'à côté est enceinte

Michel Tremblay

2 mai 1942

Rose, Violette et Mauve tricotaient. Parfois Rose (ou Violette, ou Mauve) posait son tricot sur ses genoux, jetait un coup d'œil mi-amusé mi-sévère sur le travail de ses sœurs et disait: « Tu tricotes trop **lousse**. » ou bien: « Si moman m'avait donné d'la laine de c'te couleur-là, j'arais été ben **désappointé**! » ou bien encore elle ne disait rien. Si elle restait inactive trop longtemps, l'une de ses sœurs tournait la tête vers elle: « Finis **ta patte** avant de jongler. » Et Rose (ou Violette, ou Mauve) reprenait son travail après un discret soupir. Le silence s'installait. Confortablement. Mais au bout de quelques minutes: « C'est rare qu'on peut s'assir dehors un 2 mai, hein? » « Ouan… j'pense que c'est la première fois. » « Voyons donc, faut pas exagérer! Depuis le temps… » « C'est vrai, t'as raison… j'me rappelle, l'année que Victoire a eu Gabriel… » « C'tait pas l'année de Gabriel, c'tait l'année d'Edouard, son deuxième… » « Comme tu veux. » « C'est pas comme j'veux, c'est de même. C'tait l'année d'Edouard. » Silence encore. Le triple **cliquetis** des **broches**. « En tout cas, c'tait un 2 mai. » Rose, Violette et Mauve étaient assises sur des chaises droites. Les chaises berçantes encouragent la paresse. Dos raide, coudes collés, yeux baissés sur la laine bleue. Ou rose. Ou jaune. Ou autre. Le matin, avant de sortir les chaises, elles avaient lavé le balcon. Comme chaque jour elles allaient le faire jusqu'au début de septembre. Un siau d'eau, beaucoup d'eau de Javel, trois brosses. Le chat tigré qui avait passé la nuit sous le balcon, épuisé après trois jours d'amours violentes et de **jeûne**, d'était réveillé en crachant des « pfft » rageurs et avait **décampé**, maudissant cette odeur de propreté maniaque. « Le chat, à matin, c'tait-tu le chat de Marie-Sylvia? » « Oui ». La porte s'ouvrit doucement derrière elles. Elles continuèrent leur **ouvrage** sans **broncher**. Seules leurs mains bougeaient dans ce tableau immobile. Et la porte qui s'ouvrait. La maison d'en face glissa vers la gauche dans la vitre de la porte, puis celle qui la touchait, puis les autres. Et enfin le restaurant de Marie-Sylvia au coin de la **ruelle**. Avec cette fois, un bout de ciel parce que le restaurant de Marie-Sylvia, pompeusement baptisé « Restaurant Arc-en-ciel », était situé au rez-de-chaussée d'une maison de deux étages, la seule de la rue, un luxe dans ce quartier où on n'avait construit que des maisons à trois étages, par économie. D'espace. Et d'argent. « Quand vous en aurez fini assez, rentrez-les au lieu d'les laisser trainer su 'l'balcon. Ça fait malpropre. » Florence, leur mère, glissa hors de la maison et se pencha sur le travail d'une de ses trois filles. « Tu tricotes trop lousse. » « J'fais des pattes d'été!» Les deux autres rirent. Florence sourit. « Y'a pas de saison pour les bébés! ». Florence se redressa, fit demi-tour et rentra dans la maison. La porte resta **entrebâillée**. « J'pense qu'a va venir s'assir avec nous autres. » Rose, Violette et Mauve se levèrent, soulevèrent leurs chaises par le dossier et firent une place pour celle de leur mère. Avant qu'elles ne se rassoient, Florence parut dans la porte avec sa chaise **berçante**. Elle la déposa sur le plancher propre. Toutes s'assirent. **Le craquement** de la chaise de Florence se mêla au cliquetis des broches à tricoter de ses filles. Rose,

Chalmers Award (2000)

Dora Mavor Moore Award (2000)

Violette et Mauve tricotaient des pattes de bébés. Pour la grosse femme d'à côté qui était enceinte. « Demain, on va commencer celles de madame Jodoin. » Et Florence, leur mère, se berçait.

« Duplessis! Duplessis! » Déjà pomponnée comme pour sortir malgré l'heure matinale, Marie-Sylvia se tenait sur la première des trois marches de ciment qui menaient à son restaurant. « Duplessis! » été comme hiver, aussi bien à la Saint-Jean-Baptiste qu'aux Rois et même le Vendredi saint, Marie-Sylvia, dès sept heures du matin, portait pierres du Rhin aux oreilles et perles de **verroterie** au cou. Son rouge à lèvres qui tachait ses dents et lui donnait une haleine sucrée était célèbre dans toute la rue. Les enfants disaient que Marie-Sylvia sentait le bonbon. Les femmes disaient que Marie-Sylvia sentait. « Duplessis! » Elle portait sa robe du samedi. Oui, elle possédait une robe pour chaque jour de la semaine. Une seule. Elle ne variait jamais. On pouvait baser son calendrier sur les robes de Marie-Sylvia. Et certains le faisaient. Si Marie-Sylvia s'était acheté une robe neuve, non seulement toute la rue aurait-elle été au courant, mais quelques-uns de ses habitants n'auraient plus su quel jour on était. Exaspérée, Marie-Sylvia rentra dans son restaurant, trainant **ses savates** à moitié défoncées sur le plancher de bois franc. Car Marie-Sylvia n'était coquette que jusqu'aux genoux. Elle n'avait jamais pu **endurer** de **souliers** qu'elle appelait d'ailleurs « des tue-pieds ». « Des suyers? J'en ai pas de besoin en arrière de mon comptoir! C'que le monde voyent pas leur fait pas mal! »

Questions de compréhension

1. Quelle est la relation entre Rose, Mauve et Violette? Pour qui tricotent-elles?

2. A qui appartient le chat qui est sur le balcon avec elles?

3. Où est situé le restaurant de Marie-Sylvia? Comment s'appelle-t-il?

4. Qui est Florence? Qui est « Duplessis » dans l'extrait?

5. Quel genre de bijoux Marie-Sylvia porte-t-elle?

6. Pourquoi peut-on baser son calendrier sur les robes de Marie-Sylvia? Que se passe-t-il pour certaines personnes si Marie-Sylvia a une nouvelle robe?

7. Décrivez les savates que Marie-Sylvia porte. Pourquoi, selon elle, elle ne porte pas de chaussures?

Questions d'interprétation

1. Rose, Mauve et Violette sont les noms des trois sœurs qui tricotent. Pourquoi est-ce ironique qu'elles s'appellent de cette façon?

2. Recherchez qui est *Maurice Le Noblet Duplessis* dans l'histoire du Québec. En tenant compte que le roman a lieu en 1942, expliquez pourquoi c'est ironique que le chat porte ce nom. Pensez-vous que Tremblay veuille communiquer un message en nommant le chat *Duplessis*?

3. Michel Tremblay écrit: « Seules leurs mains bougeaient dans ce tableau immobile ». En utilisant l'idée de Tremblay qui compare la scène des trois sœurs à une peinture, concentrez-vous sur les éléments visuels de cet extrait:

   • Faites une liste de toutes les couleurs présentes dans ce texte.
   • Quel effet les couleurs ont-elles sur vous en tant que lecteur?
   • Quelle atmosphère se dégage de ce tableau?

4. Comment Michel Tremblay arrive-t-il à décrire l'atmosphère de communauté qui existe dans ce quartier? Donnez des exemples précis tirés du texte.

Question de discussion

Michel Tremblay, dans ses nombreux ouvrages littéraires, transmet clairement l'identité culturelle et linguistique du Québec. Certains Québécois souhaitent que leur province devienne indépendante du Canada. Faites des recherches sur le mouvement indépendantiste au Québec et préparez vos arguments.

Débat

Si vous considérez que le Québec est la seule province canadienne à être francophone et donc à avoir *un statut particulier*, pensez aux avantages et inconvénients à ce que le Québec devienne indépendant du Canada.

Si le Québec devenait indépendant du Canada…

Avantages	Inconvénients

Le Québec devrait devenir indépendant du Canada parce que…

➢
➢
➢

Le Québec devrait continuer à être une province du Canada parce que…

➢
➢
➢

Expression écrite

1. Visitez la page http://www.hackettpublishing.com/la-culture-francophone-title -support-page.

   Faites une liste d'un minimum de dix expressions idiomatiques québécoises. En groupe de deux, créez un dialogue amusant entre deux étudiants de l'université de Montréal et utilisez le plus d'expressions idiomatiques possibles.

   Le thème est le suivant:

   Deux étudiants parlent d'un de leurs compagnons d'appartement qui est un peu excentrique.

   Après votre rédaction, présentez votre travail à votre professeur pour qu'il ou elle le vérifie. Lorsque vous aurez corrigé votre création, vous pourrez la présenter devant vos camarades de classe.

2. Vous voulez créer une adaptation théâtrale de « 2 mai 1942 ». En groupe de trois, imaginez et discutez ces quelques points:

   - les costumes des personnages
   - quelles actrices voulez-vous employer pour chaque rôle?
   - le décor

FILM

Jean-François Pouliot (1957, Montréal)

Jean-François Pouliot, réalisateur québécois, reçoit une Licence en Communication de l'Université Concordia à Montréal. Il commence sa carrière cinématographique comme assistant caméraman. Il travaille avec des réalisateurs mondialement connus tels que Sergio Leone, réalisateur de *Il était une fois en Amérique* (*Once Upon a Time in America*) et Tony Richardson, réalisateur de *L'hôtel New Hampshire* (*Hotel New Hampshire*).

En 1982, Pouliot commence à travailler en tant qu'écrivain pour la plus grande compagnie canadienne de publicité, Cossette Communication Marketing. Il est promu très rapidement et devient directeur de la publicité francophone pour les restaurants McDonald. Son travail publicitaire est reconnu: il gagne à deux reprises le Grand Prix Mondial de la publicité francophone.

En 1988, Pouliot réalise de nombreuses annonces publicitaires pour l'agence canadienne Fabrique d'Images. Pour son travail national et international, il reçoit le Lion d'Argent à Cannes pour une publicité pour Loto-Québec.

Films

Canada Vignettes: The Egg (1979)

Emilie de la nouvelle lune (*Emily of New Moon*) (série TV) (1998)

The Curse of the Poppett (episode TV) (1998)

La grande séduction (2003)

Le guide de la petite vengeance (2006)

Champlain retracé, une œuvre en 3 dimensions (2008)

Le long métrage *La grande séduction* (*Seducing Doctor Lewis*) qu'il réalise en 2003 est un grand succès. Ce film reçoit le Prix du Public au Festival de Cannes de 2004.

Cette comédie a lieu sur une île, Ste Marie-La-Mauderne qui a seulement 130 habitants. Touchés pour une crise économique sévère, les habitants de l'île ont besoin d'aide pour remonter la pente économique. Il est possible qu'une usine soit construite sur l'île, mais à condition qu'un médecin veuille bien s'installer dans ce petit village. Les habitants essaient de séduire le docteur Lewis, un médecin montréalais, pour qu'il reste vivre à Ste Marie-La-Mauderne.

La grande séduction

Jean-François Pouliot

Jean-Francois Pouliot nous emmène dans un petit village pêcheur québécois fictif, Sainte-Marie-la-Mauderne, où les habitants sont très démoralisés. En effet, le chômage, l'alcoolisme et le tabagisme accablent les villageois depuis longtemps. Un jour, le maire du village annonce qu'il est possible qu'une usine soit construite à Sainte-Marie-La-Mauderne. Cependant, pour que cela arrive, il est nécessaire que le village ait un médecin qui réside au village. Les habitants du village invitent un jeune médecin de Montréal et essaient par tous les moyens de le faire déménager de la métropole vers ce petit village perdu.

Avant de visionner

A la maison (recherche à l'aide de l'internet, l'encyclopédie, etc.)

1. *La grande séduction* a été filmée dans le village Harrington Harbour dans la région Côte-Nord du Québec. Recherchez ce village et cette région géographique.

2. Est-ce une région très peuplée? Quel est son climat? Est-ce un endroit dans lequel vous aimeriez vivre? Justifiez votre réponse.

Vocabulaire

Recherchez les termes québécois suivants et écrivez leur traduction en anglais

le chèque BS ou « bien-être social » :

vivre au crochet du gouvernement :

le chum :

la SQ :

avoir les dents croches :

le pot-de-vin :

le guichet automatique :

taquiner :

crisse :

Parlons un peu

1. Vivez-vous à la campagne ou en ville ? Que préférez-vous ?

2. Quels sont les avantages et les inconvénients de vivre à la campagne et en ville ?

3. Quels sont les commerces typiques que vous trouvez dans un petit village ? Faites une liste.

Activités (après visionnement)

Les personnages

1. Voici la description de quelques personnages de *La grande séduction*. Reliez chaque personnage à sa description.

___ Germain	a. médecin envoyé sur l'ile pendant un mois
___ Hélène	b. elle travaille à la poste
___ Yvon	c. le banquier et père de Lucie
___ Clothilde	d. elle écoute les appels de Christopher
___ Henri	e. épouse de Germain
___ Steve	f. le narrateur de l'histoire. Il devient maire du village
___ Lucie	g. meilleur ami de Germain
___ Réal	h. épouse de Germain
___ Christopher	i. policier
___ Eve	j. la fille d'Henri

2. Ecrivez les noms de chaque personnage à côté des photos suivantes.

_____ et

_____

_____

_____

_____

3. Qui dit quoi? *Indiquez avec une lettre de l'alphabet l'interlocuteur de chaque phrase: Germain (a), Réal (b) Yvon (c) Docteur Lewis (d)*

On a un mois pour se mettre beaux. Il faut que Christopher Lewis tombe en amour avec Sainte-Marie-La-Mauderne. _____

Capitaine, on va voir le match? On va à l'île! _____

Ils sont intéressés à installer l'usine ici à cause des exemptions de taxe. _____

Evidemment tout le monde sait qu'elle n'est plus vierge. _____

On est vraiment bien ici! _____

4. Dans le film *La grande séduction*, le traditionnel et le moderne se superposent.

   Classifiez les personnages suivants: Germain, Christopher, Steve, Hélène, Yvon, Eve. Pensez-vous que les noms donnés à chaque personnage coïncident bien avec leur personnalité?

	moderne	traditionnel	Pourquoi?
Yvon			
Germain			
Christopher			
Steve			
Hélène			
Eve			

Questions de compréhension

1. Décrivez le village. Quelle impression vous donne-t-il?

2. Comparez la scène du début du film (le rêve de Germain) avec le présent. Comment les choses ont-elles changé?

3. Que vont chercher les hommes à la poste une fois par mois?

4. Pourquoi le maire déménage-t-il du village? Pourquoi le fait-il la nuit?

5. Comment Réal arrive-t-il à convaincre le docteur Lewis de venir à Sainte-Marie-la Mauderne?

6. Que doivent donner Germain, Yvon et Henri à Mr. Dupré pour qu'il construise une usine sur l'île ?

7. Comment le docteur Lewis se rend-il compte que les villageois lui ont menti pendant un mois ?

8. Que décide-t-il à la fin du film ?

Questions de discussion

1. Pensez-vous que le nom « Sainte-Marie-la-Mauderne » décrit correctement ce petit village de pêcheurs ? Justifiez votre réponse.

2. Dans le film on mentionne que c'est l'an 2000. Pourquoi ce détail est-il important ?

3. Que pensez-vous du fait que tous les personnages principaux dans le film sont des hommes tandis que les femmes ont toutes des rôles secondaires ? Pensez-vous que c'est intentionnel de la part de Jean François Pouliot ?

4. Cherchez cinq scènes comiques dans le film. Pourquoi sont-elles amusantes ? L'humour québécois est-il différent de l'humour américain ? Justifier votre réponse.

5. Pensez-vous que Christopher Lewis va transformer le village et ses habitants ? Comment ?

6. Au contraire, pensez-vous que les habitants du village vont transformer Christopher Lewis ?

7. Pourquoi, à votre avis, Christopher accepte-t-il le poste de cinq ans sur l'île ?

8. Aimez-vous la fin du film ? Pourquoi ou pourquoi pas ?

9. Quelles leçons pouvez-vous tirer de ce film ?

Présentations orales

Cherchez des informations sur le roman d'Honoré de Balzac *Le médecin de campagne* (1833). Décrivez brièvement le rôle du médecin dans ce roman et le rôle qu'il joue dans la métamorphose de ce village proche de Grenoble. Pouvez-vous établir une comparaison entre le docteur Benassis du roman de Balzac et le docteur Lewis de *La grande séduction* ? Comment sont-ils similaires et différents ?

ARTS CULINAIRES

La tourtière et le cipaille québécois

La **tourtière** est un plat très populaire au Québec, particulièrement dans les régions de Charlevoix, du Saguenay et du Lac-Saint-Jean. La tourtière est surtout présente sur les tables québécoises pendant les fêtes de Noël. Ce pâté est composé de viandes diverses (porc, poulet, bœuf) coupées en dés, et de pommes de terre également coupées en dés. Sa cuisson est lente (de 6 à 8 heures), ce qui permet aux jus de mariner.

Il existe une variation culinaire dans la confection des tourtières selon leur région d'origine. La tourtière du Lac-Saint-Jean est beaucoup plus grosse que les autres tourtières et la viande est coupée en plus gros morceaux. Sa préparation est également différente des autres tourtières, aussi dénommées « pâté à la viande ». Pour préparer la tourtière du Lac-Saint-Jean, on place une abaisse de pâte au fond d'un grand plat (par exemple une grande rôtissoire à dinde) puis on dépose de nombreux morceaux de viandes et des pommes de terre coupées en cubes. Après, on recouvre le tout d'une abaisse de pâte. La tourtière du Lac-Saint-Jean est cuite au four pendant 5 à 6 heures.

La tourtière du Charlevoix et du Saguenay est plus petite. Dans un plat beaucoup plus petit, on met les viandes coupées en cube ou même hachées entre deux abaisses de pâte. La cuisson est la même que celle de la tourtière du Lac-Saint-Jean.

En Gaspésie et dans le Bas-Saint-Laurent, la tourtière est dénommée **le cipaille**.

Le patronyme *cipaille* provient de « six-pâtes » car, à l'origine, on mettait six couches de pâte au lieu de deux ou trois couches de pâte. Bien qu'au temps des colons le cipaille était composé de morceaux de viande comme le chevreuil, le lièvre et la perdrix, de nos jours, il est plus souvent fait de bœuf, de veau et de porc coupés en dés.

Questions de compréhension

1. Quelle est la différence fondamentale entre la tourtière du Lac-Saint-Jean et la cipaille ?

2. De quelles viandes la tourtière et la cipaille sont-elles composées ?

3. Pendant combien de temps doit-on les faire cuire ?

4. D'où vient le mot « cipaille » ?

Et vous ?

1.   Ces plats vous paraissent-ils appétissants ? Justifiez votre réponse.

2.   Quelle boisson typiquement québécoise pouvez-vous ajouter à votre tourtière ?

3.   Avec quel dessert allez-vous conclure votre repas typiquement québécois ?

Recette de la tourtière du Lac-Saint-Jean

Ingrédients

3 kg de viande:
1.5 kg de porc maigre coupé en petits dés
1 kg de bœuf coupé en dés
500 g de poitrines de poulet coupées en dés

2 gros oignons, hachés
3 kg de pommes de terre coupées en petits dés
Sel et poivre
2 litres de bouillon de poulet, chaud

500 g pâte à tarte

La veille, mélangez la viande avec 2 oignons hachés et du poivre dans un grand récipient. Mettez le tout au réfrigérateur pendant toute une nuit.

Coupez les pommes de terre en cube.

Le lendemain, couvrez les bords de la grosse rôtissoire à dinde avec de la pâte.

Mettez une couche de viande puis une couche de pommes de terre en alternant. Quand vous avez tout mis, couvrez le tout de pâte assez épaisse en laissant un trou. Versez le bouillon très chaud.

Cuisez au four à une température de 250°F (120°C) pendant 5 à 6 heures.

Recette du cipaille de la Gaspésie

Ingrédients

300 g de bœuf coupé en cubes
300 g de poulet coupé en cubes
300 g de porc coupé en cubes

2 oignons, hachés finement
1 kilo de pommes de terre, en cubes

Sel et poivre
250 ml de bouillon de poulet

2 abaisses de tarte

Mélangez les viandes et les oignons et réfrigérez pendant toute une nuit.

Le lendemain, déposez dans un plat une couche de viande, de pommes de terre et de pâte à tarte coupée en morceaux (5 x 10 cm). Répétez. Laissez une ouverture dans la pâte pour que la vapeur s'échappe. Versez du bouillon de poulet dans l'ouverture de la pâte.

Mettez au four à une température de 250°F et laissez cuire 8 à 10 heures.

MUSIQUE

La bottine souriante (1976, Launadière, Québec)

Ce groupe musical créé en 1976 dans la région de Launadière au Québec compose et interprète des chansons folkloriques québécoises qui expriment une atmosphère de fête. Ce groupe comporte neuf musiciens qui utilisent des instruments musicaux variés: trompette, contrebasse, piano, accordéon, violon, harmonica et tapements de pied.

La bottine souriante a enregistré plus de dix albums et a vendu plus de 850 000 albums au Québec seulement. Ce groupe musical a gagné de nombreux prix. Ils sont connus mondialement et donnent des concerts dans le monde entier.

« La tourtière »

Ecoutez la chanson sur le site http://www.hackettpublishing.com/la-culture-francophone-title-support-page.

Discographie

Y'a ben du changement (1978) disque d'Or

Chick & Swell (1983)

La traversée de l'Atlantique (1986)

Tout comme au jour de l'An (1987) disque Platine

Je voudrais changer d'chapeau (1988)

Jusqu'aux p'tites heures (1991) disque d'Or

La mistrine (1994) disque Platine

En spectacle (1996) disque d'Or

Fire in the Kitchen (1998) disque d'Or

Xième (Rock & Reel) (1988) disque d'Or

Cordial (2001)

Anthologie (2001) disque d'Or

J'ai jamais tant ri (2003)

Anthologie II (2005)

Appellation d'origine controlée (2011)

Honneurs

Le Canadien Juno

Je voudrais changer d'chapeau (1989)

Jusqu'aux p'tites heures (1992)

Cordial (2002)

Prix Félix

La mistrine (1995)

En spectacle (1997)

Xième (1999)

Cordial (2002)

J'ai jamais tant ri (2004)

Prix du meilleur album folk de l'année

Jusqu'aux p'tites heures (1992)

La mistrine (1995)

En spectacle (1997)

Xième (1999)

Prix du meilleur album traditionnel

Cordial (2002)

J'ai jamais tant ri (2004)

Disque d'Or

Y'a ben du changement (1978)

Xième (Rock & Reel) (1988)

Jusqu'aux p'tites heures (1991)

En spectacle (1996)

Fire in the Kitchen (1998)

Anthologie (2001) disque d'Or

Disque Platine

Tout comme au jour de l'An (1987)

La mistrine (1994)

Parlons-en !

1. Les spécialités gastronomiques du monde entier. Remplissez le tableau suivant selon la chanson « la tourtière » de la bottine souriante.

Pays/ville	Spécialitiés gastronomiques
La France	
La Belgique	
L'Allemagne	
Milan	
Toronto	
L'Espagne	
L'Angleterre	
Le Portugal	
Marseille	
Le Hollande	

2. Recette de la tourtière. Lisez les paroles de la chanson encore une fois et écrivez la recette de la tourtière.

3. Selon la chanson, quand mange-t-on la tourtière?

4. Avez-vous déjà mangé une tourtière? Où et quand? Cela vous a-t-il plu?

5. Savez-vous cuisiner? Quelle est votre spécialité culinaire? Si vous ne savez pas cuisiner, quel est votre plat préféré que quelqu'un de votre famille sait cuisiner?

PERSONNALITÉ PHARE

René Lévesque

René Lévesque est né le 24 août 1922 à Campbellton au Nouveau-Brunswick. Fils aîné de Diane Dionne et de Dominique Lévesque, René grandit à New Carlisle dans la Gaspésie. Du fait qu'avec ses deux frères (Fernand et André), sa sœur Alice, ils passent leurs premières années dans ce petit village anglophone, ils deviennent très rapidement bilingues français-anglais.

Lévesque suivra une éducation classique chez les Jésuites pendant ses années à l'école élémentaire et ses années au collège. En 1938, après le décès de son père, la famille déménage à Québec. Le jeune garçon continue ses études au collège Saint-Charles Garnier de Québec. En 1941, il commence à étudier le droit à l'Université Laval, mais il découvre rapidement que le droit n'est pas sa vocation. Le journalisme est sa vraie passion.

Sa carrière journalistique

Dès l'âge de 15 ans, René Lévesque est fasciné par la radio et le journalisme. Son premier poste de journaliste est à la radio CHNC de New Carlisle.

Lors de ses premières années à Québec, il est recruté comme annonceur à CKCV et à Radio-Canada.

Grâce à ses qualités de journaliste bilingue, il est embauché en 1944 comme journaliste pour l'armée américaine. Il se rend donc à Londres en 1944 et commence à travailler pour la radio internationale *Voice of America*. Son année à Londres sera très marquante à cause des bombardements quotidiens par l'armée allemande.

Après la seconde guerre mondiale, René retourne au Québec et poursuit sa carrière de journaliste international à Radio-Canada.

En 1951, il couvre la guerre de Corée. Sa carrière de journaliste avance lorsqu'il est promu chef de service des reportages radiotélévisés à Radio-Canada en 1952. De 1956 à 1959, René Lévesque devient très connu au Québec pour son travail de journaliste dans l'émission *Point de mire*. La grève des réalisateurs de Radio-Canada qui aura lieu entre le 28 décembre 1958 et le 7 mars 1959 donnera fin à sa carrière à Radio Canada. A cause de sa participation à la grève, Radio Canada supprime son programme *Point de mire*, ce qui entraine la démission du journaliste. Pendant cette transition professionnelle, René Lévesque s'intéressera à une nouvelle carrière: la politique.

Sa carrière politique

- Il est élu député à l'Assemblée nationale du Québec pour le Parti libéral du Québec (22 juin 1960).

- Il devient Ministre des Ressources hydrauliques et des Travaux publics (1960–1961).
- Il sert comme Ministre des Ressources naturelles (1961–1966).
- Il est Ministre de la Famille et du Bien-être social (1965–1966).
- Le 19 novembre 1967, René Lévesque fonde le *Mouvement souveraineté-association* (MSA), un mouvement politique à travers lequel il promeut l'indépendance du Québec.
- Il crée le Parti Québécois (PQ) en 1968.

Pour la première fois au Québec, les citoyens élisent un parti politique, (le PQ), qui va proposer un référendum sur la souveraineté du Québec.

- Premier mandat (1976–1980): René Lévesque est élu Premier Ministre du Québec le 15 novembre 1976.

Le référendum de 1980 au Québec est le premier référendum proposé au peuple québécois ayant pour objectif de convertir le Québec en état indépendant. Cependant, ce referendum révèle que la majorité des Québécois sont contre l'indépendance du Québec.

- Deuxième mandat (1981–1985): René Lévesque sert son deuxième mandat de Premier Ministre du Québec.

Le 20 juin 1985, devant son parti politique affaibli, Lévesque démissionne et retourne à sa carrière de journaliste. Le 1er novembre 1987, il décède d'une crise cardiaque dans sa résidence de l'Ile des Sœurs à Verdun, un quartier de Montréal.

Questions de compréhension

1. Pourquoi René Lévesque est-il bilingue dès un très jeune âge?

2. Quelle est sa vocation professionnelle au début de sa carrière?

3. Pourquoi se tourne-t-il vers la politique en 1960?

4. Quel parti politique représente-t-il jusqu'en 1966?

5. Quel parti politique crée-t-il en 1968?

6. Pourquoi l'élection de son parti au gouvernement est-elle tellement importante dans l'histoire politique du Québec?

7. Pourquoi le référendum de 1980 est-il important pour les Québécois?

8. Quel est le résultat de ce référendum?

9. Pourquoi René Lévesque démissionne-t-il du Parti Québécois en 1985 après avoir servi deux mandats?

Et vous ?

René Lévesque est le fondateur du Parti Québécois, le premier parti politique dans l'histoire du Québec à avoir pour but de promouvoir l'indépendance du Québec. A travers le référendum de 1980, les Québécois font connaître leur opinion au sujet de l'indépendance. ils sont contre.

Selon vous, pourquoi est-ce que les Québécois n'ont pas voté pour l'indépendance du Québec en 1980 ? Pensez-vous que le Québec pourrait survivre en tant que pays indépendant ? Quels avantages et inconvénients y a-t-il à avoir une indépendance complète ? Quels avantages et inconvénients y a-t-il à être une province/région autonome qui néanmoins fait partie d'un pays ?

L'EUROPE

LA FRANCE MULTICULTURELLE

Les négropolitains

Introduction

Le négropolitain est un nom composé des mots « nègre » et « métropolitain ». « Nègre » fait référence à la couleur de peau et sous-entend, dans ce contexte, une origine antillaise (de Martinique ou de Guadeloupe). Rappelons qu'en métropole, le mot « nègre » est une insulte raciste. En revanche, aux Antilles, ce mot est générique et désigne tout simplement le Noir. Dans la langue créole, le mot « nègre » est d'ailleurs très commun. Il s'orthographie « nèg » et, quand il ne désigne pas la couleur, il se traduit principalement par le mot « gars », sans connotation raciale.

Quant au mot « métropolitain », il désigne le blanc de métropole. Le mot « métropolitain » a un usage extérieur à la métropole ; il représente le point de vue de l'Antillais aux Antilles. Le « métropolitain » fait référence au blanc de métropole qui est aux Antilles, en vacances ou en résidence. Par contraste, le « béké » désigne le blanc descendant des maîtres colons, d'origine française métropolitaine mais résidant depuis des générations (depuis la période esclavagiste) en Martinique ou en Guadeloupe.

Enfin, le mot composé « négropolitain » (nègre-métropolitain) désigne l'individu noir né aux Antilles ayant habité ou habitant depuis un certain temps en métropole. Le « négropolitain » est appelé ainsi quand il est de retour (pour une visite ou de façon plus permanente) aux Antilles. En général, le mot « négropolitain » suggère que cet individu est « assimilé » culturellement à la métropole, c'est-à-dire qu'il se comporte ou qu'il parle comme un métropolitain.

Le Martiniquais Franz Fanon est l'un des premiers auteurs à avoir soulevé la question du « négropolitain ». Dans *Peau noire, masques blancs*, une étude socio-psychanalyste publiée en 1952, Fanon décrit l'Antillais de retour de métropole. Sa description n'est pas positive ; elle suggère que cet individu adopte le comportement d'un Français de métropole et rejette son authenticité culturelle. Fanon n'utilise par le mot « négropolitain », qui est une appellation plus moderne. Il utilise le mot « débarqué », faisant référence à l'Antillais fraîchement débarqué aux Antilles après une traversée transatlantique. Plus récemment, Tony Delsham a pris l'initiative dans son livre *Négropolitains et Euro-blacks* publié en 2002, de s'éloigner du terme à connotation péjorative « négropolitain ». Il propose en échange « euro-black », un mot qui ne renvoie pas à la longue histoire esclavagiste et coloniale des Antilles et à la question d'assimilation culturelle française.

LITTÉRATURE

Œuvres Littéraires

Le salopard (1971)

Xavier: le drame d'un émigré antillais (1981)

Ma justice (1982)

Les larmes des autres, roman antillais (1983)

Lapo Farine, roman antillais (1984)

Panique aux Antilles (1985)

Tracée sans horizon (1985)

L'impuissant (1986)

L'Ababa (1987)

Le siècle

Tome 1: Fanm dèwó, roman antillais (1993)

Tome 2: Antan Robè, roman antillais (1994)

Tome 3: Lycée Schœlcher (1995)

Tome 4: Choc (1996)

Tome 5: Dérives, roman antillais (1999)

Kout fè (1994)

Papa, est-ce que je peux venir mourir à la maison ? (1997)

Gwo pwèl, vies coupées (1998)

Gueule de journaliste (1999)

Tony Delsham (1946, Fort-de-France, Martinique)

Tony Delsham est né en 1946, à Fort-de-France, la capitale de la Martinique. Après des études secondaires dans son île natale, il séjourne quelques années en France métropolitaine. C'est là qu'il considère brièvement une carrière militaire et s'initie parallèlement au journalisme et au monde de l'édition. En 1970, de retour à la Martinique, Delsham prend conscience de l'absence de médias locaux disposés à traiter sérieusement de sujets de la Martinique, il déplore ainsi la présence trop prononcée de l'Hexagone (France métropolitaine) dans l'information et les médias. Dans un esprit de résistance à cette « tutelle » métropolitaine du monde de l'information, Delsham entreprend divers projets de localisation de la presse. D'abord, il crée un roman-photo en 1972. Delsham lance ainsi la première BD (bande dessinée) des Antilles, la BD étant une littérature de masse accessible au plus grand nombre. La même année, il fonde *Martinique Hebdo*, une revue hebdomadaire populaire. En 1990, il devient rédacteur en chef d'*Antilla*, un autre hebdomadaire martiniquais. Depuis 2001, il participe très souvent à l'émission « Dialogue avec la presse » de Kanal Martinique Télévision.

Cela fait maintenant quatre décennies que Delsham, devenu un grand personnage médiatique en Martinique, s'investit sans relâche dans la presse basée en Martinique et dans la radio locale. Un de ces plus grands succès est la création en 1972 de M.G.G. (les initiales des trois grandes Antilles, Martinique, Guadeloupe, Guyane), une maison d'éditions locale aujourd'hui rebaptisée Martinique Editions. Delsham est aussi un romancier, essayiste et dramaturge très prolifique (à raison d'une à deux publications annuelles). Sa particularité en tant qu'auteur est d'avoir choisi de publier tous ses livres en Martinique, dans sa propre maison d'édition. La publication exclusivement locale pour l'écrivain le plus lu en Martinique est un acte de militantisme éditorial courageux. En général, bien que tous les grands auteurs Martiniquais (Confiant, Chamoiseau, Glissant, etc.) parlent de leurs îles natales dans leurs œuvres, ces auteurs publient néanmoins leurs livres en France. Delsham ne s'intéresse pas à la grande littérature ; son style est populaire, moderne, voire journalistique. Ses livres traitent de sujets contemporains quelquefois historiques. Delsham a choisi de parler à la population des Antilles, d'où son succès local.

Avant de lire

A la maison (recherche à l'aide de l'internet, de l'encyclopédie, etc.)

1. Voici un hexagone: ⬡ Maintenant, regardez une carte de la France et répondez aux questions suivantes:

   - Pourquoi est-ce qu'on dit « l'hexagone » ou la « France hexagonale » ?
   - Est-ce que la Martinique fait partie de la France hexagonale ? Expliquez votre réponse.
   - Quel autre nom donne-t-on à la « France hexagonale » ? Entourez la réponse correcte:
     - le département
     - le territoire
     - la métropole

2. Pourquoi est-ce que le 22 mai 1848 est une date importante en Martinique ? Cherchez sur internet la signification de cette date.

3. Napoléon Ier, connu sous le nom de Napoléon Bonaparte, avait une femme qui s'appelait Joséphine de Beauharnais. Consultez les pages 122–123 du manuel pour en savoir plus.

4. *Peau noire, masques blancs* de Frantz Fanon est un livre très important sur le problème de la race et de la colonisation. Cherchez des informations sur ce livre et sur son auteur ; ensuite déterminez la signification du titre, *Peau noire, masques blancs*.

5. Qu'ont en commun Greg Germain, Harlem Désir et Pascal Légitimus ? Cherchez des informations brèves sur ces trois personnages.

Parlons un peu

1. « Négropolitain » est composé de deux mots. Quels sont ces deux mots ? D'après vous, à quel type de personne est-ce que « négropolitain » fait référence ?

2. Une fois que vous avez déterminé ce qu'est un négropolitain, essayez d'imaginer quels genres de problèmes d'identité est-ce que les négropolitains peuvent rencontrer.

3. Si vous connaissez l'expérience de l'immigration personnellement ou indirectement, parlez-en. Sinon, imaginez les difficultés que rencontre l'immigré.

Négropolitains et Euro-blacks (2000)

Tribunal femmes bafouées (2001)

Chauve qui peut à Schœlcher, comédie policière (2003)

Filiation:

Tome 1: M'man Lélène (2004)

Tome 2: Une petite main, chargez ! (2004)

Tome 3: Le fromager (2005)

Cénesthésie et l'urgence d'être (2005)

Paris, il faut que tu saches (2007)

Bandes dessinées

M.G.G, mensuel de bandes dessinées (1972-1975)

Colick Blag Bo Kaye, mensuel satirique (1972-1975)

Le retour de Monsieur Coutcha. Scénario de Tony Delsham; dessins de Abel (1984)

Mots difficiles

les agaceries *annoyance*
l'aliéné *alienated, other, unauthentic*
alimenté *fed*
ânonné *recited in a drone*
le béké *descendant des colons blancs qui vivent en Martinique*
le cabotin *overacting performer*
complice *joint, shared*
condescendant *patronizing*
décervelé *brainless*
déclencher *to trigger*
exogène *exogenous*

il convient de *it is advisable to*
insolite *out of the ordinary, strange*
konba djole *verbal struggle*
la rancœur *resentment*
la rancune *resentment*
reformater *to reformat*
sevré *weaned*
tu parles! *sarcastic remark, « Yeah, right! »*
le zoreille *name that people from DOM TOM give to people born in France*

Activités de vocabulaire

1. Reliez chaque mot avec sa définition ou son synonyme.

    ___ aliéné   a. excéder
    ___ agacer   b. autre
    ___ insolite   c. hautain
    ___ condescendant   d. provoquer
    ___ la rancœur   e. il est conseillé de
    ___ complice   f. descendant des colons blancs
    ___ déclencher   g. bizarre
    ___ le béké   h. le ressentiment
    ___ il convient de   i. partagé

2. Vrai ou faux?

    1. *Un cabotin* est un très bon acteur. _____

    2. C'est très agréable de se faire *agacer* par une autre personne. _____

    3. Une personne arrogante est également *hautaine*. _____

    4. C'est bien de sentir de *la rancune* envers ses amis. _____

    5. Une personne *aliénée* n'est pas authentique. _____

3. Ecrivez une phrase avec les mots ou les expressions suivantes. Ecrivez six phrases au total.

    il convient de

    déclencher

l'hexagone

sevré

insolite

tu parles!

Le roman de Delsham relate l'histoire d'un psychiatre négropolitain qui réalise une fois en Martinique qu'il ne peut pas s'assimiler à la culture et à la population martiniquaise. Dans l'extrait ci-dessous, le personnage comprend qu'il n'est pas un « négropolitain » mais plutôt un « euro-black », c'est-à-dire un noir qui ne choisit pas de camp (blanc, noir, Antilles ou métropole) et qui refuse d'être identifié au passé de l'esclavage.

Négropolitains et Euro-blacks

Tony Delsham

Je suis triste. J'ai réalisé que mon adaptation à la Martinique, comme je l'envisageais initialement, serait des plus difficiles, voire impossible. Si, à Paris, l'accent des campagnes martiniquaises avait valu à papa et à maman **les agaceries** de leurs collègues français, mon accent parisien à la Martinique suscitait l'intérêt amusé et souvent **condescendant** des locaux.

—Wop an nèg zagonal (Tiens, un nègre de **l'hexagone**), murmurait-on.

Lorsque je m'essayais au créole je **déclenchais** les rires. Oh c'étaient détails que les mois et les années pourraient vaincre, mais je me sens bel et bien étranger et rejeté. Rejeté par mes frères! Avec moi, ils n'avaient pas l'attitude qu'ils avaient avec les noirs et les blancs indigènes et encore moins avec les noirs et les blancs **exogènes**. Pour eux un blanc c'est un blanc, un noir c'est un noir. Quatre siècles où se mêlaient la haine du temps de l'esclavage, **la rancœur** et **la rancune** du temps de la colonisation, la méfiance et le scepticisme du temps de l'assimilation, le dialogue de la dernière chance de ces vingt dernières années, les ambiguïtés politico-économiques, ont créé une alchimie où les ingrédients ne se sont pas stabilisés. L'arrière-petit-fils d'esclave et l'arrière-petit-fils d'esclavagiste n'ont pas mis le point final au débat. Nous autres Euro-blacks « Peau blanc », au milieu de ces comédiens, **cabotins** de l'histoire, nous faisons désordre. Notre conception des choses n'est pas **alimentée** par les cendres de la dame aux cheveux mouillés de nuages[1] ni par la victoire du 22 mai, encore moins par le souvenir de la cale du bateau négrier, tandis que la statue de l'épouse de Napoléon Ier plantée en

---

1. Cette expression fait référence au volcan de la Martinique, la Montagne Pelée. Dans l'imagination de l'auteur, le volcan est une femme qui, vu sa hauteur, a la tête dans les nuages, et vu son état volcanique, est couverte de cendres.

place d'honneur sur la savane ne nous choque pas outre mesure. Alors békés et nègres sont méfiants vis-à-vis de nous, noirs à l'extérieur et blancs à l'intérieur, disent-ils. **Le béké** nous reproche un pragmatisme arrogant qui perturbe des siècles d'un **konba djole** [2*] interne aux règles non écrites, mais où chaque acteur sait jusqu'où il peut aller trop loin dans une gesticulation **complice** et orchestrée.

Le nègre, lui, nous reproche de vouloir imposer des méthodes de travail et des conceptions du dialogue social ayant cours à Paris, et fredonne « Peau noire et Masque blanc » **à l'aliéné**, le **décervelé** ayant **ânonné** dans les écoles primaires « nos ancêtres les Gaulois », mais bien nous autres les Euro-blacks non natifs natals, disent-ils, et **sevrés** du souffle d'une terre, certes torturée, mais désormais appropriée par la volonté interne.

Tu parles!

En fait, nègres et békés, qui ont le même adversaire et parfois le même ennemi, c'est-à-dire le blanc de France, le métropolitain, **le zoreille**, nous trouvent **insolites** dans notre peau noire abritant une vision des choses et une mentalité qu'ils ont coutume de voir et de… combattre chez les blancs de France. Si ces derniers sont habitués aux noirs aux comportements identiques aux leurs, des noirs à la Greg Germain, Harlem Désir et Pascal Légitimus, aux Antilles nous sommes des cousins extravagants **qu'il convient** de reformater.

Questions de compréhension

1. Pourquoi est-ce que les Martiniquais se moquent du narrateur quand il parle créole?

2. Et pour les parents du narrateur, pourquoi est-ce que leurs collègues en France étaient agacés par leur façon de parler le français?

3. En dehors du négropolitain, Delsham identifie quatre catégories d'identité. Reliez chaque identité à son synonyme:

   a. les noirs indigènes   1. les noirs non-antillais
   b. les blancs indigènes   2. les Antillais
   c. les noirs exogènes   3. les métropolitains
   d. les blancs exogènes   4. les békés

4. Qui est le métropolitain (a) et qui est l'Antillais (b) quand Delsham parle de « l'arrière-petit-fils d'esclave » (1) et « l'arrière-petit-fils d'esclavagiste » (2)

   a: _____   b: _____

---

2. « konba djole » est du créole martiniquais. Littéralement, cela veut dire « combat gueule », gueule étant un mot argotique pour signifier la bouche. Par extension, cette expression désigne un combat, une lutte menée verbalement sur des sujets divers (l'histoire, la politique, le social, le personnel etc).

5. Regardez la phrase: « Notre conception des choses … outre mesure. » Cette phrase représente ce que l'Euro-black rejette en Martinique. Qu'est-ce qu'il rejette exactement?

6. En conclusion, pourquoi est-ce que les békés et les nègres (tous les deux antillais) se méfient de l'Euro-black?

7. Selon l'auteur, qui est l'adversaire et l'ennemi du noir et du béké? Pourquoi?

8. Pourquoi est-ce que les métropolitains n'ont pas de problèmes avec Greg Germain, Harlem Désir et Pascal Légitimus?

9. Pourquoi est-ce que les Antillais, eux au contraire, ont des problèmes avec ces mêmes personnes?

Questions d'interprétation

1. Qu'est-ce que cela veut dire quand le narrateur dit que l'Euro-black est noir à l'extérieur et blanc à l'intérieur?

2. Delsham fait référence à l'identité « aliénée » de l'Antillais métropolitain (le négropolitain). L'Antillais « aliéné » n'est pas authentique car il ressemble trop au métropolitain. En quoi est-ce que le titre du livre de Fanon représente l'aliénation du négropolitain?

3. Delsham essaye de démontrer que l'Euro-black est différent du négropolitain, du béké et du « nègre ». Pouvez-vous expliquer pourquoi il est différent?

4. Comment interprétez-vous le mot « reformater » dans la dernière phrase du texte? Est-il vraiment possible de « reformater » quelqu'un?

5. « Nos ancêtres les Gaulois » est une référence aux leçons d'histoire que les Antillais, comme les métropolitains, devaient mémoriser et réciter à l'école.

   Regardez l'image d'Astérix et Obélix sur http://www.hackettpublishing.com/la-culture-francophone-title-support-page et expliquez pourquoi cette leçon d'histoire aux Antilles est un symbole de l'aliénation de l'Antillais.

1. Comment est-ce que Delsham décrit les derniers 400 ans en Martinique? Est-ce une vision positive ou négative?

2. Que propose l'Euro-black face à cette histoire? Est-ce que vous voyez l'Euro-black comme un personnage positif ou négatif?

Questions de discussion

1. Tony Delsham explique dans ce passage du livre que les Martiniquais ont des difficultés à accepter les compatriotes qui ne s'assimilent pas complètement à leur identité culturelle. Dans votre pays ou dans le monde, cherchez d'autres exemples d'identités culturelles qui n'appartiennent pas à un seul groupe spécifique. Considérez-vous ces identités mixtes et plurielles comme un privilège ou un handicap?

2. Selon Sami Naïr: « l'intégration, c'est le fait d'accepter les étrangers ou les immigrés en respectant leur différences alors qu'avec l'assimilation, la société leur demande de renoncer à ces spécificités et d'adopter le plus rapidement possible les mœurs et les coutumes du pays ». (*L'immigration expliquée à ma fille*, 33)[3]. Qu'est-ce qui vous paraît être l'idéal dans une société qui a connu l'immigration, **l'intégration** ou **l'assimilation**? Expliquez votre réponse à l'aide d'exemples précis choisis dans votre propre expérience de l'histoire, du monde, ou de votre propre pays.

Expression écrite

Un jeune Martiniquais récemment arrivé en métropole écrit un courriel à son cousin qui habite toujours en Martinique. Il lui explique les différences culturelles qu'il a observées entre ses amis en Martinique, et ses cousins nés en France ainsi que ses nouveaux amis négropolitains.

De: Moi@sfr.fr

A: toi@ac-martinique.fr

FILM

Films

Longs Métrages

Métisse (1993)

La haine (1995)

Assassin(s) (1997)

Les rivières pourpres (2000)

Mathieu Kassovitz (1967, Paris, Ile-de-France)

Mathieu Kassovitz est un réalisateur, scénariste et acteur à la double culture, catholique française par sa mère et juive hongroise par son père. Son premier film *Métisse* (1993) met en scène un fils de diplomate africain et un jeune juif d'origine modeste (joué par Mathieu Kassovitz), tous les amoureux de la même femme, une métisse

3. Sami Naïr. *L'immigration expliquée à ma fille*. Seuil, Paris, 1999.

ETPM037856   Mathieu Kassovitz on the set of his film Hate (La Haine) © TopFoto / The Image Works   NOTE: The copyright notice must include "The Image Works" DO NOT SHORTEN THE NAME OF THE COMPANY

aux origines martiniquaises. *Métisse* est une comédie légère et colorée qui célèbre le multiculturalisme en France. Son deuxième long-métrage, *La haine* (1995), adopte un style très différent. Filmé en noir et blanc et suivant l'esthétique journalistique du documentaire social, *La haine* est un témoignage à la fois humoristique et grave sur la condition des jeunes de la banlieue et leur relation avec la police. Ce film a lancé un nouveau genre engagé qui succède à la vague du cinéma du look des années 80 à l'esthétisme MTV et spot publicitaire (Luc Besson et Jean-Jacques Beinex). *La haine* a été comparé à *Do the Right Thing* (1989) du réalisateur noir américain Spike Lee. Il a remporté plusieurs Césars et le prix de la mise en scène au festival de Cannes 1995. *La haine* a aussi lancé la carrière du célèbre acteur Vincent Cassel (*Ocean's Twelve*, *Les rivières pourpres*, *Derailed*, *Black Swan*). Depuis, Kassovitz a produit d'autres films à succès, *Les rivières pourpres* (2000), *Gothika* (2003) et *Babylon A.D.* (2008). Kassovitz est aussi acteur; il est notamment le fameux Nino Quincampoinx dans *Le fabuleux destin d'Amélie Poulain* de Jean-Pierre Jeunet (2001) et a joué le rôle d'un expert en explosif dans *Munich* (2005) de Steven Spielberg.

Métisse

Mathieu Kassovitz

Dans cette comédie de 1993, nous faisons la connaissance de Lola, une jeune femme d'origine antillaise, qui un beau jour se retrouve enceinte. Bien qu'elle soit très émue par la nouvelle, elle n'est, malheureusement, pas sûre qui est le père: son ami africain et musulman qui vient d'un milieu très aisé? Ou est-ce son ami juif qui habite dans un HLM? Dans le film Métisse*, l'acteur-directeur Mathieu Kassovitz explore les relations ethno-sociales parfois orageuses avec beaucoup d'humour et offre une solution très pratique pour les trois jeunes personnages.*

Gothika (2003)

Babylon A.D. (2008)

L'ordre et la morale (2011)

Courts Métrages

Fierrot le pou (1990)

Cauchemar blanc (1991)

Assassins... (1992)

Article Premier (1998)

Acteur

Au bout du banc (1979)

L'année prochaine si tout va bien (1981)

Fierrot le Pou (1990)

Touch and Die (1991)

Un été sans histoire (1992)

Assassins... (1992)

Métisse (1993)

3000 scénarios contre un virus court métrage: La Sirène de Philippe Lioret (1994)

Regarde les hommes tomber de Jacques Audiard (1994)

La haine (1995)

Un héros très discret (1996)

Mon homme (1996)

Des nouvelles du bon Dieu (1996)

Le cinquième élément de Luc Besson (1997)

Le plaisir (et ses petits tracas) (1998)

Jakob le menteur de Peter Kassovitz (1999)

Le fabuleux destin d'Amélie Poulain de Jean-Pierre Jeunet (2001)

Avant de visionner

A la maison (recherche à l'aide de l'internet, de l'encyclopédie, etc.)

Essayez de deviner le sens des mots suivants écrits en *Verlan*:

- ouf

- chamné

- chébran

- céfran

- chelou

- féca

Vocabulaire

Reliez les mots et expressions familières suivantes avec leur traduction en anglais.

_____ à la mords-moi-le-nœud	a. guy
_____ avoir le cafard	b. jerk
_____ le boulot	c. to pull strings for someone
_____ basta!	d. you and I, we are not that close
_____ ça te regarde?	e. kid
_____ le chieur	f. girlfriend
_____ dix sacs	g. job
_____ elle est gonflée	h. 100 francs
_____ la galère	i. I split!
_____ gonfler quelqu'un	j. I don't stand a chance
_____ j'ai pas une tune	k. she has some nerves
_____ je me casse	l. to have the blues
_____ je ne fais pas le poids	m. to annoy someone
_____ le maboul	n. to bother someone
_____ le mec	o. not serious at all
_____ la meuf: femme (*verlan*)	p. I'm broke
_____ le môme	q. trouble
_____ on n'a pas élevé les cochons ensemble	r. weirdo
_____ pistonner	s. What is it to you?
_____ prendre la tête à quelqu'un	t. enough
_____ la tâche	u. a pain in the butt

Parlons un peu

1. Dans votre région, les relations entre personnes d'ethnicités et religions différentes sont-elles communes ou sont-elles taboues ? Expliquez votre réponse avec des détails précis.

2. Dans votre région, pensez-vous qu'un couple d'ethnicité ou de religion différentes peut vivre et élever un enfant harmonieusement ? Quels sont les obstacles et les avantages d'un couple mixte ?

3. Le film *Métisse* a été traduit en anglais par *Café au lait*. Trouvez-vous que cela soit une traduction idéale ? Est-ce que le concept de « métisse » n'a pas d'équivalent propre en anglais ? Pour vous, qu'est-ce que le métissage ? Est-ce un concept que vous utilisez dans votre vie ?

Activités (après visionnement)

Les personnages

1. Voici la description de personnages de *Métisse*. Reliez chaque personnage à sa description.

_____ Lola	a. elle est étudiante en droit et elle sort avec Jamal
_____ Jamal	b. la domestique de Jamal
_____ Félix	c. le frère de Felix. Il fait de la boxe
_____ Max	d. elle est enceinte ; elle ne sait pas qui est le père
_____ Julie	e. fils d'ambassadeurs. C'est le petit ami de Lola
_____ Sarah	f. il est rappeur, dealer de drogue. C'est le petit ami de Lola
_____ Marilyne	g. l'amie de Lola

2. **Qui dit quoi?** *Indiquez avec une lettre de l'alphabet l'interlocuteur de chaque phrase:* (a) Lola ; (b) Jamal ; (c) Félix ; (d) la grand-mère de Lola ; (e) Sarah

On a élevé les cochons ensemble pour que tu me parles comme ça ? _____

J'estime que tu me dois des explications, d'une part sur ce garçon et d'autre part sur la situation. _____

L'important, c'est pas la grosseur du bateau mais la puissance du roulis. _____

Oui, il est un peu noir… mais il n'y a pas que ça, ma chérie. _____

Apprendre qu'on est cocu et papa la même soirée, ça fait beaucoup pour un seul mec, alors pour deux je t'explique même pas. _____

Questions de compréhension

1. Quelle est la situation de Lola ? Est-ce un problème pour elle ?

2. Comment Lola annonce-t-elle à ses deux amants qu'elle est enceinte ?

3. Quelle est la profession de Jamal ? Quelle est la profession de Félix ?

4. Qui est le père du bébé ?

5. Où Lola disparaît-elle ?

6. Quelle solution les trois personnages trouvent-ils ?

7. Comment se termine le film ?

Questions de discussion

1. Décrivez Félix. A quelle classe sociale appartient-il ? Où habite-il ? De quelle religion est-il ?

2. Décrivez Jamal. A quelle classe sociale appartient-il ? Où habite-il ? De quelle religion est-il ?

3. Jamal réagit-il d'une façon responsable quand il apprend que Lola est enceinte ?

4. Et Félix, réagit-il d'une façon responsable ?

5. Décrivez trois moments comiques du film.

6. Pourquoi le film s'appelle-t-il *Métisse* ?

7. Quels sont les aspects comiques du diner avec la famille de Félix ?

8. Pourquoi, selon vous, découvrons-nous seulement la famille de Félix et non pas la famille de Jamal ?

9. Pensez-vous que la situation domestique entre Lola, Jamal et Felix puisse fonctionner ?

10. A la fin du film nous ne voyons pas le bébé. Pourquoi n'est-ce pas important qu'on le voie ?

11. Quelle est la morale de ce film ? Quels thèmes Kassovitz veut-il aborder ?

Présentations orales

L'humour

Faites une liste des moments humoristiques dans le film *Métisse*. L'humour dans ce film est-il différent de l'humour que vous trouvez normalement dans une production cinématographique en anglais?

Comparez l'humour de *Métisse* avec le film sénégalais *Xala* et le film québécois *La grande séduction*. Quel film trouvez-vous le plus humoristique des trois? Justifiez votre réponse.

Avez-vous vu d'autres films francophones humoristiques? Présentez-les à vos camarades et expliquez pourquoi ils sont, selon vous, amusants.

MUSIQUE

Les Nubians (Bordeaux, 1998)

Deux sœurs Hélène et Célia Faussart forment le groupe musical, *Les Nubians*. De père français et de mère camerounaise, Hélène et Célia naissent et grandissent au Tchad, puis viennent en France, à Bordeaux. *Les Nubians* s'inspirent de plusieurs sortes de musique: le gospel, le soul, le jazz, le reggae, l'afrobeat, le makossa, le hip-hop and le broken beat.

Le succès des Nubians est énorme dans le monde entier et notamment aux Etats-Unis où elles vendent 500 000 exemplaires de leur premier album *Princesses Nubiennes* (1998) pour lequel elles reçoivent un Disque d'Or. Leur 2e album *One Step Forward* a également beaucoup de succès. En 2004, Les Nubians sont nominées aux *Grammy Awards*, catégorie *Best Soul R&B Alternative*. En 2010, elles produisent un nouvel album, *Nü Revolution*. Actuellement, elles résident à New York et Paris.

Discographie

Princesses Nubiennes (1998)
One Step Forward (2003)
Echos (2005)
Nü Revolution (2010)

Mots difficiles

Makéda / la reine de Saba *la légende éthiopienne raconte que la reine Makéda est allée à Jérusalem au Xème siècle av. J.C., et a eu un fils du roi Salomon. Leur fils, Ménélik I, se convertit au judaïsme. Elle établit ainsi la dynastie salomonique en Ethiopie.*
Salomon *troisième roi des Hébreux, fils et successeur de David. Il eut un fils avec la reine Makéda d'Ethiopie.*

Ramsès *nom porté par onze pharaons des XIXè et XXè dynasties égyptiennes*
exhumer *sortir de terre*
raviver *ramener à la vie*
partir à la dérive *se laisser aller sans réagir, ne plus contrôler ses actions (sens figuré).*

« Makéda »

des Nubians

Ecoutez la chanson sur le lien inclus sur http://www.hackettpublishing.com/la-culture-francophone-title-support-page et regardez la vidéo.

Parlons-en !

1. Quel est le thème de cette chanson? Pourquoi la chanteuse dit-elle « *La reine de Saba vit en moi* »?

2. Selon la chanteuse, quel est le but de sa chanson?

3. Aimez-vous les paroles de la chanson et l'arrangement musical?

4. En général, trouvez-vous cette chanson plutôt optimiste ou pessimiste? Justifiez votre opinion.

5. Regardez la vidéo de cette chanson sur le lien de http://www.hackettpublishing.com/la-culture-francophone-title-support-page. Qui apparaît dans la vidéo? Où l'action se déroule-t-elle? Pensez-vous que la vidéo est un bon véhicule pour communiquer le message de la chanson? Justifiez votre opinion.

Lilian Thuram

Lilian Thuram, né en 1972, est originaire d'Anse-Bertrand, une petite ville de bord de mer de la Guadeloupe. Thuram est un footballeur français aujourd'hui retraité. Souvent perçu comme le meilleur défenseur que l'équipe de France ait jamais eu, il est aussi le joueur le plus « capé » de l'histoire de l'équipe nationale française de football. Dans le langage du football, le mot « capé » fait référence au nombre de fois qu'un joueur a l'occasion de jouer un match. En d'autres termes, Thuram est le joueur au plus grand nombre de matchs de football de l'histoire française. Thuram a eu une enfance paisible en Guadeloupe au côté de sa mère, et de ses frères et sœurs. En 1980, sa mère quitte la Guadeloupe pour la métropole et gagne sa vie en tant que femme de ménage. En 1981, Thuram rejoint sa mère dans la banlieue de Paris. Après plusieurs années à jouer du football dans des équipes locales, Thuram commence sa carrière professionnelle en 1991, quand il rejoint l'équipe de l'AS Monaco. Il jouera pour la France pendant plusieurs années avant de rejoindre les meilleures équipes européennes (Monaco, Parme, Juventus et le FC de Barcelone). Après quinze ans de carrière au plus haut niveau et de nombreux trophées, Lilian Thuram quitte le terrain de foot en 2008 et devient membre du conseil fédéral de la Fédération Française de Football (FFF).

Thuram est surtout connu pour sa participation victorieuse à la coupe du monde de football en 1998. En compagnie de Zinédine Zidane (« beur », Français de parents algériens), Marcel Dessailly (Franco-Ghanéen), Fabien Barthez (né dans le sud da la France), et Christian Karembeu (Nouvelle-Calédonie), Thuram fait partie de l'équipe illustre des Bleus (surnom de l'équipe de France) qui a remporté la coupe de monde de football 98 en France. Cette coupe du monde représente un tournant dans l'histoire de l'intégration et du racisme en France. Avec sa victoire sportive, l'équipe surnommée Black-Blanc-Beur a redoré le blason de la France. Cette équipe aux couleurs Benetton est venue à représenter la fierté française.

A sa retraite, Thuram a profité de l'image extrêmement positive de l'équipe de France de football afin de devenir le porte-parole d'une « république pluriculturelle et multiraciale ». En 2008, il a créé la Fondation « Education contre le racisme » dans l'espoir de faire changer les mentalités des Français. Il a aussi publié *Les étoiles noires*, une étude qui rassemble des personnages noirs importants de l'histoire mondiale (Lucy, Rosa Parks, Barack Obama, Aimé Césaire…). Avec ce livre, Thuram veut montrer que l'histoire qui doit être racontée n'est pas seulement une histoire « blanche ». Son livre répond à des réflexions contemporaines, principalement à la question de ce qu'est « l'identité nationale » en France. Pendant sa présidence, Nicolas Sarkozy, a invité Thuram à devenir Ministre de la diversité. Thuram, qui se dit « apolitique », a refusé l'invitation. Il est Chevalier de la Légion d'Honneur.

Questions de compréhension

1. D'où est originaire Lilian Thuram? A quel âge a-t-il quitté son lieu de naissance?

2. Que veut dire « capé »? Quels sont les plus grands exploits sportifs de Thuram?

3. A quel âge prend-il sa retraite du football?

4. Que s'est-il passé en 1998 qui est très important pour l'histoire de l'équipe nationale française de football?

5. Que veut-dire « Black-Blanc-Beur »? Pourquoi est-ce que l'événement de 1998 est une victoire importance pour la question de l'intégration en France?

6. Dans quelle cause est-ce que Thuram s'est engagé après sa retraire du monde sportif?

7. Quel honneur a-t-il reçu du gouvernement français?

Et vous?

Pendant la campagne présidentielle de 2007, Lilian Thuram s'est servi de son image publique pour s'opposer au candidat de l'UMP (Union pour une Mouvement Populaire), Nicolas Sarkozy. Il a accusé publiquement Sarkozy de faire preuve d'un racisme latent. Thuram est connu aujourd'hui en tant qu'homme publique engagé, pas politiquement, mais humainement et socialement.

Certains disent que les sportifs sont payés pour taper dans un ballon, et non pour donner leur avis ou faire de la politique. Etes-vous d'accord avec cela ou pensez-vous que tout personnage public a un devoir politique et une responsabilité civique, sociale, ou humanitaire?

AU CAFÉ

L'autonomie des DOM

Ecoutez le dialogue sur http://www.hackettpublishing.com/la-culture-francophone-title-support-page entre Clothilde et Sophie et répondez aux questions suivantes.

Vocabulaire

refus écrasant *crushing rejection*
accord *agreement*
revendications *demands*
salaires *salaries*
grève générale *general strike*

mouvements indépendantistes *independence movements*
agitations *unrest*
DOM *Overseas Departments (Département d'Outre-Mer)*

Le 22 janvier 2010 au Café de Flore à Paris

Sophie rencontre Clothilde au café. La Martinique et la Guyane viennent de voter contre l'autonomie accrue de leurs îles dans un référendum. Les deux amies discutent des résultats du vote.

Questions de compréhension orale

1. Vocabulaire

   Remplissez chaque phrase ci-dessous avec le mot approprié du dialogue.

   1. La Martinique a voté à 80% contre _____ d'autonomie.

      a) moins   b) plus   c) plus du tout   d) pas

   2. Ceci dit, leurs _____ ont été écoutées l'année dernière.

      a) recommandations   b) sollicitations   c) revendications   d) réflexions

   3. Cette grève générale a donné _____aux métropolitains que les départements d'outre-mer voulaient leur indépendance.

      a) l'impression   b) la pression   c) la suggestion   d) la raison

   4. J'ai même entendu des _____contre Aimé Césaire.

      a) rumeurs   b) revendications   c) critiques   d) cris

   5. Sauf que dans les années 60, le contexte _____ était différent.

      a) historique   b) politique   c) démographique   d) économique

6. Le mouvement indépendantiste ne représente peut-être pas l'opinion de la majorité _____.

   a) moqueuse   b) dormeuse   c) rieuse   d) silencieuse

2. Dans quel ordre? Ecoutez le dialogue de nouveau et mettez les extraits suivants dans l'ordre correct.

   1. Clothilde: Je pense que c'était surtout socio-économique. _____

   2. Clothilde: Ah bas oui, alors! _____

   3. Clothilde: le contexte historique était différent, c'était un contexte général d'anticolonialisme. _____

   4. Sophie: Tu veux dire que la grève de 2009 ressemblait aux agitations indépendantistes des années 60? _____

   5. Sophie: Et l'année dernière, en 2009, quel était le contexte? _____

   6. Clothilde: Oui, en quelque sorte. _____

   7. Sophie: Alors, Clothilde, es-tu surprise du résultat du référendum? _____

3. Qui dit quoi? Sophie (S) ou Clothilde (C)? Pour chaque citation précisez qui parle.

   1. _____ La Guyane a dit « non » à 70%, c'est un refus écrasant!

   2. _____ Oui, moi aussi, j'ai été surprise.

   3. _____ Maintenant on voit que ce n'était pas leur motivation.

   4. _____ C'est pourquoi certaines personnes ont pensé que ces grèves exprimaient une volonté d'autonomie?

   5. _____ Ne penses-tu donc pas que les départements d'outre-mer seraient plus heureux avec plus d'autonomie.

   6. _____ Quand j'allais en vacances en Martinique il y a quelques années, je voyais des grafitti indépendantistes partout.

   7. _____ Attendons quelques années pour comprendre la signification historique de ce grand moment de l'histoire des DOM.

Questions de compréhension

1. Est-ce que la Martinique et la Guyane ont voté « oui » ou « non » pour plus d'autonomie ? Quel a été le résultat en pourcentage ?

2. Que s'est-il passé en 2009 ? Est-ce que Sophie pense que les événements de 2009 étaient un signe que la Martinique voulait plus d'autonomie ou non ?

3. Qu'est-ce que le gouvernement de Sarkozy a promis en 2010 dans un accord signé ?

4. Que s'est-il passé dans les années 60 sur le continent africain ?

5. Est-ce que 2009 est comparable au contexte des années 60 en Afrique ?

6. Quelles sont les quatre anciennes colonies qui sont devenues DOM en 1946 ? Quel était le nom du député qui a voté pour leur départementalisation cette année-là ?

7. Est-ce que le mouvement indépendantiste représente la majorité de l'opinion publique en Martinique aujourd'hui ?

Les beurs

Introduction

Le mot « beur » est le résultat de la technique argotique (argot) qui consiste à inverser les syllabes. Cette technique se nomme le verlan (résultat de l'inversion de « à l'envers »). Beur est l'inversion du mot « Arabe », de *a-ra-beu*, qui a donné *beu-ra-a*, puis tout simplement « beur » par contraction.

Le beur désigne l'individu français issu de parents immigrés d'origine maghrébine (le Maghreb étant composé des trois pays d'Afrique du nord, la Tunisie, le Maroc et l'Algérie). On utilise quelquefois l'expression « immigrés de deuxième génération » pour faire référence à la population beur. Cette expression est toutefois incorrecte puisque, certes les parents des « beurs » sont des immigrés de première génération, mais leurs enfants ne sont pas des immigrés.

Plus récemment, le mot beur a subi une nouvelle inversion et on l'on peut entendre certains jeunes dire « rebeu », une inversion de l'inversion initiale. Ce mot a aussi trouvé sa contrepartie féminine, une « beurette ».

Le mot est apparu dans la langue française au début des années 80. Il a été popularisé en 1983, lors de la dite, « Marche des Beurs », une manifestation organisée par SOS racisme et le parti socialiste. Il est entré dans le dictionnaire Le Robert, en 1985. Dans l'ensemble, ce mot n'est pas négatif, quoique certains enfants d'immigrés lui trouvent une connotation péjorative.

Beur FM est une radio française initiée en 1992 et destinée à un audimat nord-africain et beur de France. Cette station est spécialisée dans la culture et la musique du Maghreb (le raï, la musique kabyle, les musiques orientales etc.). L'expression « Black-Blanc-Beur » trouve son origine dans un groupe de musique français des années 80 mais cette expression acquiert sa popularité en 1998, lors de la victoire de l'équipe de France de football pendant la Coupe du monde. L'équipe française, qui a emporté la victoire face au Brésil, était composé de Français très divers, avec à sa tête Zinédine Zidane (dit « Zizou »), un footballeur né à Marseille et issu de parents immigrés algériens. Cette équipe française, au slogan, « Black-Blanc-Beur », a été amenée à symboliser la fraternité, l'intégration, et la diversité française de la fin des années 90.

Le mot beur, bien qu'à l'origine de registre familier, est utilisé aujourd'hui dans le milieu artistique et universitaire, il désigne un genre. Nous parlons de « films beurs », de « littératures beurs » et de « musique beur ».

LITTÉRATURE

Faïza Guène (1985, Bobigny, France)

Faïza Guène est née dans une banlieue du nord-est de Paris (Bobigny) en 1985. Elle a grandi dans la cité des Courtillières, une cité défavorisée de Seine-Saint-Denis connue pour ses logements sociaux et sa grande tour d'HLM (Habitation à Loyer Modéré) en forme ondulée de serpent. Cette jeune romancière d'origine algérienne se dit « beurette », le féminin pour « beur », la communauté de jeunes français issue de parents algériens immigrés que l'on nomme aussi « immigrés de deuxième génération. » Elle publie son premier roman *Kiffe kiffe demain* en 2004, à l'âge de 19 ans.

Sa carrière littéraire a commencé accidentellement grâce à un professeur de banlieue dont la sœur travaillait dans une maison d'édition. Guène insiste que, malgré l'énorme succès national et international de son premier livre, elle ne sera jamais acceptée par l'intelligentsia littéraire française. Son style d'écriture est révolutionnaire car il utilise le français parlé, le verlan (l'inversion des syllabes, un style parlé populaire chez les jeunes), et l'argot inspiré de l'arabe. « Kiffe kiffe » signifie en arabe « c'est toujours la même chose » et en argot français « kiffer » veut aussi dire « adorer. » *Kiffe kiffe demain* est un roman moderne à inspiration autobiographique sur la vie difficile d'une beurette dans les cités. Le mélange d'humour et de misère sociale produit un style unique. Ce premier roman s'est vendu à 400 000 exemplaires en France et a été traduit dans 26 langues. Depuis, Guène a écrit deux autres romans, *Du rêve pour les oufs* (2006) et *Les gens du Balto* (2008), au même style vif, amère, et drôle sur la vie des cités. En parallèle, Guène entretient une carrière cinématographique qui a commencé à l'âge précoce de 14 ans.

Œuvres littéraires

Kiffe kiffe demain (2004)
Du rêve pour les oufs (2006)
Les gens du Balto (2008)

Courts-métrages

La zonzonnière (1999)
RTT et *rumeurs* en (2002)
Rien que des mots en (2004)
Mémoires du 17 octobre 61 (2002)

Avant de lire

A la maison (recherche à l'aide de l'internet, l'encyclopédie, etc.)

1. Cherchez sur l'internet la cité des Courtillières à Bobigny. Qu'apprenez-vous sur cette tour ?

2. Cherchez la signification des mots suivants:

beur   **HLM**   **verlan**

Parlons un peu

1. Comment étiez-vous quand vous étiez adolescent? Aviez-vous une bonne relation avec votre famille?

2. Pendant votre adolescence, et peut-être encore maintenant, utilisez-vous en anglais des mots ou des expressions que les jeunes utilisent? Faites une liste brève de ces expressions.

3. Etes-vous nés aux Etats-Unis ou au Canada? Vos parents sont-ils nés aux Etats-Unis ou au Canada?

4. Dans votre communauté, y a-t-il beaucoup d'immigrés? Si oui, de quels pays viennent-ils?

Mots difficiles

Carrefour *a store comparable to Target or Wal-Mart*
se casser *to split (slang)*
le chameau *camel*
le cheikh *chief*
dix contre un *ten to one*
égorger *to cut somebody's throat*
je m'en fous *I don't care*
la grève *strike*
globuleux *protruding*

la meuf *femme, woman, in verlan (inversion of syllables)*
moche *ugly*
le Parapoux *a product sold in pharmacies to remove lice*
perspicace *insightful, perceptive*
la Sécu *La sécurité sociale. The French socialized health care system.*
le service après-vente *customer service*

Activités de vocabulaire

1. Vrai ou faux?

   a. Le chameau est un animal qui peut survivre très longtemps sans boire. _____

   b. C'est très commun d'acheter un chameau à Carrefour. _____

   c. En général les mannequins pour Chanel sont très moches. _____

   d. Pour déjeuner, je vais prendre un peu de Parapoux. _____

e. Si le service après-vente d'un magasin est très mauvais, il vaut mieux se casser. _____

f. Quand on fait la grève on ne va pas au travail. _____

2. Reliez chaque mot avec sa définition ou son synonyme.

____ se casser   a. la femme
____ perspicace   b. laid
____ la meuf   c. protester, ne pas aller travailler
____ moche   d. couper la gorge
____ la grève   e. partir
____ égorger   f. qui comprend rapidement
____ globuleux   g. saillant

3. Ecrivez une phrase avec les mots ou les expressions suivantes. Ecrivez 8 phrases au total.

dix contre un   Ccarrefour   se casser   je m'en fous
le chameau   la meuf   la Sécu   le service après-vente

Kiffe kiffe demain

Faïza Guène

C'est lundi et comme tous les lundis, je suis allée chez Mme Burlaud. Mme Burlaud, elle est vieille, elle est **moche** et elle sent le **Parapoux**. Elle est inoffensive mais quelquefois, elle m'inquiète vraiment. Aujourd'hui, elle m'a sorti de son tiroir du bas une collection d'images bizarres, des grosses taches qui ressemblaient à du vomi séché. Elle m'a demandé à quoi ça me faisait penser. Je lui ai dit et elle m'a fixée de ses yeux **globuleux** en remuant la tête comme les petits chiens mécaniques l'arrière des voitures.

C'est le lycée qui m'a envoyée chez elle. Les profs, entre deux **grèves**, se sont dit que j'avais besoin de voir quelqu'un parce qu'ils me trouvaient renfermée... Peut-être qu'ils ont raison, **je m'en fous**, j'y vais, c'est remboursé par la **Sécu**.

Je crois que je suis comme ça depuis que mon père est parti. Il est parti loin. Il est retourné au Maroc épouser une autre femme surement plus jeune et plus féconde que ma mère. Après moi, Maman n'a plus réussi à avoir d'enfant. Pourtant, elle a essayé longtemps. Quand je pense qu'il y a des filles qui font pas exprès de tomber enceintes du premier coup... Papa, il voulait un fils. Pour sa fierté, son nom, l'honneur de la famille et je suppose encore plein d'autres raisons stupides. Mais il n'a eu qu'un enfant et c'était une fille. Moi. Disons que je correspondais pas tout à fait au désir du client. Et le problème, c'est que ça se passe pas comme à **Carrefour**: y a pas de **service après-vente**. Alors un jour, le barbu, il a dû se rendre compte que ça servait à rien d'essayer avec ma mère et **il s'est cassé**. Comme ça, sans prévenir. Tout ce dont je me souviens, c'est que je regardais un épisode de la saison 4 de *X-Files* que j'avais loué au vidéo club d'en bas de ma rue. La porte a claqué. À la fenêtre, j'ai vu un taxi gris qui s'en allait. C'est tout. Ça fait plus de six mois maintenant. Elle doit déjà être enceinte la paysanne qu'il a épousée. Ensuite, je sais exactement comment ça va se passer: sept jours après l'accouchement, ils vont célébrer le baptême et y inviter tout le village. Un orchestre de vieux **cheikhs** avec leurs tambours en peau de **chameau** viendra spécialement pour l'occasion. À lui, ça va lui couter une vraie fortune tout l'argent de sa retraite d'ouvrier chez Renault. Et puis, ils **égorgeront** un énorme mouton pour donner un prénom au bébé. Ce sera Mohamed. **Dix contre un**.

Quand Mme Burlaud me demande si mon père me manque, je réponds « non » mais elle me croit pas. Elle est **perspicace** comme **meuf**. De toute façon, c'est pas grave, ma mère est là. Enfin, elle est présente physiquement. Parce que dans sa tête, elle est ailleurs, encore plus loin que mon père.

Questions de compréhension

1. Où se trouve la narratrice à la première page? Pourquoi est-elle là et pourquoi a-t-elle accepté d'y aller?

2. Comment la narratrice nous décrit-elle la dame qu'elle voit?

3. Pourquoi son père est-il parti? Depuis combien de temps est-il parti?

4. Où son père est-il parti? Que fait-il maintenant, selon la narratrice?

5. Décrivez la cérémonie du baptême.

6. Selon la narratrice, où est sa mère?

Questions d'interprétation

1. *Kiffe kiffe* en arabe est l'équivalent en francais de l'expression « c'est du pareil au même ». Essayez d'imaginer donc ce que *Kiffe kiffe demain* veut dire.

2. Que pensez-vous du style de l'auteur dans la première page du livre? Où se trouve l'humour? En quoi sa façon de parler et de penser est-elle typique d'une adolescente? Cherchez des exemples linguistiques spécifiques dans le texte, formes verbales et vocabulaire, qui sont typiques de la façon de parler d'une adolescente.

3. Est-ce que le ton qu'elle utilise pour parler de son père vous semble émotif ou distant? Est-ce que son père lui manque?

4. Quelle relation semble-t-elle avoir avec sa mère?

5. Pensez-vous que la narratrice soit heureuse? Justifiez votre opinion.

Questions de discussion

1. Quels sont les avantages et les inconvénients de grandir avec une double identité culturelle, celle du pays dans lequel on est né et celle du pays de ses parents?

2. Si vous émigriez dans un autre pays, garderiez-vous vos coutumes et langage? Pensez-vous que ça serait important d'enseigner l'anglais à vos enfants, ainsi que certains aspects culturels de votre famille? Justifier votre réponse.

Expression écrite

1. La jeune protagoniste de *Kiffe kiffe demain* écrit un courriel à sa cousine qui habite à Lyon. Elle lui décrit une journée typique au lycée, les gens de son quartier et les soirées avec sa mère. Recherchez quelques expressions familières et des mots de *verlan* qu'une adolescente typique utiliserait dans son courriel et utilisez-les dans votre composition.

2. L'héroïne de *Kiffe kiffe demain* écrit une lettre à son père. Elle lui décrit un peu sa vie, mais surtout elle lui explique que, depuis qu'il les a laissées, elle et sa mère, les choses sont difficiles.

3. Les Studios Gaumont vous appellent pour faire un film de *Kiffe kiffe demain*. Quelle actrice pensez-vous serait parfaite pour le rôle? Le réalisateur a besoin de votre aide pour créer le personnage. Décrivez la jeune adolescente en détails. Comment est-elle physiquement? Comment parle-t-elle? Comment marche-t-elle? Quels vêtements porte-t-elle? Que mange-t-elle?

MUSIQUE

Faudel (1978, Mantes-la-Jolie, France)

Faudel Belloua, de son nom d'artiste « Faudel », est né le 6 juin 1978 à Mantes-la-Jolie, en banlieue parisienne. De parents algériens immigrés en France, Faudel appartient à la génération « beur ». Les beurs sont les enfants d'immigrés algériens qui sont nés et ont été élevés en France. Surnommé « le petit prince du raï », Faudel a commencé sa carrière de chanteur de raï à l'âge

Discographie

Baïda (1997)

1, 2, 3 Soleils, album live avec Khaled et Rachid Taha (1998)

Samra et l'odyssée des enfoirés (2001)

Un autre soleil (2003)
Mundial corrida (2006)
L'essentiel Faudel (2007)
Bled memory (2009)
I love you more (2011)

Bibliographie

Itinéraire d'un enfant de cité, avec la collaboration de Sophie Blandinières (2008)

de 12 ans. A 19 ans, Faudel enregistre son premier album *Baïda*. Le raï est un genre musical originaire de la ville d'Oran en Algérie. Il offre un mélange de musique traditionnelle arabe et de rythmes modernes occidentaux. Longtemps censuré en Algérie, le raï s'est beaucoup développé en France depuis les années 80. Faudel produit une musique bilingue (française et arabe) aux rythmes et influences multiples (arabes, latines, et françaises) qui reflètent la personnalité et les préoccupations des jeunes beurs de la génération post-70.

Mots difficiles

la cité *un quartier dans la banlieue composé d'immeubles d'HLM (Habitation à Loyer Modéré)*
la dune *une colline de sable*
les embruns *pluie fine formée par les vagues quand elles se brisent*

mat *brun*
les souvenirs gravés *imprimés ; des souvenirs qui ne vont jamais disparaître*
tendre la main *accueillir*
l'Euphrate *fleuve d'Asie qui traverse l'Irak, la Syrie et la Turquie*

« Mon pays »

Faudel

Ecoutez la chanson « Mon pays » interprété par Faudel et regardez sa vidéo sur le lien de http://www.hackettpublishing.com/la-culture-francophone-title-support-page.

Parlons-en !

1. Où Faudel est-il né ? Où ses parents sont-ils nés ?

2. « Je n'oublierai jamais mon pays ». De quel pays parle-t-il ?

3. Donnez quatre raisons pour lesquelles Faudel n'oubliera jamais son pays.

4. A qui parle-t-il quand il dit « Et toi qui me trouves un peu mat » ?

5. Quelle est sa réaction face à ces personnes ?

6. A quel pays fait-il référence quand il parle des « dunes », « du soleil » et du « parfum de menthe » ?

7. Cette chanson et sa vidéo vous plaisent-elles ? Justifiez votre réponse.

PERSONNALITÉ PHARE

Fadela Amara

Fadela Amara est une femme politique française issue d'une famille d'origine algérienne. Née à Clermont-Ferrand en Auvergne (France), elle est ce qu'on nomme une « beur », mot informel désignant les Français de parents magrébins (« beur » étant le verlan d'« Arabe »). D'origines modestes, sa mère était femme au foyer et son père ouvrier en bâtiment. Amara a grandi dans une banlieue défavorisée de Clermont-Ferrand au sein d'une famille nombreuse composée de quatre sœurs et de six frères. Son expérience dans les banlieues lui a donné le goût de la lutte contre l'injustice. Au cours de son enfance, la jeune femme a été témoin de nombreux actes d'injustice, de sexisme et de racisme, ce qui a aiguisé son militantisme. L'un des événements les plus marquants pour la jeune Amara a eu lieu en 1978, quand son petit frère âgé de cinq ans a été renversé par une voiture et que les policiers ont défendu le chauffeur ivre. Les circonstances de la mort de son petit frère, qui est décédé à l'hôpital quelques heures après l'accident, est certainement une tragédie qui a influencé les choix professionnels d'Amara, une femme qui dévoue sa vie à protéger les défavorisés, les victimes et les plus faibles. En 1989, elle crée « La Fédération Nationale de la Maison des Potes », une association de quartiers qui lutte contre la discrimination, ainsi que la « Commission Femmes » qui est à l'écoute des besoins des femmes des quartiers défavorisés.

Le 4 octobre 2002, une jeune fille beur du nom de Sohane Beziane est aspergée d'essence et brulée vive par son ancien petit ami dans un local à poubelle dans une banlieue de Paris. L'incident a lieu devant des témoins, devant les amies de la jeune fille. L'ancien petit ami en question, un petit caïd de 19 ans, toujours amoureux de Sohane, avait voulu faire un exemple de Sohane, une jeune fille qui lui avait résisté (le meurtrier a été condamné à 25 ans de prison en 2006). A la suite de ce drame, Fadela Amara organise « la marche des femmes des quartiers contre les ghettos et pour l'égalité ». Le slogan provocateur de cette marche est « Ni Putes, Ni Soumises », un slogan qui a pour but d'attirer l'attention des Français sur le problème du maltraitement des femmes des banlieues. La marche débute à Vitry-sur-Seine en 2002, la banlieue de Sohane Beziane, et s'achève en mars. A sa suite, en vue de son succès, Amara et ses coéquipiers créent l'association féministe « Ni Putes, Ni Soumises » (NPNS) en 2003, Amara sera la présidente de cette association. Ce mouvement lutte contre toutes formes d'injustices dont les femmes de banlieue sont victimes, particulièrement dues aux répressions religieuses ou culturelles (le port du voile obligatoire, la discrimination sexiste, la répression sexuelle, la violence physique ou morale, le mariage forcé, la déscolarisation prématurée, etc)[1]. Fadela Amara est aussi l'auteur du livre, *Ni Putes, Ni Soumises* (2004). Depuis 2007, cette association, possède le statut consultatif auprès du Conseil Economique et Social (ECOSOC) des Nations Unies.

En mai 2007, malgré le fait qu'Amara fasse partie du parti Socialiste depuis plus de deux décennies, elle est nommée Secrétaire d'Etat chargée de la politique de la ville par le Président de la République Nicolas Sarkozy. Sarkozy, bien que de droite (Union pour un Mouvement Populaire) a lancé une ouverture vers la gauche en choisissant pour son cabinet des ministres de la gauche (Kouchner, Besson, Jouyet). Amara fait partie de cette initiative. Certains membres de la gauche seront très déçus de la décision d'Amara de travailler pour le gouvernement de Sarkozy, certains l'accuseront même d'opportunisme. En 2010, Amara quitte le gouvernement et devient Inspectrice Générale des Affaires Sociales. Pour les élections de 2012, Amara a officiellement annoncé qu'elle ne voterait pas pour Sarkozy, mais pour François Hollande, le candidat du parti Socialiste qui est par la suite devenu Président de la République Française en mai 2012.

Questions de compréhension

1. De quel milieu social est-ce que Fadela Amara est issue?

2. Quel est l'événement personnel dont Amara a été témoin et qui a influencé ses idées et son militantisme?

3. Quel est l'incident qui est à l'origine de l'association « Ni Putes, Ni Soumises » (NPNS)?

4. Quelles sont les motivations de l'association NPNS?

5. A quel parti politique appartient Nicolas Sarkozy? Et Amara?

6. Pendant combien d'années est-ce qu'Amara a travaillé pour le gouvernement de Sarkozy et à quel poste?

7. A quel poste a-t-elle été nommée en mai 2012?

Et vous?

Certaines personnes reprochent à Fadela Amara d'avoir cohabité avec un président de la droite alors que son militantisme dérive clairement d'une politique de gauche. Cependant, cette nomination lui a donné l'opportunité d'avancer dans sa carrière et dans ses initiatives. Pensez-vous qu' « opportunité » soit toujours synonyme d' « opportunisme »? Si oui, expliquez votre réponse. Si non, quelle est la différence entre les deux?

---

1. Le site officiel de l'association « Ni Putes, Ni Soumises » est le suivant: http://www.npns.fr/

AU CAFÉ

Le port du voile

Ecoutez le dialogue sur http://www.hackettpublishing.com/la-culture-francophone-title-support-page entre Sophie et Clothilde, et répondez aux questions suivantes.

Le 8 avril 2012 au café Marly à Paris

Sophie et Clothilde se rencontrent au café. C'est bientôt l'anniversaire de la loi sur le voile intégral. Les deux amies décident d'en discuter.

Vocabulaire

le voile integral *full veil (burqa, niqab etc)*

la loi *the law*

verbaliser *to give a fine*

ostentatoire *ostentatious (very visible)*

renvoyer *fire*

juive *jewish*

amende *a fine*

Questions de compréhension orale

1. Vocabulaire

Remplissez chaque phrase ci-dessous avec le mot approprié du dialogue.

1. Le _____, nous étions dans le même café à discuter la loi sur le voile intégral.

   a. le 12 avril 2012   b. le 14 avril 2011   c. le 12 avril 2011
   d. le 11 avril 2011

2. Près de 300 femmes ont été verbalisées pour avoir _____ la burqa.

   a. porté   b. supporté   c. apporté   d. transporté

3. Le voile intégral n'est pas un vêtement. C'est un signe _____ ostentatoire.

   a. chanceux   b. religieux   c. heureux   d. courageux

4.   Les premiers débats sur le port de voile ont éclaté en _____.

    a. 1889   b. 1909   c. 1989   d. 1999

5.   Laïque, ce qui veut dire que la religion est une affaire _____, et non publique.

    a. privée   b. réglé   c. gérée   d. privilégiée

6.   Il y a des écoles _____ en France.

    a. publiques   b. payante   c. religieuses   d. privées

7.   Moi, je suis républicaine et toi tu es une _____.

    a. pas normale   b. banale   c. intégrale   d. libérale

2.   Dans quel ordre? Ecoutez le dialogue à nouveau et mettez les extraits suivants dans l'ordre correct.

1.   Clothilde: Oui, exactement. Vive la liberté!_____

2.   Sophie: Tu sais que le voile intégral n'est pas un vêtement._____

3.   Clothilde: J'ai lu dans un journal qu'en une année, près de 300 femmes ont été verbalisées._____

4.   Sophie: Non, vive la république, vive la France!_____

5.   Clothilde: C'est de la discrimination!_____

6.   Sophie: Tu te souviens qu'il y a presque un an, le 11 avril 2011, nous étions dans le même café._____

7.   Sophie: Mais non, tu peux toujours aller dans une école privée._____

8.   Clothilde: Que tu es patriotique aujourd'hui! _____

3.   Qui dit quoi? Sophie (S) ou Clothilde (C)? Pour chaque citation précisez qui parle.

1.   _____: C'est un signe religieux ostentatoire.

2.   _____: Cette loi est une forme de prison pour ces femmes!

3.   _____: Les directeurs des écoles ont renvoyé ces filles de l'école.

4. _____: Mais porter le voile n'est pas la même chose que de prier en classe.

5. _____: Ce n'est pas ce qu'a décidé la loi de 2004.

6. _____: Mais que peux-tu faire si tu veux porter la kipa ou le voile?

7. _____: Je suppose que tu es aussi d'accord avec la loi de 2004.

8. _____: Oui, exactement. Vive la liberté!

Questions de compréhension

1. Quel type de débats a éclaté en 1989?

2. Qu'est-ce qu'a interdit la loi de 2004?

3. Qu'est-ce qu'a interdit la loi de 2011?

4. Que veut dire un signe « ostentatoire » de religion?

5. Pourquoi est-ce que des directeurs de lycées ont renvoyé des jeunes filles?

6. Selon Sophie, dans quels types d'école est-ce que les jeunes filles qui veulent continuer à porter le voile islamique peuvent aller?

7. Que vont recevoir les femmes qui portent le voile intégral dans un espace public aujourd'hui?

8. Qui est contre le port du voile dans un espace public, le républicain ou le libéral? Expliquez votre réponse.

Les franco-africains

Introduction

Le mot composé "franco-africain" désigne, comme son nom l'indique, à la fois la France et l'Afrique. Il sera utilisé dans ce manuel de deux façons. Tout d'abord, il fera référence aux Français issues de parents immigrés d'origine africaine (Sénégal, Cameroun, Côte d'Ivoire…). Il désignera aussi la première génération d'immigrés d'origine africaine.

En littérature en particulier, la présence franco-africaine est très prononcée sur le sol français ainsi que sur le marché international de la littérature francophone. Dans un article paru dans la revue *Notre Librairie* en 1998, l'écrivain Djiboutien Abdourahman A. Waberi annonce une nouvelle génération littéraire qu'il surnomme « les enfants de la postcolonie ». Cette génération qui, selon lui, a commencé à faire parler d'elle dans les années 90, se distingue des précédentes dans son refus de s'investir dans la question coloniale. La plupart de ces écrivains sont nés après les indépendances de l'Afrique subsaharienne, ce qui offre une rupture avec les anciennes générations qui ont baigné dans l'histoire coloniale.

Les nouveaux écrivains franco-africains résident en général en France et revendiquent leur double identité, française et africaine. Les générations précédant ces « enfants de la postcolonie » sont tout d'abord les écrivains de la Négritude, ce mouvement pan-africain qui a vu le jour à Paris dans les années 30. Le visage africain emblématique de la Négritude est celui du poète, philosophe et président du Sénégal (1960–1980), Léopold Sédar Senghor. Dans les années 70, une nouvelle vague littéraire s'est développée, la littérature du tiers-mondisme, où les écrivains étaient chargés de faire le bilan plutôt sinistre de la décolonisation.

Le visage de la toute nouvelle génération d'écrivains africains, dite « enfants de la postcolonie » et aussi « négropolitains », est celui du Congolais Alain Mabanckou dont le livre *Bleu-Blanc-Rouge* (1998) relate l'expérience des Africains à Paris. Un autre écrivain phare de cette génération est la franco-camerounaise, Calixthe Beyala. Ceci dit, un nombre grandissant d'écrivains francophones refuse la simple identité double, africaine et française. Dans l'ouvrage coordonné par Michel Le Bris, *Pour une littérature monde* paru en 2007, certains écrivains de la génération des « enfants de la postcolonie » rejettent un pacte exclusif avec la nation française et déclarent que la langue française appartient au monde. Pas uniquement français, africains, ou tiers-mondiste, le nouvel écrivain africain francophone est « mondiste ». Alain Mabanckou réside notamment en Amérique du Nord ; il enseigne la littérature à UCLA.

LITTÉRATURE

Alain Mabanckou (1966, Congo-Brazzaville)

Alain Mabanckou, poète, romancier et essayiste, est né à Pointe-Noire, au Congo-Brazzaville. Titulaire d'un DEA de Droit de l'Université de Paris-Dauphine, il a été au service de La Lyonnaise des Eaux à Paris pendant près de dix ans avant d'émigrer aux Etats-Unis. Il est actuellement professeur d'études francophones à UCLA (University of California, Los Angeles), où il enseigne la littérature francophone africaine et africaine-américaine, ainsi que la création littéraire.

Mabanckou s'est fait connaître en France grâce à sa poésie (couronnée en 1995 par le Prix Jean-Christophe de la Société des Poètes français). En 1998, il publie son premier roman, *Bleu-Blanc-Rouge*. Cette chronique originale de la culture du dandy congolais parisien et de la SAPE (la Société des Ambianceurs et des Personnes Elégantes) propulse son auteur au-devant de la scène littéraire, non seulement en France mais aussi dans les programmes francophones des universités américaines. Suivront de nombreux livres à succès, primés et traduits dans plusieurs langues, notamment *Verre cassé*, saga pleine d'humour sur la vie d'un bar congolais; *African Psycho*, histoire inspirée du serial killer d'*American Psycho* de Bret Easton Ellis, ou encore *Mémoires de porc-épic*, conte animalier aux traditions africaines et lauréat du prestigieux prix Renaudot 2006. Son dernier roman, *Black Bazar* (2010), s'intéresse une fois de plus à la culture du « sapeur », ce jeune africain aux vêtements chers et élégants. Mabanckou est un chroniqueur de la culture mixte d'aujourd'hui, française et africaine.

Avant de lire

A la maison (recherche à l'aide de l'internet, l'encyclopédie, etc.)

1. La SAPE est une tradition d'origine congolaise qui signifie « Société des Ambianceurs et des Personnes Elégantes ». Celui qui fait partie de cette société se nomme un « sapeur ». Cherchez sur internet des images de sappeurs. Que pensez-vous de cette mode?

Bibliographie

Romans et récits

Bleu-Blanc-Rouge (1998)

L'enterrement de ma mère (2000)

Et Dieu seul sait comment je dors (2001)

Les petits-fils nègres de Vercingétorix (2006)

African Psycho (2006)

Verre cassé (2006)

Mémoires de porc-épic (2007)

Black Bazar (2010)

Demain j'aurai vingt ans (2010)

Ma sœur étoile (2010)—lecture pour les jeunes

Tais-toi et meurs (2012)

Lumières de Pointe-Noire (2013)

Poésie

Au jour le jour (1993)

La légende de l'errance (1995)

L'usure des lendemains (1995)

Les arbres aussi versent des larmes (1997)

Quand le coq annoncera l'aube d'un autre jour... (1999)

Tant que les arbres s'enracineront dans la terre (2007)

Anthologie. Six poètes d'Afrique Francophone (2010)

Essais

Lettre à Jimmy (James Baldwin) (2007)

L'Europe depuis l'Afrique (2009)

Le sanglot de l'homme noir (2013)

Honneurs

1995

Prix Jean-Christophe de la Société des poètes français

Pour le recueil de poèmes *L'usure des lendemains*

1998

Grand Prix littéraire de l'Afrique noire

Pour le roman *Bleu-Blanc-Rouge*

2005

Verre Cassé:

Prix RFO du livre

Prix Ouest-France/ Etonnants Voyageurs

Prix des Cinq Continents de la Francophonie

2006

Mémoires de porc-épic:

Prix RENAUDOT 2006

Prix Aliénor d'Aquitaine 2006

2. Il n'existe pas « un » Paris mais « des » Paris.

    a. Trouvez des images de Paris, certaines qui représentent la beauté classique de Paris, et d'autres qui montrent que Paris ne reflète pas toujours cette vision de carte postale.

    b. Selon vous, le tourisme consiste-t-il à découvrir la « beauté » d'une ville ou la véritable personnalité d'une ville. Justifiez votre réponse avec des détails concrets.

Parlons un peu

Géographie

1. Quelle image avez-vous de Paris? Faites une liste des mots qui vous viennent à l'esprit quand vous pensez à Paris.

2. Quelle image avez-vous de la province? Quelles villes de la province française connaissez-vous?

3. Selon vous, est-ce qu'il y a une différence de prestige entre une capitale et les autres villes d'un pays? Répondez à cette question en utilisant des exemples précis de villes et de pays.

Souvenirs d'enfance

1. Quand vous étiez plus jeune, quel était le type de personne que vous trouviez « cool » ou « chic »?

2. Est-ce que vos critères de « cool » ont changé? Si oui, quelle est la nature de ce changement? Justifiez votre réponse.

Mots difficiles

les aficionados *fans*
les allocations *allowance, social aid*
les autochtones *locals*
le bouki *hair style*
les buvettes *coffee stall*
coltiner *to lug*
comblés *fulfilled*
crier haro sur *to despise*
de bouche à oreille *by word of mouth*
ébruiter *getting the word out*
l'émule *emulator, competitor*

l'engouement *enthusiasm, infatuation*
errer comme des balles perdues *to wander like a stray bullet*
étriqué *skimpy, tight*
foufou *local dish in Congo*
gare à *watch (out)*
griffonne *scribble down*
le mètre carré *square footage*
le manioc *edible root*
les roues de secours *spare tires*
semer la confusion *to spread confusion*

séparer le bon grain de l'ivraie *to separate the wheat from the chaff*
suranné *old-fashioned, out-of-fashion*

une touffe *tuft of hair*
usurper *to steal*

Prix de la Rentrée littéraire 2006

Prix Artistes sans frontières du Ministère français des Affaires Etrangères Pour le roman

2010

Demain j'aurai vingt ans

Prix George Brassens

2012

Grand Prix de littérature Henri Gal

Activités de vocabulaire

1. Reliez chaque mot avec sa définition

    usurper _____   a. beaucoup de cheveux
    gare à _____   b. satisfait
    une touffe _____   c. admirateurs
    griffonner _____   d. écrire
    suranné _____   e. voler
    aficionados _____   f. démodé
    de bouche à oreille _____   g. fais attention
    comblé _____   h. rumeur

2. Ecrivez une phrase avec les mots de vocabulaire suivants. Ecrivez six phrases au total.

    | semer la confusion | la province | usurper |
    | comblé | le mètre carré | ébruiter |

3. Vrai ou Faux ?

    1. Les aficionados sont en général très passionnés. _____

    2. J'ai une touffe de cheveux quand je me coupe les cheveux chaque semaine. _____

    3. On peut boire dans une buvette. _____

    4. Les roues de secours ne sont pas très utiles en général. _____

    5. En général, j'aime me coltiner des buches sur mon dos. _____

    6. Cette chemise te va bien, elle est étriquée. _____

    7. Ne t'inquiète pas, je vais bien garder ton secret, je vais l'ébruiter. _____

Ce passage se situe au début du roman. Le narrateur, Massala-Massala, vit dans son Congo natal et rêve d'aller vivre en France comme le fameux Charles Moki, un personnage en visite au pays. Le passage ci-dessous décrit l'admiration que les Congolais réservent aux compatriotes qui ont trouvé le succès à Paris. Le « Parisien » Moki est dans un café entouré de ces admirateurs avides d'entendre des histoires de Paris.

Bleu-Blanc-Rouge

Alain Mabanckou

Dans cette course d'**aficionados**, quelle était donc ma place? Je n'avais pas à l'**usurper**. J'observais les choses sereinement.

J'observais dans l'ombre. J'étais là. Non loin. Très près. J'attendais que les courtisans fussent partis. J'allais à mon tour discuter avec le Parisien. J'étais aussi fanatique que ces jeunes gens du quartier. Je voulais tout savoir sur la vie en France. Mais surtout à Paris. La France, ce n'était ni Marseille, ni Lyon, encore moins des villes inconnues de nous comme Pau, Aix ou Chambéry. La France, c'était Paris, là, au nord de ce pays…

Ce jugement sévère nous poussait **à crier haro** sur les compatriotes qui revenaient de la province. La province? Nous ne voulions pas en entendre parler. Non, non et non. Nous appelions les compatriotes qui y vivaient les Paysans. Ils ne jouissaient d'aucun **engouement** de la part des jeunes du quartier. Ils étaient tout le contraire des Parisiens. **Gare** aux frères cadets du Paysan. Mieux valait n'avoir pas été en France que de revenir d'une province. Les Paysans habiles transitaient d'abord par Paris, où ils restaient quelques semaines, le temps de se photographier devant les monuments historiques de la capitale pour **semer**, le moment venu, **la confusion** dans l'esprit de la population au pays.

La vérité éclatait. L'information circulait **de bouche à oreille**. Les vrais Parisiens prévenaient le pays. Ils nous conseillaient de nous méfier des *faux prophètes* qui parleraient en leur nom. Nous devions **séparer le bon grain de l'ivraie**. À cette occasion ils nous dressaient le portrait-robot du Paysan: un aigri, un austère étudiant de doctorat. Il fait son retour au pays en marge de l'actualité. Un retour sans écho, sans tambour ni trompette. On ne se rendait pas compte de son arrivée. Personne, en dehors de sa famille, ne lui rend visite. Il n'est pas élégant. Il ne sait pas ce que c'est que l'élégance. Il ignore comment nouer une cravate en quelques secondes. Il a la peau très foncée. Il ne se coupe pas régulièrement les cheveux et **coltine** sur sa tête une touffe « **bouki** ». Il est barbu, moustachu. Ses frères s'éloignent de lui. Si son retour coïncide avec celui d'un Parisien, on les compare. On les confronte. On souhaite qu'ils se rencontrent. Le Paysan n'a aucune considération pour le Parisien. Celui-ci change de vêtements trois fois par jour. Celui-là retourne au pays avec trois jeans et quelques tee-shirts. A la limite il prévoit une veste **étriquée** au cas où il devrait errer dans les ministères à la quête d'un document pour la rédaction de sa thèse. Le Paysan se déplace à pied et pousse le culot jusqu'à prendre les transports en commun avec **les autochtones**. Le Parisien ne pourrait le faire. Le Paysan est un solitaire. Il se fond facilement dans la foule. Il écrit. **Griffonne** tous les jours. Il ne fréquente pas **les buvettes**. Les filles ne courent pas après lui. Elles l'ignorent. Elles se gaussent de lui à son passage dans la rue. Il n'a pas d'autre possibilité que de se tourner vers les copines de son enfance ou les femmes *mal mariées*. **Ces roues de secours** font discrètement des concessions. Elles n'**ébruitent** pas cette relation. Tout se passe la nuit…

Le Paysan mange du **manioc** et du **foufou**. Il mange par terre avec ses frères. Il joue au ballon à chiffons dans la rue avec quelques jeunes-vieux. Il aide ses parents à faire leurs courses au Grand Marché. On l'entend se lamenter que la vie est difficile en France. Menteur! Toujours des mensonges. Il ment comme il respire. Et vice versa. Ce n'est qu'un aigri, un incapable. Il n'est pas écouté. Il insiste quand même. Il prétend qu'on ne s'en sort pas facilement, en France. Surtout pas à Paris. Il ne voudrait pas y vivre pour tout l'or du monde. Il dit que même les Français redoutent la vie dans cette ville. **Le mètre carré** n'est pas à la portée de toutes les bourses. Le loyer est élevé. La France? Vous allez en France? Pourquoi?, s'exclame-t-il. Ce n'est pas le Pérou. Il ne dit que ça depuis qu'on l'entend. Alors, comment font les autres, les Parisiens?

Le Paysan ment. C'est un grand menteur. Il ne changera pas. Sa frustration est la même. Il aime la facilité. Il est toujours en train de se plaindre. De conseiller aux **émules** de réfléchir deux fois avant d'aller en France s'ils n'ont rien à y faire. Faites attention, vous **errerez** dans la ville de Paris **comme des balles perdues**. Je sais de quoi je parle, n'y allez pas si vous n'avez rien à y faire.

C'est un discours **suranné**.

Un discours qu'on ne suit pas. Heureusement que le Parisien est là pour nous dire le contraire. Pour nous apporter de la lumière. Pour nous parler de la Ville-Lumière. Le Paris qu'on aime. C'est lui qui dit la vérité: venez en France, vous verrez, il y a tout, vous serez **comblés**, vous n'en croirez pas vos yeux, la ville est belle, il y a plein de petits boulots, ne gâchez pas votre temps au pays, l'âge ne vous attendra pas, venez, venez, il y a des appartements, si vous êtes feignants, **les allocations** vous seront versées, venez, venez, un jour vous aurez la même Mercedes que les membres du gouvernement, n'écoutez pas ces Paysans, ils sont exilés en province, ils sont chauves, ont la quarantaine et traînent encore sur les bancs de l'école avec des petits Blancs qui peuvent être leur petits-fils. Ne les écoutez pas, ces types, ne les écoutez pas!

Ainsi parlait aussi Moki. Charles Moki…

Questions de compréhension

1. Pourquoi est-ce que le narrateur attend son tour « dans l'ombre » avant de discuter avec le « Parisien »? Qui entoure le « Parisien »?

2. Selon le narrateur, quelle ville représente la France? Par contraste, quelles villes françaises ne représentent pas la France?

3. Relevez les mots et les expressions qui décrivent le « Paysan ». Une fois que vous avez établi une liste, donnez une description succincte du « Paysan ».

4. Que fait le « Paysan » habile pour dissimuler le fait qu'il n'habite pas à Paris?

5. Quels éléments de la description du « Paysan » démontrent qu'il a gardé les habitudes et la culture de son pays?

6. Pourquoi est-ce que le « Paysan » préfère la province et ne veut pas habiter à Paris?

7. Relevez les mots et les expressions qui décrivent le « Parisien ». Une fois que vous avez établi une liste, donnez une description succincte du « Parisien ».

8. Quelle image de Paris est-ce que le « Parisien » offre à ses aficionados ?

9. Pourquoi est-ce que le « Parisien » dit qu'il ne faut pas écouter le « Paysan » ?

Questions d'interprétation

1. Relevez le vocabulaire qui démontre que le « Parisien » est considéré comme une idole et une célébrité pour les jeunes du quartier au Congo.

2. Expliquez en quoi l'opinion des aficionados sur la province française est excessive.

3. Expliquer en quoi cette vision excessive de la Province se reflète aussi sur leur opinion du Congolais qui revient de la province.

4. Expliquez cette phrase: « Mieux valait n'avoir pas été en France que de revenir d'une province ».

5. Pourquoi est-ce que le « Paysan » habile se photographie à Paris avant de rentrer au Congo ? Une fois rentré au Congo, que va-t-il faire avec ces photos ?

6. Pourquoi est-ce que le « Paysan » est un *faux prophète*, selon le « Parisien » ?

7. Expliquez en quoi les critères de réussite du « Parisien » semblent superficiels et se concentrent principalement sur l'apparence et l'image publique.

8. Quelle est l'occupation majeure du « Paysan » en France ? Comment est-ce que le « Parisien » ridiculise cette occupation dans son discours aux aficionados ?

9. Relevez les passages qui démontrent que le « Parisien » rejette sa culture et sa race.

10. Alain Mabanckou joue beaucoup sur l'ironie dans ce passage. Comment est-ce que l'auteur indique que l'image de Paris dans le discours du « Parisien » est idéalisée et veut créer du rêve.

Questions de discussion

1. Alain Mabanckou montre avec humour comment un Congolais en arrive à rejeter sa culture d'origine et sa race pour s'assimiler à sa culture d'adoption en France. En quoi est-ce que ce désir d'assimilation est problématique dans un contexte historique où le Congo fut une ancienne colonie de l'Occident (de la Belgique) ?

2. Est-ce un phénomène commun que d'idéaliser une ville comme Paris? Pensez-vous, comme les aficionados, que Paris est « la Ville-Lumière »? Donnez votre image et vos impressions de Paris.

3. En quoi est-ce qu'on peut considérer la façon dont le « Paysan » est traité au Congo comme une politique d'intimidation (*bullying*)?

4. Est-ce qu'être « cool » est « in »? Qu'est-ce que cela veut dire être « cool »? Est-ce que c'est une caractéristique qui est importante pour vous? En quoi est-ce que le « Parisien » est « cool », en contraste au « Paysan »?

Expression écrite

1. Imaginez la suite à ce passage. Que se passerait-il si le narrateur allait à Paris? Serait-il déçu de la réalité de Paris ou serait-il heureux de vivre à Paris?

2. Le « Paysan » décide de parler au « Parisien » à la buvette. Imaginez un dialogue entre le « Paysan » qui défend ses choix et le « Parisien » qui défend son image de Paris.

FILM

Laurent Cantet (1961, Melle, France)

Laurent Cantet, diplômé de l'Institut des Hautes Etudes Cinématographiques[1] (l'IHEC), est scénariste et réalisateur. Ses deux premiers longs métrages, *Ressources humaines* (1999) et *L'emploi du temps* (2001), offrent un portrait touchant de l'homme dans son milieu professionnel. Sa sensibilité pour la condition humaine s'affirme avec la réalisation de son troisième film, *Vers le sud* (2005), un regard nouveau sur l'exploitation sexuelle de la femme blanche sur l'homme noir à Haïti dans les années 70. Le scénario de *Vers le sud* s'inspire de trois nouvelles de l'écrivain canadien et haïtien, Dany Laferrière. En 2008, le festival de Cannes consacre le talent de Cantet avec la Palme

Filmographie

Réalisateur et scénariste

Tous à la manif (1994)

Jeux de plage (1995)

Les sanguinaires (1998)

Ressources humaines (1999)

L'emploi du temps (2001)

Vers le sud (2005)

Entre les murs (2008)

Foxfire, confessions d'un gang de filles (2012)

7 jours à la Havana (2012)

1. En 1986, l'IDHEC est restructuré et devient la FEMIS, École Nationale Supérieure des Métiers de l'Image et du Son (http://www.lafemis.fr/index.php?rub=1).

Retour à Ithaque (2013)

Directeur de la photographie: court métrage

L'étendu (1987)

Joyeux noël (1993)

Cette nuit (1998)

Honneurs

César du cinéma 2001: Meilleure première œuvre de fiction pour *Ressources humaines*

Festival de Cannes 2008: Palme d'or pour *Entre les murs*

César du cinéma 2009: Meilleure adaptation avec Robin Campillo et François Bégaudeau pour *Entre les murs*

d'Or pour son long métrage *Entre les murs*, une réflexion au style documentaire et ultra-réaliste sur le système scolaire français dans une banlieue multi-ethnique défavorisée.

Entre les murs

Laurent Cantet

François est professeur de français d'une classe de 4ème dans un collège du 20ème arrondissement parisien reconnu comme Z.E.P (Zone d'Education Prioritaire). Dans cette classe multiculturelle et multi-ethnique, François se confronte à de nombreuses difficultés, surtout avec certains élèves: Khoumba, Esméralda et Souleymane. Malheureusement, Souleymane passera en conseil de discipline. Souleymane sera-t-il renvoyé du collège? Son professeur va-t-il lui offrir un soutien moral? Les autres élèves en difficulté vont-ils s'améliorer?

Afin de présenter l'ambiance d'une salle de classe « difficile », Laurent Cantet a fait une adaptation cinématographique du roman Entre les murs écrit par François Bégaudeau. François Begaudeau, professeur de français et écrivain, joue le rôle de M. Marin dans ce « documentaire fictif ». Les élèves sont en réalité des acteurs amateurs et leurs dialogues sont improvisés.

Avant de visionner

A la maison (recherche à l'aide de l'internet, l'encyclopédie, etc.)

1. Faites des recherches sur le roman *Entre les murs* de François Bégaudeau.

2. Où se trouve le 20ème arrondissement de Paris? Quelles sont les caractéristiques démographiques de cet arrondissement?

3. Avez-vous déjà vu un film sur l'école, en anglais ou en français? Quels en étaient les thèmes? Ce film vous a-t-il plu?

Parlons un peu

1. Parlez de vos années au collège (entre le 6ème, 7ème et 8ème « grade »). Quel était votre professeur préféré? Comment étaient vos camarades de classe? Avez-vous des souvenirs positifs ou négatifs de vos années au collège?

2. A votre avis, quelles sont les différences entre une salle de classe française et une salle de classe américaine?

L'affiche

Regardez l'affiche du film qui est sur le site de http://www.hackettpublishing.com/la-culture-francophone-title-support-page et répondez aux questions suivantes.

1. Qui lève le doigt pour répondre aux questions du professeur?

2. Que fait la jeune fille brune à l'arrière? Quelle est son expression?

3. A l'arrière gauche, quelle est l'expression du jeune garçon? Selon vous, que veut-il faire au moment où la photo a été prise?

4. Décrivez le dessin qui est sur le mur. Selon vous, que représente-il?

5. De quelle couleur la salle de classe est-elle peinte? Est-ce une couleur commune pour une salle de classe? Selon vous, qu'inspire cette couleur?

Les images

Qui est sur l'image? Décrivez l'expression des deux personnages.

Que se passe-t-il sur cette photo?

Activités (après visionnement)

Mots clés

le tiéquar *le quartier (verlan)*
mettre la puce à l'oreille *to give someone a hint*
succulent *excellent, delicious*
la pétasse *bimbo*
le proviseur *principal*
l'école primaire *elementary school*

le collège *middle school*
le lycée *high school*
école laïque *secular school*
Z.E.P. (Zone d'Education Priori-taire) *a school recognized as being in academic difficulty. A school of progress or a Renaissance school.*

1. **Les personnages.** Reliez chaque personnage à sa description.

_____ Francois Marin	a. Il a été renvoyé d'un autre collège. Il arrive dans la classe de M. Marin en cours d'année.
_____ Wei	b. Elle est insolente. Elle ne veut pas travailler en cours.
_____ Esmeralda	c. Il ne travaille pas en cours. Il est insolent et selon son professeur, « il est limité au niveau scolaire ». A la fin, il est renvoyé du collège.
_____ Carl	d. Il est chinois. Il travaille dur pour apprendre la langue.
_____ Souleymane	e. Il est professeur de français et le professeur principal de cette classe de 4ème.
_____ Khoumba	f. Elle parle beaucoup et dit les choses telles qu'elles le sont.

2. Identifier chaque personnage en écrivant son nom à côté de sa photo

 _____

 _____

 _____

_____

_____

_____

Questions de compréhension

1. Décrivez le premier jour de classe pour M. Marin. Comment est-ce que les élèves se comportent?

2. Pourquoi, selon M. Marin, ses étudiants ne peuvent-ils pas étudier *Candide* de Voltaire? Que pensez-vous de son commentaire à ce sujet?

3. Selon Souleymane, quelle rumeur court dans le collège au sujet de M. Marin? Que pensez-vous du commentaire de Souleymane à ce sujet? M. Marin réagit-il d'une façon appropriée face à cette rumeur?

4. Quel est le sujet de la rédaction que M. Marin donne à ses élèves?

5. Quel est le sujet de la rédaction que Khumba doit écrire?

6. Qu'est-il arrivé à la mère de Wei? Comment les professeurs du collège réagissent-ils?

7. M. Marin parle avec la mère de Souleymane pendant la réunion parents-professeurs. Comment la mère de Souleymane réagit-elle face aux problèmes scolaires de son fils?

8. Pourquoi une bagarre éclate-t-elle entre Carl et Souleymane en cours?

9. Comment Souleymane apprend-il que M. Marin a déclaré lors du conseil de classe qu'il avait des « limites scolaires » ? Comment réagit-il ?

10. Pourquoi M. Marin traite deux de ses élèves, Louise et Esméralda, de « pétasse » ?

11. Que décident le proviseur et les professeurs au sujet de Souleymane pendant le conseil de discipline ?

12. Comment le film se termine-t-il ?

Questions d'interprétation

1. Expliquez le titre *Entre les murs*. Est-ce un bon titre ? Décrit-il ce film d'une façon correcte ?

2. Quelles similitudes et quelles différences retrouvez-vous entre l'école telle qu'elle est représentée dans le film et le collège (*middle school*) où vous avez fait vos études ?

3. Comparez Souleymane et Wei. Quelles difficultés rencontrent-ils (sociales, linguistiques, de comportement) ? Selon vous, qui va réussir scolairement et qui va vers l'échec ? Justifiez vos réponses.

4. Quelle pédagogie M. Marin utilise-t-il dans son cours ? Est-il un professeur sévère et traditionnel ? Justifiez votre réponse.

5. Le film offre-t-il une vision optimiste, pessimiste ou réaliste de la situation scolaire dans des établissements socialement défavorisés ? Justifiez votre opinion.

6. Pourquoi peut-on dire que M. Marin apprend à ses élèves non seulement le français mais aussi la vie en société, le respect de soi-même et d'autrui ?

7. Selon vous, la pédagogie de M. Marin est-elle efficace ? Ses élèves sont-ils mieux préparés scolairement et socialement après leur année scolaire avec lui ? Justifiez votre réponse.

Présentations orales

Faites une recherche approfondie et précise, puis comparez et contrastez le système scolaire public français et celui de votre pays. Créez un tableau et un poster dans lequel vous soulignerez les différences et les similitudes. Quel système d'évaluation (examens, etc.) existe-t-il dans les deux pays ? Y a-t-il un examen national pour recevoir son diplôme de lycée ? Les langues vivantes sont-elles enseignées de la même façon et pendant le même nombre d'années ?

Suggestion:

	Organisation des années (élémentaire, etc)	Matières (curriculum)	Heures	Activités scolaires (sport)
La France				
Votre pays				

MUSIQUE

MC Solaar (1969, Dakar)

ERVL5615720 Vienne, Isere, France: July 2, 2009. Jazz à Vienne festival. Roy Hargrove RH Factor inviting MC Solaar. ©Gérard Amsellem / Roger-Viollet / The Image Works   NOTE: The copyright notice must include "The Image Works" DO NOT SHORTEN THE NAME OF THE COMPANY

MC Solaar est né Claude M'Barali le 5 mars 1969 à Dakar de parents tchadiens. MC Solaar qui a grandi dans les banlieues parisiennes de Saint-Denis, Maisons-Alfort et Villeneuve-Saint-Georges, est reconnu comme un des fondateurs du rap français. Dans ses chansons, renommées pour leur qualité littéraire, il aborde de divers thèmes socioculturels.

Il passe son bac en 1988 et étudie les langues vivantes et la philosophie à l'université de Jussieu. En 1990 il sort son premier tube *Bouge de là*; ce single connait un succès énorme: Mc Solaar gagne un disque de platine. Son premier album *Qui sème le vent récolte le tempo* sort en 1991.

Discographie

Qui sème le vent récolte le tempo (1991)

Prose combat (1994)

Paradisiaque (1997)

MC Solaar (1998)

Le tour de la question Album live à L'Olympia (1998)

Cinquième As (2001)

Mach 6 (2003)

Chapitre 7 (2007)

Magnum 567 Coffret contenant *Cinquième As*, *Mach 6* et *Chapitre 7* (2010)

Honneurs

Victoire de la Musique du groupe de l'année (1992)

Mots difficiles

hijo de Africa *fils d'Afrique. « Hijo » veut dire « fils » en espagnol*
OMS *l'Organisation Mondiale de la Santé*

une noix de kola *fruit du kolatier*

Victoire de la Musique de l'artiste interprète masculin de l'année (1995)

Victoire de la Musique du vidéo-clip de l'année pour *Nouveau Western* (1995)

Victoire de la Musique de l'album de musiques urbaines de l'année pour *Chapitre 7* (2008)

Musique

Kwassa-Kwassa   *musique africaine*
Zaiko langa-langa   *musicien africain*
la Rumba   *danse cubaine*
le Makossa   *musique africaine*
le M'balax   *instrument de percussion africaine*

la cora   *instrument de musique africain*
le balafon   *instrument de musique, grand xylophone*
le griot   *un poète et chanteur africain*

Géographie et peuples

Bamako   *capitale du Mali*
N'Dajaména   *capitale du Tchad*
Dioula, Peul, Mandingue, Massaï
langues, peuples et cultures africaines

Douala   *ville camerounaise*
Touba   *ville sénégalaise*
Bobodioulasso   *ville au Burkina Faso*
Prétoria   *capitale de l'Afrique du Sud*

Expressions

Frappadingue (familier)   *fou*
Saï-saï   *musicien africain*
un bamboula   *nom péjoratif donné à une personne de race noire*
un gaou (familier)   *un idiot*

On a fumé le capitaine   *on a fumé de la marijuana*
la nana   *la fille*
Papy Brossard   *marque de gâteaux vendus en France dont l'un des gâteaux s'appelle «Savane»*

«Hijo de Africa»

MC Solaar

Ecoutez la chanson « Hijo de Africa » par MC Solaar et regardez sa vidéo sur le site http://www.hackettpublishing.com/la-culture-francophone-title-support-page.

Faites une liste des pays mentionnés dans la chanson de Mc Solaar et placez-les sur la carte du continent africain ci-dessous.

Parlons-en !

1. Que décrit Mc Solaar dans le premier couplet de la chanson ?

2. Que décrit-il dans le dernier couplet : « Le troisième acte… » ?

3. MC Solaar offre-t-il une vue optimiste ou pessimiste de l'Afrique ? Justifiez votre opinion.

4. Que pensez-vous de la vidéo qui accompagne la chanson ?

5. Que représentent les deux personnages principaux ? Comment sont-ils habillés ? Pourquoi sont-ils joués par la même personne ? Pourquoi peut-on parler de double culture ici ?

6. Quel est le thème de la chanson « Hijo de Africa » ?

7. Aimez-vous cette chanson et sa vidéo ? Justifiez votre opinion.

Rama Yade

EPHD0428851 Paris, France: October 17, 2009. French Secretary of State for Sports, Rama Yade, at the "Ecology" convention at the Parc Floral de Paris. ©Jean-Pierre Le Nai / Photo12 / The Image Works   NOTE: The copyright notice must include "The Image Works" DO NOT SHORTEN THE NAME OF THE COMPANY

Rama Yade, née Mame Ramatoulaye Yade, ex-ministre des droits de l'homme sous le gouvernement de Nicolas Sarkozy, a vu le jour à Dakar au Sénégal en 1976. Issue d'une famille aisée de religion musulmane, ses parents sont professeurs et son père fut le secrétaire particulier du Président sénégalais, Léopold Sédar Senghor. En 1987, à l'âge de onze ans, Yade quitte le Sénégal pour la France avec ses parents. En 1990, son père, une fois divorcé, retourne vivre au Sénégal mais sa mère reste avec ses quatre filles en France. Yade, une jeune femme très douée du point de vue scolaire, poursuit des études en hypokhâgne (classes prépara-toires littéraires très prestigieuses) avant de rejoindre l'Institut d'Etudes Politiques de Paris où elle en sort diplômée en 2000. Deux ans plus tard, elle commence sa carrière politique à la Commission des affaires sociales du Sénat en tant que chargée de l'emploi, de la formation profession-nelle, et de l'Outre-Mer. Elle tiendra divers postes au Sénat jusqu'en 2007, date à laquelle le nouveau président de la République, Nicolas Sarkozy, la nomme Secrétaire d'Etat chargée des Affaires Etrangères et des Droits de l'Homme. Yade se fait remarquer par son franc-parler et son indépendance d'esprit qui ne plait pas toujours au gouvernement de Sarkozy. En 2007, par exemple, Yade a ouvertement critiqué la visite officielle en France du dirigeant libyen, le colonel Kadhafi (depuis décé-dé). A la veille de l'arrivée de Kadhafi, dans une déclaration s'opposant à Sarkozy, Yade confie au journal *Le Parisien:* « Notre pays n'est pas un paillasson sur lequel un dirigeant, terroriste ou non, peut venir s'essuyer les pieds du sang de ses forfaits. La France ne doit pas recevoir ce baiser de la mort ».

En 2009, Yade quitte son poste de Chargée des Droits de l'Homme et devient Se-crétaire d'Etat aux Sports. Ici aussi, Yade fait parler d'elle, particulièrement pendant la Coupe du monde de football en Afrique du Sud en 2010. Yade s'oppose officiellement au fait que l'équipe de France de football est logée dans un hôtel de luxe en Afrique du Sud alors qu'une autre équipe, moins bien logée et pourtant tout aussi prometteuse telle que l'Espagne, a choisi de s'héberger sur un campus universitaire. Selon Yade, le choix de l'hôtel manque de décence pendant une période de crise économique. L'équipe de France était en effet logée dans un hôtel cinq étoiles à Knysna, au bord de l'océan Indien. Depuis, nous savons que, malheureusement, la prestation des Bleus fut, lors de cette Coupe du monde, loin d'égaler leur facture d'hôtel !

C'est certainement son franc-parler légendaire qui lui a coûté son poste au gouver-nement car, en 2010, son mandat n'est pas renouvelé. En 2010, elle devient Conseil-lère régionale d'Ile-de-France. La même année, elle est aussi nommée Ambassadrice déléguée permanente de la France auprès de l'UNESCO. Cependant, cinq mois après sa nomination, Yade démissionne de son poste d'ambassadrice à l'UNESCO. Il semblerait que Yade aie dû démissionner car son manque de réserve à l'UNESCO—le devoir de réserve étant une partie inhérente de sa position d'ambassadrice—lui aurait de toutes façons coûté son poste. Encore bien jeune, Yade poursuit aujourd'hui son combat politique et dit avoir la vie devant elle. En plus de sa carrière politique, Yade est aussi auteur de nombreux ouvrages dont *Les droits de l'homme expliqué aux enfants de 7 à 77 ans* (2008), ainsi que son ouvrage sur le système éducatif en France, *Plaidoyer pour une instruction publique* (2011).

Questions de compréhension

1. Quelles sont les origines de Rama Yade ? De quel type de famille est-elle issue ?

2. En quelle année a-t-elle rejoint le gouvernement de Nicolas Sarkozy et à quel poste ?

3. Quel autre poste a-t-elle tenu sous le gouvernement de Sarkozy de 2009 à 2010 ?

4. Donnez deux exemples du franc-parler de Rama Yade.

5. Pourquoi a-t-elle dû démissionner de son poste d'ambassadrice à l'UNESCO ?

6. Quel âge a Yade aujourd'hui ?

7. En plus de sa carrière politique, quelle autre occupation lui connaît-on ?

Et vous ?

1. Yade s'insurge contre la venue officielle d'un dictateur en France (le colonel Kadhafi). Pensez-vous, comme elle, qu'une démocratie ne devrait jamais tenter la diplomatie avec une dictature ?

2. Due à la crise économique, la politique d'austérité est d'actualité en Europe. Le commentaire de Yade contre l'hôtel de luxe de l'équipe de France reflète l'idée que tous, les riches et les pauvres, devraient être solidaires lors d'une crise économique. Pensez-vous que dans une période de crise, les personnages publics devraient aussi avoir un devoir de décence et ne pas afficher leurs dépenses extravagantes ?

AU CAFÉ

L'identité nationale

Ecoutez le dialogue sur le site http://www.hackettpublishing.com/la-culture-franco phone-title-support-page entre Sophie et Clothilde, et répondez aux questions suivantes.

Vocabulaire

elus *members of the Assemblée nationale*   **laïque** *secular*
syndicats *trade unions*   **burqa** *burqa (the Muslim headscarf)*
d'extrême droite *extreme Right*

Le 27 Octobre 2009 au café
Les Deux Magots à Paris

Sophie et Clothilde se rencontrent au café. Elles discutent de la question de « l'identité nationale », un débat politique que le ministre de l'immigration et de l'intégration Eric Bresson a lancé sous le gouvernement de Nicolas Sarkozy en 2010.

Questions de compréhension orale

1. Vocabulaire

    Remplissez chaque phrase ci-dessous avec le mot approprié du dialogue.

    1. Eric Besson vient de lancer un grand débat politique sur la question de l'_____nationale française.

        a. traité   b. donnée   c. identité   d. idée

    2. Les élus, le gouvernement, les _____, les élèves, les syndicats, et des associations diverses.

        a. étudiants   b. grands-parents   c. enfants   d. parents

3. « Quel est le _____ de l'immigration dans l'identité nationale ? »

   a. rôle   b. drôle   c. sol   d. bol

4. L'identité évolue_____grâce à l'immigration.

   a. lentement   b. justement   c. précisément   d. contrairement

5. Je te rappelle qu'Eric Besson est le ministre de l'immigration.

   a. lentement   b. justement   c. précisément   d. contrairement

6. C'est pourquoi les valeurs de la république _____ sont très importantes.

   a. laïque   b. dite   c. stoïque   d. véridique

7. Souviens-toi, il avait commencé le débat pendant sa _____ présidentielle en 2007.

   a. débat   b. campagne   c. compagne   d. bagne

2. Dans quel ordre ? Ecoutez le dialogue à nouveau et mettez les extraits suivants dans l'ordre qui convient.

   1. Clothilde: Oui, j'ai entendu parler de cela. Qui va y participer exactement ? _____

   2. Sophie: Les élus, le gouvernement, les parents, les élèves, les syndicats, et des associations diverses. _____

   3. Clothilde: D'accord pour la première question. _____

   4. Clothilde: Moi, je trouve que c'est un discours d'extrême droite. _____

   5. Sophie: Es-tu au courant que le ministre Eric Besson vient de lancer un grand débat politique sur la question de l'identité nationale française ? _____

   6. Sophie: La première est: « qu'est-ce qu'un Français aujourd'hui ? » et la deuxième: « quel est le rôle de l'immigration dans l'identité nationale ? » _____

   7. Sophie: Tu exagères toujours Clothilde ! _____

3. Qui dit quoi? Sophie (S) ou Clothilde (C)? Pour chaque citation précisez qui parle.

1. _____ Je ne sais pas si j'aimerais y participer. Je trouve ce concept tellement vague.

2. _____ Non, pourquoi? L'identité évolue justement grâce à l'immigration.

3. _____ Comme dit Sarkozy, la question de l'identité nationale ne devrait pas être un tabou.

4. _____ Sarkozy a dit que, dans la nation française, il n'y a pas de place pour la burqa.

5. _____ D'après Sarkozy, le danger est le communautarisme

6. _____ Ceci dit, le sujet est intéressant.

7. _____ Pour moi, l'identité nationale n'existe pas.

8. _____ Besson serait content de nous voir débattre!

Questions de compréhension

1. Qui est Eric Besson? Quel débat a-t-il lancé en 2009?

2. Qui va participer à ce débat (nommez-en trois)?

3. Quelle est la première question du débat?

4. Et la deuxième?

5. Pour Sarkozy, est-ce que la burqa est compatible avec l'identité nationale française?

6. Pour Sophie, qu'est-ce qu'il faut faire avec les valeurs françaises (nommez deux choses)?

7. Qui est Jean-Marie Le Pen? Pour Clothilde, est-ce que le discours de Sarkozy est similaire ou opposé à Le Pen?

8. Pour Clothilde, quelle est la raison pour laquelle Sarkozy a lancé le débat sur l'identité nationale en 2007?

LA BELGIQUE

Sa géographie

Le Royaume de Belgique, un territoire d'une superficie de 30 528 km², est entouré de la France, l'Allemagne, les Pays-Bas, le Luxembourg et la mer du Nord. Ce pays, dont la capitale est Bruxelles, a une population actuelle de 10 423 493. De cette population, 58% sont Flamands, 31% sont Wallons et 11% appartient à une autre ethnicité. Les langues officielles sont le hollandais, le français et l'allemand.

La topographie belge est relativement peu élevée. Elle est divisée en trois sections. La première est la basse Belgique, située au nord du pays, qui est formée de plaines maritimes. La moyenne Belgique, au centre du pays, est composée de collines et de plateaux situés entre 100 et 200 mètres d'altitude. Enfin, il y a la haute Belgique, dans la région sud-sud-est du pays, où les montagnes n'atteignent pas plus de 700 mètres. Le point culminant de la Belgique est à 694 mètres au signal de Botrange.

Sa monarchie

La Belgique gagne son indépendance des Pays-Bas en 1830 après sa révolution. En 1831, le Congrès national, organise l'Etat en monarchie constitutionnelle et parlementaire.

Le règne de Léopold Ier, le premier Roi des Belges (1831–1865)
Léopold II^{ieme} (1865–1909)
Albert Ier (1909–1934)
Léopold III^{ieme} (1934–1951)
Le Prince Régent Charles (1944–1950)
Baudouin (1951–1993)
Albert II^{ieme} (1993–aujourd'hui)

Un état fédéral, régional et communautaire

Sa majesté Albert II est Roi de Belgique depuis le 9 août 1993. Le 17 février 1994, il signe une nouvelle constitution qui convertit la Belgique en Etat fédéral. Depuis le 1er janvier 1995, la Belgique est ainsi un état Fédéral constitué de trois régions: la région flamande, la région wallonne et la région de Bruxelles-Capitale et de trois communautés linguistiques: la communauté française, la communauté flamande et la communauté germanophone. Les trois régions sont autonomes sur le plan économique. La Belgique est donc à la fois un état fédéral, régional et communautaire.

Des problèmes d'entente

La crise politique de 2010–2011 éclate après les élections législatives fédérales belges du 13 juin 2010. Deux partis opposés, le parti Socialiste de Wallonie et le parti N-VA (l'Alliance Néo-Flamande en Flandre) gagnent la majorité des voix dans leur propre communauté. Un des buts du PS est de garder la Belgique unie, tandis que le N-VA préfère l'indépendance pour la communauté des Flandres. Les tensions entre les membres de ces deux partis politiques créent un blocage au niveau gouvernemental qui empêche la création d'un nouveau gouvernement après les élections du 13 juin 2010. Ce blocage dure 541 jours et s'achève avec la nomination du Socialiste Elio Di Rupo au poste de Premier Ministre le 5 décembre 2011. Pendant cette crise, le Roi réussit à restaurer l'entente entre les différentes régions et communautés.

LITTÉRATURE

Amélie Nothomb (1967, Kobe, Japon)

Œuvres littéraires

Romans

Hygiène de l'assassin (1992) (adaptation théâtrale et cinématographique)

Le Sabotage amoureux (1993) (adaptation théâtrale)

Les combustibles (pièce de théâtre) (1995)

Péplum (1996)

Attentat (1997)

Mercure (1998)

Fille de diplomates, l'écrivain belge Amélie Nothomb est née au Japon. A l'âge de cinq ans, elle quitte le Japon pour la Chine, puis pour divers pays, dont les Etats-Unis et le Bangladesh. Elle étudiera plus tard la philologie à l'Université Libre de Bruxelles. Elle publie son premier roman, *Hygiène de l'assassin*, en 1992. Ce roman repose sur un bras de fer psychologique entre des journalistes et un prix Nobel de littérature nommé Prétextat Tach. Dans ce roman, le vainqueur n'est pas celui que l'on croit: une jeune femme journaliste à la voix frêle, mais au psychique imbattable, se révélera plus forte que l'auteur obèse et vicieux tant redouté. *Hygiène de l'assassin* a connu un grand succès. L'histoire a notamment été adaptée au théâtre (1998) et au cinéma (1999).

Amélie Nothomb est connue pour l'originalité des noms de ses personnages, ainsi que pour sa prédilection pour l'horreur et le sublime, deux thèmes opposés qu'elle manie avec brio. L'auteur publie un roman par an, une tradition qui lui vaut d'être l'un des auteurs les plus prolifiques de son temps. Elle s'est aussi intéressée au genre autobiographique, notamment avec *Le sabotage amoureux* (1993), basé sur son enfance en Chine, et *La métaphysique des tubes* (2000), roman lyrique et mélancolique sur les trois premières années de sa vie au Japon. L'imaginaire de Nothomb est travaillé par des thèmes récurrents, tels que le meurtre (*Cosmétique de l'ennemi*, 2001), les expressions corporelles extrêmes comme l'anorexie (*Robert des noms propres*, 2002), la laideur et la

beauté (*Mercure*, 1998). Son style est devenu plus intime et présent en 2007 avec la publication d'une histoire d'amour autobiographique, *Ni d'Eve, ni d'Adam*. L'auteure est dotée d'un style simple, mais aux références littéraires et philosophiques très sophistiquées. Outres *Hygiène de l'assassin*, son plus grand succès reste *Stupeur et tremblements* publié en 1999 (Grand Prix du Roman de l'Académie), une histoire caustique et humoristique inspirée de son expérience héroïque et absurde lors d'un stage d'un an dans une entreprise japonaise. Le film adapté du roman et réalisé par Alain Corneau en 2003 a connu un vif succès.

Amélie Nothomb est une écrivaine très médiatique qui est connue autant pour ses livres que pour sa personnalité marginale et extravagante. Elle est l'une des rares écrivaines contemporaines à avoir un culte de lecteurs fidèles, comme s'il existait une marque « Amélie Nothomb ». L'auteur se revendique écrivain belge de langue française.

Avant de lire

A la maison (recherche à l'aide de l'internet, l'encyclopédie, etc.)

1. Cherchez les définitions en anglais des mots suivants:
   allopathic, blasphemy, esotericism, etymology, guru, heresy, neophyte, acetylsalicylic acid.

2. Visitez le site des laboratoires Boiron http://www.boiron.fr/. Quels produits trouvez-vous? Quels médicaments utiliseriez-vous?

3. Comment l'aspirine est-elle fabriquée? Quel est son ingrédient principal?

Parlons un peu

1. Que savez-vous de l'homéopathie? Utilisez-vous des médicaments allopathiques ou utilisez-vous des remèdes qui appartiennent à la médecine *douce*?

2. Votre famille fait-elle plus confiance aux médicaments de médecine traditionnelle ou de médecine douce? Pourquoi?

Stupeur et tremblements (1999) (adaptation cinématographique)

Métaphysique des tubes (2000) (adaptation théâtrale)

Cosmétique de l'ennemi (2001) (adaptation théâtrale)

Robert des noms propres (2002)

Antéchrista (2003)

Biographie de la faim (2004) (adaptation théâtrale)

Acide sulfurique (2005)

Journal d'hirondelle (2006)

Ni d'Eve ni d'Adam (2007)

Le fait du prince (2008)

Le voyage d'hiver (2009)

Une forme de vie (2010)

Tuer le père (2011)

Barbe Bleue (2012)

La nostalgie heureuse (2013)

Petronille (2014)

Honneurs

Hygiène de l'assassin
Prix René Fallet (1993)
Prix Alain-Fournier (1993)

Le Sabotage amoureux
Prix Littéraire de la Vocation (1993)
Prix Jacques Chardonne (1993)

Stupeur et tremblements

Grand Prix du roman de l'Académie française (1999)

Ni d'Eve ni d'Adam

Prix de Flore (2007)

Pour l'ensemble de son œuvre:

Grand Prix Jean Giono (2008)

Commandeur de l'Ordre de la Couronne (2008)

Mots difficiles

l'acide acétylsalicylique   *acetylsalicylic acid*
allopathique   *allopathic*
âpre   *bitter*
le blasphème   *blasphemy*
la crève   *flu (familiar language)*
éperdu   *boundless*
l'ésotérisme   *esotericism*
l'étymologie   *etymology*

le faciès   *face*
le guru   *guru*
l'hérésie   *heresy*
la néophyte   *neophyte*
offusquer   *to offend*
revancharde   *vindictive*
le saule   *weeping willow*
s'enquérir   *to inquire*

Activités de vocabulaire

1. Trouvez les synonymes

    1. âpre   _____ affront à la divinité

    2. le blasphème   _____ le visage

    3. la crève   _____ origine des mots

    4. éperdu   _____ le maître

    5. le saule   _____ arbre qui se trouve au bord des rivières

    6. l'étymologie   _____ qui a soif de revanche

    7. le faciès   _____ choquer

    8. le guru   _____ ému

    9. l'hérésie   _____ la grippe

    10. le néophyte   _____ méchant

    11. offusquer   _____ impiété

    12. revancharde   _____ nouvellement converti à une religion

2. Complétez les phrases avec le mot qui convient.

    a. Une personne est considérée _____ quand elle a adhéré récemment à une religion ou une secte.

        le guru   le faciès   le néophyte   la crève

b. _____ d'un mot nous aide à mieux comprendre son sens.

L'hérésie   Le néophyte   L'ésotérisme   L'étymologie

c. Une personne est _____ quand elle ressent une émotion très forte.

Eperdue   revancharde   âpre   offusquée

d. Chaque personne a _____ différent.

Un guru   un faciès   un néophyte   une crève

3. Écrivez le mot qui correspond à chaque définition.

offusquer
le blasphème
éperdu
l'ésotérisme
âpre
l'hérésie
revancharde

a. Quelque chose qui est rude, désagréable et violent: _____

b. Qui fait outrage à la divinité: _____

c. Qui veut se venger: _____

d. Contraire aux idées d'une religion: _____

e. Choquer quelqu'un: _____

f. Une personne dont l'émotion est très forte: _____

« Aspirine »

Amélie Nothomb

Quand j'étais petite, prononcer le mot « aspirine » équivalait à un **blasphème**. En matière de médecine, ma mère avait des théories, ou plutôt une religion: nous étions tous élevés dans le culte de l'homéopathie ou plus précisément d'un homéopathe, que l'ésotérisme de la secte m'interdit de nommer ici—nous l'appellerons Monsieur X. Il habitait Bruxelles et nous Pékin, ce qui rendait ses enseignements d'autant plus lointains et sacrés. D'autant moins pratiques, aussi: le fax n'existait pas pendant les années soixante-dix et quand nous avions **la crève**, maman devait écrire une lettre à Monsieur X et nous interdisait de prendre le moindre remède avant que, par retour de courrier, nous arrivât la réponse du **guru**, accompagnée des pilules salvatrices—le plus souvent, la poste avait tant traîné que la nature nous avait déjà guéris entre-temps. Mon frère, ma sœur et moi avions compris que souffrir sans rémission n'avait aucune importance. Le seul crime eût été d'avaler un médicament qualifié d'**allopathique**, c'est-à-dire étranger à l'homéopathie. L'aspirine était allopathique, donc satanique. J'étais à l'âge où je croyais tout ce que maman disait: quand j'avais la fièvre, je serais morte plutôt que de prendre un comprimé démoniaque. J'avais un mal de tête épouvantable? La belle affaire. La douleur finirait bien par s'évanouir, tandis que si je reniais la religion en absorbant de **l'acide acétylsalicylique**, l'horreur du péché ne s'effacerait jamais de ma conscience. Et c'est ainsi que j'atteignis l'âge adulte sans avoir essayé la moindre aspirine ni d'ailleurs la moindre substance allopathique. Ensuite, je quittai mes parents et m'installai à Bruxelles. L'une des premières instructions de maman consistait à rencontrer enfin Monsieur X en chair et en os, ce que pieusement je fis, comme le musulman va à la Mecque. Le guru belge daigna recevoir la jeune fille de 17 ans qu'il avait soignée à distance depuis sa naissance. Et je découvris, non sans terreur, que Monsieur X avait **le faciès** d'un zombi sadique. Il **s'enquit** de mes habitudes et appris que je buvais force thé: il s'en **offusqua** et me l'interdit. Je ne dis rien mais pensai qu'entre le thé chinois et Monsieur X, mon choix était fait. Je ne vis plus Monsieur X, sans pourtant sombrer dans **l'hérésie** qui eût consisté à voir un autre docteur. J'avais simplement décidé que je me passerais de toute forme de médecine, ce à quoi la lenteur de la poste internationale m'avait déjà accoutumée. Bien plus tard encore, tandis que je logeais chez une amie, j'attrapai l'une de mes innombrables crèves. L'amie chère m'apporta une aspirine. Je la regardais comme on regarde l'Antéchrist et clamai que je n'avalerais pas la substance de Belzébuth. Elle mit mes abjurations sur le compte de la fièvre et jeta le comprimé dans un verre d'eau qu'elle me fit boire de force. J'eus la fascinante impression d'absorber le mal en personne: je découvris la première de ses séductions, son goût **âpre** et amer qui me combla de délices. Je connus peu de saveurs qui me ravirent autant. Peu après, une douce torpeur s'empara de moi et je sombrai dans un sommeil bénéfique. Quand je m'éveillai, dix heures plus tard, je me sentais mieux que jamais. Depuis, on peut dire que je suis **la néophyte** de l'aspirine. Je l'aime d'une passion **éperdue** et **revancharde**, car encore aujourd'hui je ne puis en prendre une sans avoir l'impression d'être malade pour m'en administrer. Et comme j'ai appris depuis lors **l'étymologie** de « salicylique », je ne puis regarder **un saule** sans voir en lui un allié maléfique, l'arbre même de la transgression, et je me demande si le pommier du jardin d'Eden n'était pas un saule, pleurant de toutes ses branches le remède secret aux douleurs imposées par l'éternel.

Questions de compréhension

1. Où la narratrice habite-t-elle pendant sa jeunesse?

2. Quelle est la philosophie de la mère de la narratrice concernant les médicaments?

La Belgique | 241

3. Qui est monsieur X ? Où habite-t-il ?

4. Pourquoi la narratrice devait-elle attendre si elle était malade ?

5. Qu'est-ce qu'un médicament « allopathique » ?

6. A quel âge la narratrice revient-elle en Belgique ?

7. Décrivez sa rencontre avec Monsieur X. Comment le décrit-elle ? Pourquoi ne veut-elle plus le voir après leur rencontre ?

8. Décrivez la première fois que la narratrice avale une aspirine. Quel est le contexte ? Comment se sent-elle après ?

9. Depuis son premier contact avec le médicament, comment la narratrice se sent-elle vis à vis de l'aspirine ?

Questions d'interprétation

1. Cherchez les comparaisons que la narratrice fait entre l'homéopathie et la religion.

2. Quels termes la narratrice utilise-t-elle quand elle fait référence à tout ce qui est étranger à l'homéopathie ? Faites une liste détaillée.

3. Quel est le ton de la narration ? Justifiez votre réponse.

4. Pourquoi, à la fin, la narratrice devient-elle une « néophyte de l'aspirine » ?

5. Quelle est la relation étymologique entre les mots « salicylique » et un « saule » ?

6. Que pensez-vous de la conclusion de la nouvelle : « Et comme j'ai appris depuis lors l'étymologie… aux douleurs imposées par l'éternel » ?

Questions de discussion

Dans toutes les pharmacies de France, vous pouvez acheter des médicaments homéopathiques. Chaque pharmacien est assez bien informé en matière d'homéopathie.

En revanche, aux Etats-Unis, l'homéopathie est seulement en vente libre dans les rayons de certains magasins spécialisés. De plus, la formation des pharmaciens américains ne couvre pas l'homéopathie. Pourquoi pensez-vous qu'il y a une telle différence entre les deux pays ? L'homéopathie devrait-elle être incluse dans la formation pharmaceutique aux Etats-Unis ?

Expression écrite

Cherchez les différents remèdes homéopathiques pour les conditions suivantes et écrivez un dialogue entre un patient et une pharmacienne.

- Mal des transports
- Allergie aux chats
- Mal à la gorge
- Etats grippaux
- Trouble du sommeil

FILM

Films

Rencontre (1987)

Le jour du chat (1991)

Rose (1993)

Ma vie en rose (1997)

Le mur (1998)

D'un rêve à l'autre (Passion of Mind) (2000)

La maison du canal (TV) (2003)

J'aurais voulu être un danseur (2006)

Clara Sheller (TV) (2007)

Les associés (TV) (2009)

La peau de chagrin (TV) (2010) d'après le roman de Balzac

Honneurs

Rencontre (1987)

Prix au festival de Bruxelles 1988

Le Jour du chat (1991)

Mention au festival de Lille 1991

Alain Berliner (1963, Bruxelles, Belgique)

Alain Berliner est un réalisateur, scénariste et producteur belge. Il a fait ses études de cinéma à La Cambre, école supérieure d'Art à Bruxelles et à l'INSAS au début des années quatre-vingt. Il a obtenu une renommée internationale en 1997 grâce au succès de son premier long-métrage, *Ma vie en rose*. Ce film a été couronné, parmi d'autres distinctions, d'un César et d'un Golden Globe. L'histoire de *Ma vie en rose* se déroule en Belgique et relate la vie de Ludovic, un petit garçon qui voudrait être une fille. La pression sociale, la réaction des parents et des voisins sont certains des thèmes évoqués dans ce film émouvant. Bien que le questionnement sur l'identité sexuelle soit un sujet sérieux, Alain Berliner a su le présenter avec un mélange d'humour et de compassion, ce qui lui a valu l'admiration d'un public en tout genre, de toutes cultures, et de pays divers. Depuis *Ma vie en rose*, Alain Berliner a réalisé un certain nombre de projets, notamment en 1998, un film à caractère fantastique et comique sur le bilinguisme en Belgique, intitulé *Le mur*. Ce film met en scène Albert, un vendeur de frites, qui se réveille un matin et découvre qu'un mur linguistique a été érigé dans la nuit à Bruxelles pour séparer les Flamands des francophones. Le problème est qu'Albert se retrouve par mégarde du mauvais côté de ce mur. En 2000, Berliner réalise un film américain avec l'actrice Demi Moore, *Passion of Mind* (*D'un rêve à l'autre*) sur le monde parallèle des rêves. Plus récemment, en 2005, le réalisateur a offert un hommage musical à Gene Kelly et Stanley Donen, *J'aurais voulu être un danseur*. Berliner réalise aussi des séries télévisées et des spots publicitaires.

Ma vie en rose

Alain Berliner

Rose (1993)

Prix du meilleur court-métrage au festival de la francophonie à Namur 1993

Mention du jury à Clermont-Ferrand 1994

Ma vie en rose (1997)

Golden Globe 1998 du meilleur film étranger

Félix du meilleur scénario européen 1997

Prix « Soleil d'enfance » à la Quinzaine des réalisateurs Festival de Cannes 1997

Crystal Globe (grand prix) du Festival de Karlovy Vary 1997

Prix de la Critique et Prix du Public du Festival de Sarajevo

Nomination aux Césars 1998 (meilleur 1er film)

BAFTA 1998 (Meilleur film étranger)

Dans Ma vie en rose, nous découvrons Ludovic un petit garçon qui se prend pour une fille. A travers ce film, décoré de nombreux prix, Berliner explore le thème de la différence, de l'identité sexuelle et de la réaction de la famille, des voisins et des enseignants face à cette différence.

Avant de visionner

A la maison (recherche à l'aide de l'internet, l'encyclopédie, etc.)

1. Cherchez à quoi fait référence culturellement le titre, *La vie en rose*. Que veut dire en français « voir la vie en rose »? Compte tenu du sujet du film ici, expliquez le jeu de mot de Berliner, « ma vie en rose ».

2. Cherchez sur internet des informations pertinentes sur les lois autour de la trans-sexualité en Europe et en particulier en Belgique et en France.

Vocabulaire

Les mots familiers. Reliez les mots suivants à leur équivalent dans un registre familier:

A. pars!   _____ pisser

B. quelque chose va bien, ça marche   _____ ça roule

C. laisse-moi tranquille   _____ t'occupe!

D. comprendre quelque chose   _____ la tapette

E. uriner   _____ les fringues

F. mot péjoratif désignant l'homosexuel   _____ lâche-moi

G. embêter quelqu'un   _____ tanner quelqu'un

H. les vêtements   _____ barre-toi

I. occupe-toi de tes propres affaires   _____ piger

Parlons un peu

Les affiches

Observez les affiches sur http://www.hackettpublishing.com/la-culture-francophone
-title-support-page et répondez aux questions suivantes.

Comparez l'affiche de gauche (francophone) et l'affiche de droite (anglophone). En
quoi sont-elles différentes ou similaires ? Sur chaque affiche, comment est représentée
l'ambiguïté sexuelle (féminin/masculin) ?

Laquelle vous semble la plus parlante ? Pourquoi ?

Comparez les deux familles suivantes (vêtements, comportements…) Laquelle des
deux vous paraît être la plus traditionnelle ? Expliquez votre choix.

Famille A

Albert, Lisette et Jérôme

Famille B

Thierry, Monique et Sophie

Décrivez la photo ci-dessous.

a. Comment Ludovic est-il habillé ? Imaginez pourquoi Jérôme et Ludovic se
   tiennent la main.

b. Que symbolise le gros nounours illuminé qui se positionne entre les deux garçons?

Activités (après visionnement)

Les personnages

1. Voici la description de personnages de *Ma vie en rose*. Reliez chaque personnage
à sa description.

_____ Hanna	a. le père de Jérôme et le chef de Pierre		
_____ Pierre	b. le personnage fictif de la série de télévision		
_____ Elizabeth	c. la mère de Jérôme		
_____ Ludovic	d. l'ami de Ludovic et le fils d'Albert et de Lisette		
_____ Albert	e. le père de Ludovic		
_____ Pam	f. la sœur de Ludovic		
_____ Jérôme	g. la femme de Pierre		
_____ Zoé	h. la granny. La mère de Hanna		
_____ Lisette	i. jeune garçon qui s'identifie en tant que fille		

2. **Qui dit quoi?** *Indiquez avec une lettre de l'alphabet l'interlocuteur de chaque phrase:*

(a) Zoé; (b) Ludovic; (c) Albert; (d) Pierre; (e) Elizabeth

« Je ferme les yeux et le monde devient celui que je veux. Je suis jeune, belle et ton
grand-père est riche, très riche. » _____

« Et lui, c'est Ludovic, le fort en farce, il fait toujours ça! C'est une farce. » _____

« Ben… disons que t'es un garçon. Comme ça, chacun ses fringues! Ecoute! A
ton âge, ça roule, c'est après que ça devient compliqué, crois-moi! Tiens, moi par
exemple, ça fait deux semaines que je tanne les vieux pour la soirée de Barbara. »
_____

« C'est pas là la question! Pour l'instant, il faut que tu comprennes je suis un
garçon-fille. » _____

« Tu sais, ta fille a traité mon fils de tapette. » _____

Questions de compréhension

1. La famille Fabre
   - Faites une liste des membres de la famille Fabre.
   - Décrivez la relation entre Pierre et Hanna.
   - Ont-ils l'air heureux?

2. La famille de Jérôme. Décrivez Albert et Lisette. Sont-ils différents des Fabre? Pourquoi?

3. La première fois que vous découvrez Ludovic. Comment est-il habillé? Quelle est la réaction des invités? Comment son père réagit-il?

4. Décrivez la personnalité de Granny (Elizabeth).

5. Quand Ludovic est avec Granny, elle l'invite à fermer les yeux et imaginer un nouveau monde. Comment s'imagine-t-il et dans quel type de monde?

6. Décrivez la réaction des parents de Jérôme et de Ludovic après la scène de « mariage » entre les deux garçons.

7. Le monde de Pam. Quel rôle joue Pam dans la vie de Ludovic?

8. Une nouvelle vie. Décrivez Chris, la nouvelle amie de Ludovic.

9. Pourquoi, à la fin du film, Hanna et Pierre changent-ils d'avis vis-à-vis de Ludovic?

10. Qu'est-ce le réalisme magique? En voyez-vous plusieurs exemples dans *Ma vie en rose*?

11. Que signifie voir « la vie en rose »? Expliquez le titre en relation avec le film.

Questions de discussion

Le film en général

1. *Ma vie en rose*, est-ce plutôt un film qui parle des parents ou de l'enfant (Ludovic)?

2. Comment trouvez-vous la famille de Ludovic au début du film? Et à la fin?

3. En quoi la famille de Ludovic diffère-t-elle de la famille du collègue (voisin) du père de Ludovic? Pensez-vous que leurs différences ont influencé le futur conflit entre ces deux familles?

Inné ou acquis? (Nature or culture?)

1. Le père de Ludovic dit à sa femme qu'elle est responsable de la situation avec Ludovic. Etes-vous d'accord?

2. Ludovic a plus envie de jouer avec des poupées qu'avec des camions. Pensez-vous que les goûts « féminins » (rose/poupées) et « masculins » (camions/foot) soient des goûts acquis culturellement ou naturellement?

3. Quel rôle est-ce que la question de « contagion » joue dans le film?

4. Les parents de Ludovic décident de l'emmener chez le psychologue. Qu'en pensez-vous?

Les différents personnages et leur réaction face à Ludovic

Hanna. Décrivez les réactions de la mère de Ludovic.

- Au début du film
- Après l'expulsion de Ludovic de l'école
- A la fin du film

Pierre. Décrivez les réactions du père de Ludovic.

- Au début du film
- Après l'expulsion de Ludovic de l'école
- A la fin du film

Granny. Décrivez les réactions de Granny.

L'institutrice. Décrivez les réactions de l'institutrice.

Albert

- Avant la scène du « mariage » entre Jérôme et Ludovic
- Après la scène du « mariage »

Jérôme

- Avant la scène du « mariage »
- Après la scène du « mariage »

Réactions face à Ludovic

1. Auriez-vous réagi différemment si vous aviez été les parents de Ludovic?

2. Comment le grand frère de Ludovic a-t-il réagi dans les vestiaires quand les garçons ont voulu taper sur Ludovic? Comprenez-vous sa réaction?

3. En quoi *Ma vie en rose* est-il un film sur l'exclusion et la marginalité?

4. Quand le film est sorti aux Etats-Unis, il a été *"rated R"*, trouvez-vous que cela soit approprié au genre du film?

5. Et vous, qu'avez-vous ressenti en regardant ce film?

La fin et l'avenir

1. Certains critiques ont dit que Ludovic était un garçon de 7 ans qui se posait des questions et qui se cherchait, mais que cela ne voulait absolument rien dire sur ses orientations sexuelles une fois adulte. Etes-vous d'accord?

2. Que pensez-vous de la fin du film?

Présentations orales

1. En 1998, Alain Berliner a réalisé le film *Le mur* (voir plus haut la biographie de Berliner), une comédie sur l'identité plurielle (flamande et francophone) en Belgique. Après avoir visionné le film, préparez une présentation pour la classe sur ce film. Vous contextualiserez le film à l'aide d'un bref historique de la Belgique moderne.

2. Pour ou contre? Devrions-nous éduquer les enfants à l'école sur l'homosexualité et la transsexualité? Quels seraient les avantages et les inconvénients? A quel âge serait-il approprié de le faire? Préparez une présentation dans laquelle vous inclurez différentes opinions sur ce thème.

MUSIQUE

Discographie

Grand Jacques (1954)

Quand on n'a que l'amour (1957)

Au printemps (1958)

La valse à mille temps (1959)

5 (1961)

Les bourgeois (1962)

Jacques Brel (1929, Bruxelles, Belgique– 1978, Bobigny, France)

Jacques Brel, célèbre chanteur et compositeur belge, est issu d'une famille francophone d'origine flamande. Après des débuts non concluants dans l'usine familiale de cartonnerie, Brel entreprend une carrière dans la chanson. En 1950, à l'âge de 21 ans, Brel se marie avec Thérèse Michielsen. Un an plus tard, leur première fille, Chantal naît[1].

1. Le nom « Chantal » correspond aux débuts musicaux de Jacques Brel. Avec sa femme, ils auront trois filles: Chantal, France et Isabelle.

C'est aussi en 1951 que Jacques Brel commence à composer des chansons et chanter dans les cabarets bruxellois. Viendront ensuite les cabarets à Paris (L'Ecluse et Les Trois Baudets), où il se rend en 1953. En 1954, il enregistre son premier album *Jacques Brel et ses chansons* Jacques Brel s'intéresse aussi au cinéma. En 1956, il joue dans son premier film, *La grande peur de Monsieur Clément*. Il sera également réalisateur de deux films, *Franz* (1971) et *Le Far West* (1973).

Son premier grand succès est *Quand on n'a que l'amour*, sorti en 1957. Jacques Brel est un chanteur à textes qui a fait vivre ses paroles chargées d'émotions violentes sur scène avec une sensibilité unique à ce grand chanteur. Epuisé par la scène et ses très nombreuses représentations, il annonce sa retraite de la scène en 1966 pour se consacrer à l'enregistrement en studio. Brel a connu de nombreux succès qui sont devenus aujourd'hui des chansons cultes, tels que *Le plat pays* (1962), un hommage à la Belgique, et *Ces gens-là* (1966), sur les obstacles à l'amour. Son plus grand succès international demeure *Ne me quitte pas* (1959), une des plus belles chansons sur l'amour perdu jamais créée. Cette chanson a été reprise par de nombreux artistes. Parmi eux figurent Sting et Nina Simone, qui en ont donné une version en français avec un accent anglophone ; Faudel, une version Raï ; Yuri Buenaventura, une version Salsa ; Ray Charles, Frank Sinatra, Barbra Streisand, et Madonna, une version anglophone sous le titre, *If You Go Away*. Dû à ses origines flamandes, Brel a aussi chanté et adapté nombre de ses chansons en néerlandais. Le chanteur est mort d'un cancer du poumon en 1978, à l'âge de 49 ans. Il est enterré à Atuona, dans les îles Marquises, en Polynésie française, près du peintre Paul Gauguin.

Les bonbons (1966)

Ces gens-Là (1966)

Jacques Brel '67 (1967)

J'arrive (1968)

L'homme de la Mancha (1968)

Ne me quitte pas (1972)

Les marquises (1977)

Enregistrement public à l'Olympia 1961 (1962)

Enregistrement public à l'Olympia 1964 (1964)

Cinématographie

Réalisateur

Franz (1971)

Le Far West (1973)

Acteur

La grande peur de Monsieur Clément (1956)

Les risques du métier (1967)

Mon oncle Benjamin (1969)

La bande à Bonnot (1969)

Les assassins de l'Ordre (1971)

Mont-Dragon (1971)

Franz (1971)

L'aventure, c'est l'aventure (1972)

Le bar de la Fourche (1972)

Le Far West (1973)

L'emmerdeur (1973)

Jacques Brel Is Alive and Well and Living in Paris (1974)

« Ne me quitte pas »

Ecoutez la chanson sur le site http://www.hackettpublishing.com/la-culture-francophone-title-support-page.

Parlons-en !

1. Quel est le thème et le ton de cette chanson ?

2. Quel effet le chanteur crée-t-il avec la répétition de « Ne me quitte pas » ?

3. Aimez-vous cette chanson ? Pourquoi ou pourquoi pas ?

4. Cette chanson a été écrite en 1972. Pensez-vous qu'elle ait vieilli ou est-ce une chanson qui ne vieillira jamais ? Justifiez votre réponse.

ARTS CULINAIRES

Un repas traditionnel belge

Les « moules-frites » sont le plat emblématique de la Belgique. La cuisson tradition-nelle des moules se fait au vin blanc et elle est accompagnée d'oignons, d'échalotes, et de persil. L'ironie veut que pour les anglophones les frites soient dites françaises (*French fries*), alors que pour les Français les frites sont bien évidemment belges. Les frites s'accompagnent généralement de moules et d'une bière blonde, une autre grande tradition belge. Les moules cuites au vin blanc s'appellent des « moules marinières » car elles sont cuites dans une sauce au vin blanc et aux oignons qui s'appelle préci-sément « marinière ». Le meilleur endroit pour manger des « moules-frites » est dans une brasserie où vous pourrez accompagner votre plat d'un verre de bière. Il y a plus de 600 sortes de bières produites en Belgique, la plus connue sur le marché interna-tional étant la marque Stella Artois, une bière blonde qui date de 1926. Mais si Stella Artois est la bière belge qui domine le marché de l'exportation, ce qui rend la Belgique unique n'est pas l'exportation mais la variété de bières disponible sur le territoire. Il y aurait plus de 8 000 types de bières en Belgique (ceci incluant les productions limitées et uniques). Le choix de brasseries est tout aussi impressionnant en Belgique, il dépasse la centaine. « Léon de Bruxelles », une brasserie qui a ouvert ses portes à Bruxelles au dix-neuvième siècle sous le nom de « Chez Léon », est aujourd'hui une chaine de bras-series très populaire à Paris. Cette chaine se spécialise dans les «moules-frites». Durant la deuxième moitié du vingtième siècle, la ville de Bruxelles est devenue la capitale des « moules-frites ». Avec le succès de la chaine « Léon de Bruxelles » en France, et plus récemment l'ouverture de sa première brasserie en Angleterre, la notoriété des « moules-frites » bruxellois ne fait que croitre.

Après la dégustation de « moules-frites » arrosées d'une bière (blonde de préférence), s'il reste une petite place dans le ventre pour les gourmands, il ne faut pas hésiter à se laisser tenter par une autre spécialité belge, la gaufre. La gaufre est confectionnée à partir d'une sorte de pâte à crêpes épaisse, faite de lait, sucre, œufs, farine et, pour obtenir ce côté moelleux que la crêpe ne possède pas, de la levure chimique. La gaufre se cuit dans un moule chauffant spécial à gaufres. La gaufre est traditionnellement de forme rectangulaire mais il est possible de trouver des moules à gaufres offrant d'autres formes géométriques (rond, octogonal, en formes de cœurs, etc.). La gaufre chaude se déguste saupoudrée de sucre ou avec de la crème chantilly et un coulis de chocolat chaud. Il est intéressant de constater que les traditions culinaires belges s'exportent très facilement car beaucoup d'entre nous ont déjà eu le plaisir de manger des gaufres, des frites, ou même des moules marinières, or ces traditions ne sont pas toujours recon-nues à l'étranger comme étant de culture belge. A quand donc les *Belgian fries*?

Questions de compréhension

1. Quels sont les quatre ingrédients essentiels de la cuisson traditionnelle des moules en Belgique?

2. D'où vient le nom « marinière »?

3. Pourquoi y a-t-il beaucoup de brasseries en Belgique?

4. Quelle est la bière belge qui s'exporte le plus?

5. Qu'est-ce qu'une gaufre? D'après vous, quelle est la traduction du mot « gaufre » en anglais?

6. Quels sont les accompagnements traditionnels de la gaufre?

7. Où se trouve l'ironie dans l'expression anglophone, *French fries*?

Moules Marinières

Ingrédients

    Trois litres de moules
    Un 1/2 litre de vin blanc
    Trois brins de persil finement hâchés
    4 échalotes
    2 oignons
    2 gousses d'ail
    100 grammes de beurre

Laver les moules dans une bassine d'eau froide. Gratter la coquille et bien rincer.

Hacher les oignons et les échalotes. Couper l'ail en morceaux. Hacher le persil.

Faire fondre le beurre à feu moyen dans une marmite. Faire revenir oignons, échalotes, ail, et persil. Les oignons et les échalotes ne doivent pas dorer.

Ajouter les moules et les faire transpirer à feu fort tout en remuant.

Une fois que les moules sont ouvertes, ajouter le vin blanc.

Couvrir le tout et laisser les moules s'imprégner de leur jus et du vin blanc pendant quelques minutes.

Ajouter sel et poivre.

Sa Majesté le Roi Albert II de Belgique

Le Roi Albert II, Roi des Belges depuis le 9 août 1993, est né à Bruxelles le 6 juin 1934 au Château du Stuyvenberg. Son père fut le Roi Léopold III et sa mère la Reine Astrid, née Princesse de Suède. Tragiquement, la jeune Reine mourut dans un accident d'automobile le 29 août 1935 lors d'un voyage avec son époux en Suisse. Les premières années de la vie du Prince Albert furent très mouvementées à cause de la Seconde Guerre Mondiale et le décès prématuré de sa mère. Lors de l'invasion de la Belgique par les troupes allemandes, le 10 mai 1940, la famille royale dut s'exiler en France, puis en Espagne. Ils purent néanmoins revenir en Belgique en août 1940 et y rester jusqu'en 1944. En juin 1944, les Allemands déportèrent le Prince Albert, la Princesse Joséphine-Charlotte, le Prince Baudouin ainsi que le Roi Léopold III et sa nouvelle épouse, la Princesse Lilian en Allemagne, puis en Autriche. Le 7 mai 1945, les troupes américaines libérèrent la famille royale.

Après-guerre-montée au trône

Le Prince Albert ne revint en Belgique qu'en 1950 à cause de la « question royale ». Cette crise politique prit place entre le 7 mai 1945 et le 17 juillet 1951 et fut centrée sur le retour en Belgique de son père, le souverain Léopold III. La crise aboutit à l'abdication de Léopold III ; son frère ainé et héritier du trône. Baudouin monta sur le trône et prit sa place de Roi de la Belgique le 17 juillet 1951.

Le 2 juillet 1959, le Prince Albert épousa Donna Paola Ruffo di Calabria, de la noblesse italienne. De cette union naquirent trois enfants: le Prince Philippe (premier héritier de la couronne), la Princesse Astrid et le Prince Laurent.

Avant son accession au trône en 1993, le Prince Albert fut très engagé socialement, politiquement et économiquement:

En 1958

- Nommé président de la Croix-Rouge de Belgique
- Devient Sénateur de droit
- Président d'honneur du Comité olympique et interfédéral belge (COIB).

En 1962

- Présidence d'honneur de l'Office belge du commerce extérieur

1933–Présent: Son Règne

A la mort de son frère ainé, le Roi Baudouin, le Prince Albert devint le Roi de Belgique le 9 août 1993. Le 17 février 1994, il signa la nouvelle constitution de la Belgique en tant qu'Etat Fédéré. En tant que souverain, il encourage l'entente entre les trois régions et communes de Belgique et dénonce le racisme et la xénophobie en Belgique et à l'étranger.

Pendant la crise politique de 2010–2011, le roi Albert II encouragea fortement l'entente entre les deux partis opposés (le PS et le N-VA) en leur rappelant que l'avenir du pays était en jeu. Cette crise politique se termina le 5 décembre 2011 avec la nomination socialiste d'Elio Di Rupo au poste de Premier Ministre.

Questions de compréhension

1. Que se passe-t-il le 29 août 1935?

2. Pourquoi le Roi et sa famille durent-ils s'exiler en France et en Espagne?

3. Pourquoi le Roi ne put revenir en Belgique qu'en 1950?

4. Comment s'appelle la deuxième épouse du Roi Léopold III et quand se marièrent-ils?

5. Quand Albert monta-t-il sur le trône?

6. Que signa-t-il le 17 février 1994?

7. Quel fut son rôle pendant la crise politique de 2010–2011?

Et vous?

La Belgique, comme le Canada, est un pays composé de plusieurs communautés, provinces et régions linguistiquement et culturellement différentes.

Comparez la Wallonie et le Québec, deux régions et provinces francophones. Etudiez leur autonomie et leur attache au reste des autres provinces/régions de leur pays. Pensez-vous que la Wallonie et le Québec pourraient survivre en tant que pays complètement indépendants? Quels avantages et inconvénients y a-t-il à avoir une indépendance complète? Quels avantages et inconvénients y a-t-il à être une province/région autonome qui néanmoins fait partie d'un pays?

AU CAFÉ

La crise politique belge de 2010 à 2011

Ecoutez le dialogue sur http://www.hackettpublishing.com/la-culture-francophone-title-support-page entre Sophie et Clothilde, et répondez aux questions suivantes.

Vocabulaire

la crise *crisis*
durer *last*
empêcher *prevent*

l'entente *understanding/ getting along*
le moindre *the least*

Le 10 janvier 2012 au café *Les Deux Magots* à Paris

Sophie et Clothilde se rencontrent au café. Sophie revient d'un séjour en Belgique.

Questions de compréhension orale

1. Vocabulaire

Remplissez chaque phrase ci-dessous avec le mot approprié du dialogue.

1. Clothilde: As-tu mangé beaucoup de _____ belges?

   a. frites   b. gaufres   c. chocolats   d. bonbons

2. Sophie: La Belgique est un état _____ constitué de trois régions.

   a. socialiste   b. fédéral   c. libéral   d. royal

3. Sophie: C'est l'Alliance _____-Flamande en Flandre.

   a. Euro   b. zéro   c. politico   d. néo

4. Sophie: ce blocage a duré _____ jours.

   a. 441   b. 641   c. 541   d. 741

1. Dans quel ordre? Ecoutez le dialogue à nouveau et mettez les extraits suivants dans l'ordre correct.

_____ Sophie: C'est fou! Et comment cette crise a-t-elle terminé? Quelle a été la solution?

_____ Sophie. Ça veut dire quoi le « N-VA »?

_____ Sophie: Et comment de temps ce blocage a-t-il duré?

_____ Sophie: Bon, tu sais que la Belgique est un Etat Fédéral constitué de trois régions: la région flamande, la région wallonne et la région de Bruxelles-Capitale et de trois communautés linguistiques

2. Qui dit quoi? Sophie (S) ou Clothilde (C)? Pour chaque citation précisez qui parle.

1. _____: C'était très intéressant… c'est le moins qu'on puisse dire.

2. _____: Ce qui s'est passé est que les tensions entre les membres de ces deux partis politiques ont créé un blocage au niveau du gouvernement, ce qui a empêché la création d'un nouveau gouvernement.

3. _____: Et combien de temps ce blocage a-t-il duré?

4. _____: Oh oui! Figurativement et littéralement!

Questions de compréhension

1. Quelles sont les trois régions de Belgique?

2. Quelles sont les trois communautés de Belgique?

3. Quelles sont les trois langues parlées en Belgique?

4. Quels sont les deux partis politiques impliqués dans la crise belge?

5. Quand la crise politique Belge a-t-elle commencé?

6. Combien de jours a-t-elle duré?

7. Qui est le nouveau Premier Ministre?

GLOSSAIRE FRANÇAIS-ANGLAIS

A

l'acide acétylsalicylique   *acetylsalicylic acid*

s'acharner   *to persevere*

les agaceries   *annoyance*

à jeûne   *on an empty stomach*

l'aliéné   *alienated, other, unauthentic*

alimenté   *fed*

allopathique   *allopathic*

ameuter   *to bring someone out, to stir up*

ânonné   *recited in a drone*

âpre   *bitter*

avarié   *rotten*

avec dépit   *discontented, displeased*

B

le balayeur   *road sweeper*

bambine   *young girl*

bander   *to blindfold*

baraque   *shack*

le béké   *descendant des colons blancs qui vivent en Martinique*

la berçante   *rocking chair*

le blaff de burgaux   *an Antillean shellfish stew*

le Blanc-pays   *White locals in Guadeloupe*

le bienfaiteur   *benefactor*

le blasphème   *blasphemy*

se borner à   *to confine oneself to something*

la bravoure   *bravery*

la broche   *knitting needle*

C

ça va barder   *it is going to be painful*

le cabotin   *overacting performer*

le calalou   *an Antillean soup*

calciné   *charred*

Carrefour   *a store comparable to Target or Wal-Mart*

la case   *hut*

se casser   *to split (slang)*

les cendres   *ashes*

la chair   *flesh*

le chameau   *camel*

le cheikh   *chief*

la chicotte   *a chicotte; a whip made of leather strips*

le cliquetis   *clicking*

le col   *a pass between two mountains*

complice   *joint, shared*

condescendant   *patronizing*

la convivialité   *friendliness*

le craquement   *creaking sound*

la crève   *flu (familiar language)*

D

décamper   *to run off*

décervelé   *brainless*

déclencher   *to trigger*

dégénérer   *to get out of hand*

déployer   *to display*

désappointé   *disappointed*

désemparé   *distraught, at a loss*

dix contre un   *ten to one*

le diabolo menthe   *French drink, sprite with mint syrup*

le dombré   *Antillean dish, bread dough balls cooked in a red bean dish*

E

écorché   *grazed*

égorger   *to cut somebody's throat*

endurer   *to put up with*

s'enquérir   *to inquire*

entrebâillé   *half open*

éperdu   *boundless*

esquiver   *to duck*

être en exercice   *to be working*

l'étymologie   *etymology*

l'ésotérisme   *esotericism*

exogène   *exogenous*

exorbitant   *outrageous*

F

le faciès   *face*

fanfaronner   *to boast*

fervente   *passionate*

la fille-mère   *single mother*

les flancs   *flanks*

le fonctionnaire   *civil servant*

foudroyer   *to strike (lightning)*

frémire   *to quiver, to tremble*

G

la gale   *scabies*

germé   *formed, born (an idea, a concept)*

la gifle   *slap in the face*

globuleux   *protruding*

le grenier   *attic*

gronder   *to grumble*

la grève   *strike*

le guru   *guru*

H

l'hérésie   *heresy*

se hisser   *to pull oneself up*

hocher du chef   *to nod*

I

il convient de   *it is advisable to*

insolite   *out of the ordinary, strange*

J

je m'en fous   *I don't care*

K

konba djole   *verbal struggle*

L

la lézarde   *a wall crack*

lousse   *loose*

M

les mangeurs d'hommes *man eaters, cannibals*

marcher à reculons *to walk backwards*

la masure *hovel*

maudit *cursed*

la métropole *la France*

le métropolitain *French from metropolitan France (as opposed to from the overseas)*

la meuf *femme, woman, in verlan (inversion of syllables)*

moche *ugly*

moirer *to reflect*

morose *gloomy*

la moulure *molding*

N

navrer *to upset*

ne…nul *no one*

le néophyte *neophyte*

O

offusquer *to offend*

ostentatoire *ostentatious*

l'ouvrage *work*

P

le païen *pagan*

le paquebot *liner*

le Parapoux *a product sold in pharmacies to remove lice*

paré de *adorned with*

la patte *flap*

penaud *embarassed, sheepish*

la pénurie *shortage*

perspicace *insightful, perceptive*

le pilon *pestle*

poindre *to dawn*

pompeux *pompous*

porter droit *to carry well*

prendre à témoin *to call someone to witness something*

Q

le qualificatif *qualifier*

quémander *to beg*

R

la rancœur *resentment*

la rancune *resentment*

reformater *to reformat*

renflouer ses caisses *replenish one's bank account*

ressasser *to brood over, to dwell on*

revancharde *vindictive*

la ride *wrinkle*

rivaliser *to compete with*

ronger *to eat away*

le rotin *rattan (thin, jointed stems of a palm)*

la ruelle *alleyway*

S

la sacristie *sacristy*

la sagaie *assegai (a kind of iron spear)*

le Saint-Esprit *Holy Spirit*

sans broncher *without a murmur*

le saule *weeping willow*

les savates *slouch*

la Sécu *La sécurité sociale. The French socialized health care system.*

le service après-vente *customer service*

sevré *weaned*

singer *to mock, to imitate*

les souliers *shoes*

T

le tamtam: tomtom *an African musical instrument*

le terroir *homeland*

transpercer *to pierce, to go through*

tu parles! *sarcastic remark, « Yeah, right! »*

tuméfié *swollen*

V

la verroterie *glass jewelry*

Z

le zoreille *name that people from DOM TOM give to people born in France*

GLOSSAIRE DE FILMS
FRANÇAIS-ANGLAIS

A

l'accéléré   *fast motion*
les accessoires   *props*
l'acteur   *actor*
l'actrice   *actress*
l'arrêt sur image   *freeze frame*
avancer / reculer la caméra sur un
   travelling   *dolly the camera in / out*

B

la bande annonce   *trailer*
le bide   *flop*

C

la cascade   *stunt*
le cascadeur   *stuntman*
le champ / le contre-champ   *shot /
   reverse shot*
le cinéphile   *cine buff*
la comédie musicale   *musical*
la contre-plongée   *upward shot / low-
   angle shot*
le court métrage   *short film*

D

le décors   *the sets*
le dessin animé   *cartoon*

le dialogue   *dialog*
le documentaire   *documentary*
doubler   *to dub*
la doublure   *understudy*

E

l'échelle des plans   *scale of shots*
l'éclairage   *the lighting*
les effets spéciaux   *special effects*

F

faire la mise au point   *to focus*
le figurant   *extra*
le film à succès   *blockbuster*
le film à suspense   *thriller*
le film catastrophe   *disaster film*
flou(e)   *blurred*

G

le générique   *credits*

M

les mouvements et les angles de la
   caméra   *camera movements and
angles*

P

le personnage   *character*
le plan   *shot / framing*
la plongée   *downward shot / high-angle shot*
la prise de vue   *shot*

R

le ralenti   *slow motion*
le réalisateur, metteur en scène   *film director*
la réalisatrice   *film director*
réaliser un film   *to direct a film*
le retour en arrière   *reverse*

S

le scénario   *screenplay*
la séquence   *sequence*
les sous-titres   *subtitles*

T

tourner en extérieur   *to shoot on location*
tourner en studio   *to shoot in the studio*
le travelling   *trucking / tracking*

V

la voix off   *voice-over*

Z

le zoom arrière   *zooming out*
le zoom avant   *zooming in*

CREDITS

Ben Jelloun, Tahar. *L'enfant de sable*. Paris: Editions du Seuil, 1985.

Condé, Maryse. « Portrait de famille ». *Le cœur à rire et à pleurer*. Paris: Robert Laffont, 1999.

Delsham, Tony. *Négropolitains et Euro-blacks*. Fort-de-France: Editions M.G.G., 2000.

Dib, Mohammed. *La grande maison*. Paris: Editions du Seuil, 1952.

Guène, Faïza. *Kiffe kiffe demain*. Paris: Hachette, 2004.

Oyono, Ferdinand. *Une vie de boy*. Paris: Editions R. Julliard, 1956.

Senghor, Léopold Sédar. « Femme noire ». *Chants d'ombre*. Paris: Editions du Seuil, 1945.

Laferrière, Dany. « La guerre sémantique ». *Tout bouge autour de moi*. Montréal: Mémoire d'encrier, 2010.

Mabanckou, Alain. *Bleu-Blanc-Rouge*. Présence africaine, 1998.

Nothomb, Amélie. « Aspirine ». *Aspirine: mots de tête*. Paris: Editions Albin Michel, 2001.

Pépin, Ernest. « L'envers du décor ». *Paradis brisé: nouvelles des Caraïbes*. Paris: Hoëbeke, 2004.

Tremblay, Michel. *La grosse femme d'à côté est enceinte*. Montréal: Leméac, 1978.

Credits d'images

Page xxv : ©International Organization of La Francophonie (OIF). www.francophonie.org

Page 3 : Courtesy of www.theodora.com/flags, used with permission.

Page 3 : Courtesy of www.theodora.com/flags, used with permission.

Page 4 : African boy © MShep2/Istock Photo

Page 5 : Douala, Cameroon. © mtcurado / Thinkstock

Page 11 : Baobabs from Madagascar © Pierre-Yves Babelon/Istock Photo

Page 12 : Claire Denis © Photo12/Jean-Marie Perier

Page 103 : Guadeloupe Landmark Church © Steve Geer/Istock Photo

Page 104 : Courtesy of www.theodora.com/flags, used with permission.

Page 104 : Courtesy of www.theodora.com/flags, used with permission.

Page 104 : Courtesy of www.theodora.com/flags, used with permission.

Page 106 : Maryse Condé. Photo Jacques Sassier/© Gallimard

Page 122 : Joséphine décapitée. Photo by permission of the authors.

Page 125 : Portrait d'Ernest Pépin en janvier 2012 © Francesco Gattoni / Leemage

Page 132 : Rum © Alain Couillaud/Istock Photo

Page 133 : Party drinks © Joe Biafore/Istock Photo

Page 133 : Rhum. Photo by permission of the authors.

Page 137 : Mulatresse. Photo by permission of the authors.

Page 142 : Courtesy of www.theodora.com/flags, used with permission.

Page 142 : Courtesy of www.theodora.com/flags, used with permission.

Page 145 : Portrait de l'ecrivain Dany Laferrière. Photographie de Francesco Gattoni, Sept 2010 © Gattoni / Leemage

Page 152 : Rice and beans © Juan Monino/istock Photo

Page 154 : Toussant L'Ouverture. © Georgios Kollidas / Thinkstock

Page 156 : Earthquake, Haiti © Niko Guido/Istock Photo

Page 159 : Courtesy of www.theodora.com/flags, used with permission.

Page 159 : Courtesy of www.theodora.com/flags, used with permission.

Page 161 : Québec City and the Château Frontenac Hotel © Lubimor Jendrol/Istock Photos

Page 162 : Apartments on the Plateau Mont Royal, Montreal © Francois Hogue/Istock Photo

Page 168 : Fishing village, Nova Scotia © John Cave/Istock

Page 174 : Baked beef, chicken, and vegetable pot pie © Liza McCorkle/Istock Photo

Page 191 : Matthieu Kassovitz on the set of his film *Hate (La Haine)* © Topfoto/The Image Works

Page 203 : Faïza Guène. © Oscar Elias / Iberfoto / The Image Works

Page 205 : Paris suburb © Direct Photo Org/Istock Photo

Page 207 : Faudel, French singer of Algerian descent © ArenaPal / Jack Kilby/ The Image Works

Page 209 : Fadela Amara et Banlieue Sans Frontières en Action Maisons-Alfort © Photo12/Jean-Pierre Le Nai

Page 213 : Portrait of a young woman with her face covered © Mauro Grigolio/istock

Page 215 : Alain Mabanckou © Photo12/Jean-Pierre Le Nai